U0366688

中国传统文化博大精深，学习和掌握其中的各种思想精华，对树立正确的世界观、人生观、价值观很有益处。

学史可以看成败、鉴得失、知兴替；学诗可以情飞扬、志高昂、人灵秀；学伦理可以知廉耻、懂荣辱、辨是非。

——习近平在中央党校建校80周年庆祝大会上的讲话

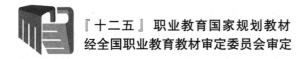『十二五』职业教育国家规划教材

经全国职业教育教材审定委员会审定

中国传统文化

王霁　主编

许鹏　何怡男　副主编

清华大学出版社

北京

内 容 简 介

本书从哲学、道德、宗教、书画、诗歌、中医、武术、建筑等十二个方面全景式展现了中国传统文化的源远流长与博大精深,对于学生养成传统美德、树立文化自信、感受文化魅力、掌握文化精粹有着十分重要的作用。

本书以通俗的语言,通过大量鲜活的案例和精美的图片,将中国传统文化写得活灵活现,跃然纸上,使之更符合高职学情,真正达到立德树人的目的。

本书封面贴有清华大学出版社防伪标签,无标签者不得销售。

版权所有,侵权必究。举报:**010-62782989,beiqinquan@tup.tsinghua.edu.cn**。

图书在版编目(CIP)数据

中国传统文化/王霁主编.--北京:清华大学出版社,2014(2024.8重印)

ISBN 978-7-302-37762-7

Ⅰ.①中… Ⅱ.①王… Ⅲ.①中华文化-基本知识 Ⅳ.① K203

中国版本图书馆 CIP 数据核字(2014)第 190482 号

责任编辑:陈凌云
封面设计:赵 威
责任校对:刘 静
责任印制:沈 露

出版发行:清华大学出版社
　　　　　网　　址:https://www.tup.com.cn,https://www.wqxuetang.com
　　　　　地　　址:北京清华大学学研大厦 A 座　　　　邮　　编:100084
　　　　　社 总 机:010-83470000　　　　　　　　　邮　　购:010-62786544
　　　　　投稿与读者服务:010-62776969,c-service@tup.tsinghua.edu.cn
　　　　　质 量 反 馈:010-62772015,zhiliang@tup.tsinghua.edu.cn
印 装 者:天津鑫丰华印务有限公司
经　　销:全国新华书店
开　　本:185mm×260mm　　　印　张:17.75　　　字　数:321
版　　次:2014 年 11 月第 1 版　　　印　次:2024 年 8 月第 23 次印刷
定　　价:48.00 元

产品编号:056165-04

《中国传统文化》编委会

主　任：王　霁

副主任：许　鹏　何怡男

编　委（按姓氏笔画排序）：

王　佼　　王卫东　　叶志良　　陈粟宋

李友玺　　张　静　　张旭光　　黄玉芬

程宜康　　靳润奇　　谭文浩　　魏启晋

21 世纪，中华民族正在复兴和崛起。中华民族的伟大复兴和崛起，不仅仅是经济上的复兴和崛起，同时也是中华文化的伟大复兴和崛起。在历史上，我们的先民曾经创造了辉煌灿烂的民族文化，形成了中华民族优秀的文化传统。这种文化不但在历史上曾经为世界上其他的民族所赞叹和仰视，而且一直到今天还在世界各地存在着广泛的影响。可以说，中国优秀的传统文化是我们民族的血脉，是我们每一个炎黄子孙的自豪。文化是一个国家和民族的软实力，如何传承和弘扬中国优秀的传统文化，进而创造中华民族的新文化，对于包括年轻人在内的全体中国人，都是十分重要的。

一、什么是中国传统文化

关于何谓"中国传统文化"，其关键是如何理解和看待其中的"传统"二字，争议和歧义往往也发生在这里。有人说，传统文化就是"传统社会"的文化。"传统社会"是和"现代社会"相对的，而中国的传统社会是"封建社会"。这样一来，中国传统文化就成了中国的"封建文化"，不但不应弘扬，反而应该被打倒。在"文革"动乱中，就是举着打倒"封资修"的大旗，大破中国传统文化的。稍微有记性的人一定都记得，那时，不能称孔子为"孔子"（因孔子的"子"是后世对他的尊称），而要贬称为"孔老二"（这是对中国传统文化代表人物多大的否定和不敬）。其实，中国的传统文化虽然含有一定的封建糟粕，但它的主流却不是封建的，而是勤劳节俭、热爱和平的中华各族人民世世代代创造出的文明和文化。

中国传统文化是中华文明演化而汇集成的一种反映民族特质和风貌的民族文化，是民族历史上各种思想文化、观念形态的总体表现，是指居住在中国地域内的中华民族及其祖先所创造的、为中华民族世世代代所继承发展的、具有鲜明民族特色的、历史悠久、内涵博大精深、传统优良的文化。中国传统文化是中华民族语言习惯、文化传统、思想观念、情感认同的集中体现，凝聚着中华民族普遍认同和广泛接受的道德规范、思想品格和价值取向。

中国传统文化具有世代相传性。传统的本来含义就是世代相传，中国传统文化简单来讲，其实就是中华民族世代相传的文化。文化世代相传的方式很多，比如每一个中国普通人都会用筷子吃饭，都会写中国汉字，相当多的中国人从学生时代就认得王羲之的书法，就能背诵中国的古诗，这就是在自觉或不自觉地传承中华文化。今天，14 亿中国人都在使用同一种语言和文字，都有一致的文化认同，这是一件多么了不起的事情！从中可以看到文化传承和文化凝聚中国人所具有的力量。中国传统文化历史久远，是中国千百代人创造的文化成果，这种文化成果缤纷多彩、辉煌灿烂，在世代相传中绵延不绝，成为中华民族的文化积淀，并在世代相袭中注入了中国人的血脉，成了中国人所特有的文化基因。

中国传统文化具有会通包容性。有学者指出："如果将中国文化史比喻为波澜壮阔、起伏跌宕的多幕戏剧，'中国'便是演出舞台，'中华民族'是演出主体，'文化'是演出内容。"[1] 中国除汉族外，还有 55 个少数民族。这些少数民族在中华民族的历史上都对中华文化作出过不可磨灭的贡献。居于黄河流域的中原农耕文化曾经是中华文化的中心，但这种农耕文化在中华民族的历史上也不是僵化和封闭的，它和中国少数民族的游牧文化一直处于相互激荡、相互学习、相互融合的过程中。以处于辉煌时期的唐朝文化来说，就相当广泛地吸收和融入了当时西域少数民族的文化。中华传统文化所具有的会通包容性还体现在中国传统哲学各学派之间的相互争鸣、相互辩论和相互吸收上。在中华文化史上，各种学派（如春秋诸子百家）之间以及每个学派（如儒家学派与道家学派）内部，都存在着既相互辩论又相互吸收的情况。对于外域文化，中华文化也体现了它充分的开放性与包容性，这在外来宗教——佛教中国化的过程

---

[1]　冯天瑜等. 中国文化史. 北京：高等教育出版社，2005：p2.

中得到了鲜明的体现。

中国传统文化具有形态稳定性。中华文化在发展中不断地以开放的胸怀吸收他人之所长，但同时它又一直保持着自身形态的稳定性，这也可以说是一个奇迹，表明中华文化有强大的生命力和凝聚力。中华文化之所以能够既吸收别人，又不改变自己，成为一种保留在中华民族中间具有稳定形态的中国文化，是因为它有特定的内涵和占主导地位的基本精神。中国传统文化的基本精神主要有以下四个方面：第一，中华民族是以刻苦耐劳著称于世的民族，表现在文化上就是"刚健有为"、"自强不息"；第二，中华民族是热爱和平、追求和谐的民族，表现在文化上就是"天人合一"、"和而不同"；第三，中华民族是崇礼尚文的民族，表现在文化上就是"人文化成"、"厚德载物"；第四，中华民族是充满辩证智慧的民族，表现在文化上就是"刚柔相济"、"阴阳协调"。中华民族的这些基本精神渗透和表现于中国传统文化方方面面的内容与形式当中，使中华传统文化成为既能自我更新，又具有相对稳定形态的文化整体和文化体系。

中国传统文化具有内容丰富性。中国传统文化之所以有力量，在于它不但有充满道德智慧的精神与灵魂，而且有多层面的丰富内容作为它的血肉和载体，使古往今来每一个中国人无不生存和生活于中国传统文化的氛围当中。对于每个中国老百姓来说，中国传统文化就像水和空气，它无所不在，无处不有。如要列举出中国传统文化都有哪些，恐怕是说不完、数不清，无法穷尽。像礼仪制度、传统道德、宗教信仰、诗词歌赋、文学艺术、教育科技、琴棋书画、汉语汉字、音乐舞蹈、戏剧戏曲、中医中药、养生健身、武术功夫、美食美饮、服装服饰、风俗习惯、建筑园林、铸造雕刻、瓷器玉器等，在广义上都可以说是中国的传统文化，也都可以说是中国传统文化的载体。在中国各民族的生活方式中，可以说处处渗透着文化，像中国的姓名文化、属相文化、生日文化、节气文化、节庆文化、成语文化等，可以说无处不文化。

正因为中国传统文化如此源远流长，有如此生动丰富的内容，也因为中国传统文化有中国老百姓喜闻乐见的形式，才使得中国传统文化的基本精神与价值观在潜移默化中渗透到中国人的血脉当中。比如，有的农民不识字，但他的言行举止却无处不体现中国传统文化的影响。体现在海外华侨、炎黄子孙、华裔身上，有的在海外几代了，不会讲中国话了，但体现在行为、思维方式上，仍然是"很中国的"，这说明中国传统文化的影响非常大，这也是中华民族精神基因的传承。中国传统文化对中华民族发展所起的作用是不可低估的。

二、为什么要学习中国传统文化

虽然我们每一个中国人都可以说是生活在中国传统文化当中，但是否能够自觉地传承和弘扬中华优秀文化则是另一回事。前已述及，由于历次政治运动的破坏，由于金钱物欲的冲击，也由于西方文化的渗透，我们已经淡忘了中华传统文化中的许多好东西。现在有不少人言必称西方，对自己的老祖宗则是"对不住，忘记了"。我们本来是礼仪之邦，应该讲诚信、节义，可眼下社会上的造假、诈骗、见利忘义达到了前所未有的程度。我们把中国传统文化中许多好的东西都当作"四旧"扔到垃圾箱里去了，哪还有传统文明的影子？因此，我们要看到加强中华优秀传统文化教育的重要性和紧迫性。

毛泽东在几十年前就指出："今天的中国是历史的中国的一个发展。我们是马克思主义的历史主义者，我们不应当割断历史。从孔夫子到孙中山，我们应当给以总结，承继这一份珍贵的遗产。"毛泽东提出的这个任务，现在还远未完成。对于青少年来说，进行中国优秀传统文化的教育尤显必要。可以说，加强中华优秀传统文化教育，是培育和践行社会主义核心价值观，落实立德树人根本任务的重要基础。在当代，世界多极化、经济全球化深入发展，国内经济社会转轨转型正处于深刻变革时期，现代传播技术迅猛发展，世界范围内各种思想文化的交流交融交锋更加频繁，社会思想观念日益活跃。青少年学生思想意识更加自主，价值追求更加多样，个性特点更加鲜明，社会上一些不良思想倾向和道德行为，对青少年学生健康成长产生了不容忽视的影响。加强中华优秀传统文化教育，对于引导青少年学生增强民族文化自信和价值观自信，自觉践行社会主义核心价值观是十分重要和必要的。

那么，学习中国优秀传统文化对现代青年立德树人能够有哪些重要的帮助呢？

能帮助青年培养"天下兴亡，匹夫有责"的家国情怀。以国为家、家国一体、先国后家，是中国传统文化的重要内容。这种"天下兴亡，匹夫有责"的信念和情怀，对维系国家统一、民族团结，对促进中华民族的发展，起到了十分重要的作用。现在，我们正在中国共产党的领导下建设中国特色社会主义，为实现中华民族伟大复兴的中国梦而努力奋斗。我们每一个青少年学生都要深刻认识中国梦是每个人的梦，都要以祖国的繁荣为最大的光荣，以国家的衰落为最大的耻辱，增强国家认同，培养爱国情感，树立民族自信，形成为实现中华民族伟大复兴的中国梦而不懈努力的共同理想追求，发扬"天下兴亡，匹夫有责"的精神，做有自信、懂自尊、能自强的中国人。

能帮助青年建立"仁爱共济、立己达人"的人际关系道德规范。"仁爱共济、立己达人"是中国传统文化，特别是儒家思想中十分重要的价值观念和道德追求。儒家以仁为思想核心，以义为价值准绳。在孔子的学说中，"人"和"己"是不可分的。孔子的哲学是事事从我做起，从自己做起，每个人都把自己做好了，整个社会自然就好了。每个人在做人和做事的时候都要考虑别人，如何考虑呢？就是把别人也当作自己，要"推己及人"。因为，别人的别人就是自己，害人其实也是害己。孔子的名言是"己所不欲，勿施于人"、"己欲立而立人，己欲达而达人"。这种"立己达人"的人生哲学和人际关系道德规范在今天仍然具有十分重要的意义。青少年学生要做高素养、讲文明、有爱心的中国人，就要学习和借鉴中国传统文化中"仁爱共济、立己达人"的道德思想。

能帮助青年形成"正心笃志、崇德弘毅"的人格修养。人格修养在中国传统文化，特别是儒家思想中占有十分重要的地位。而要讲人格修养，首先要讲"正心"，也就是说修养自身的品性。"正心"的关键在一个"正"字。正，就是端正。青年人要讲人格修养，还要讲"笃志"。笃志指的是专心致志、一心一意，无论做人还是求学，都要从小立志，做到坚忍不拔，持之以恒，方能最终成功。"正心笃志"还有"崇德弘毅"，用今天的话讲，指的都是心理素质的陶冶和培养，这对当代年轻人无疑都是十分重要的。因此，我们要开展以"正心笃志、崇德弘毅"为重点的人格修养教育，使青年学生明辨是非、遵纪守法、坚忍豁达、奋发向上，自觉弘扬中华民族优秀道德思想，形成良好的道德品质和行为习惯，做一个知荣辱、守诚信、敢创新的中国人。

除此以外，中国传统文化还对青年提升文化素质、丰富文化涵养，有十分重要的作用。孔子曰："质胜文则野，文胜质则史，文质彬彬，然后君子。"中国的书法、绘画、诗词、歌赋、音乐、舞蹈、饮食、武术、建筑、雕刻等，都能陶冶人的性情，提高人的文化欣赏力，从而使人文质彬彬，具有儒家所说的"雅"的气质。通过学习中国传统文化，做一个知书达理、讲礼知仪、文质彬彬的现代中国大学生，这也是我们应当追求的一个目标。

三、如何学习中国传统文化

我们今天应当如何学习中国传统文化呢?

第一,要取其精华,弃其糟粕。前面讲过,不能把中国传统文化等同于封建旧文化,但同时也不能否认,中国传统文化当中有许多封建文化的糟粕。这一点也不奇怪。因为,中国传统文化在很长的时期是在封建社会的母体内发展、演变的。中国历代的封建统治者,为了维护其长治久安,拼命地把中国传统文化作为救命稻草,对中国传统文化进行改造加工,对老百姓实行文化愚昧和文化统治,使得中国传统文化,尤其是作为其核心的儒家文化,里边有许多理论是为封建统治服务的,需要我们认真地进行识别。比如"三纲五常"中的"三纲"(君为臣纲、父为子纲、夫为妻纲),还有封建等级观念,以及"饿死事小、失节事大"等,都是属于封建糟粕的东西,不但不能学习和传承,相反,还应当批判和弃除。

第二,要以立德树人为根本目标,用文化来育人。教育的根本任务是立德树人,而中国传统文化恰恰最重视的就是立德树人。归根结底,中国传统文化就是"立德树人"的文化,这和近代以来西方注重知识和专业的教育和文化是不同的。今天,我们提倡学习中国传统文化,就要抓住当前教育的主要问题和需要解决的主要矛盾,开展文化育人,以如何做人的教育为核心,从博大精深的中国传统文化中选取精华,结合当代青年的实际进行学习。要把德育和学生发展结合起来,还要把德育、育人和中国传统文化学习结合起来。既要让学生体验到中国传统文化的博大精深,又要能解决他们发展中的实际问题。

第三,要寓教于乐,在体验中学。文化的学习有自身的特点和规律。文化的学习不应该是干巴巴的说教,而应当是寓教于乐,在体验中学。因为文化并不是一个独立的学科,各门知识中都有文化，文化有精神文化、行为文化、器物文化、技艺文化、艺术文化、地域文化等，文化是渗透在人们的活动、行为和知识当中的。我们就是要通过真实的、切身的体验，让学生把其中的文化，把其中积极向上的精神追求体会出来，从而提升学生的素养。因此，中国传统文化的学习，不但要在书本和课堂中学，而且要在社会、在活动和现实生活中学。

第四，要立志传承、创新中国优秀传统文化。学习中国传统文化的目的是为了传承中国优秀传统文化，而传承中国优秀传统文化的目的是为了创新中国优秀传统文化。中国传统文化既有自身的优势和特色，也有自身的缺陷和不足。近代以来，无数中国的志士仁人为努力建设中国的新文化而奋斗，虽然取得了一定的成就，但离时代的要求还有相当的差距。当今中国社会，已经通过改革开放融入了全球世界，但改革开放的八面来风又给了中国人新的不适、新的忧虑。我们是中国人，就一定要有中国的文化。文化是我们的根，我们不能抛弃中国优秀的传统文化。当然，也不能死抱着老祖宗的遗产当现代的阿 Q，结论是既要在传承中创新，也要在创新中传承，这个任务显然只能留给当代的青年。

中国传统文化必将在与时代精神的结合中散发夺目的光芒，推动中华民族常胜不败，实现伟大的复兴。

第一章

思想的魅力：中国传统哲学

中国传统哲学是中华民族内在的文化精神和文化模式的理性展现，凝聚了中华文化的根本精神，是中华传统文化的核心内容。中国先秦时代的哲人提出了天、地、人"三才一体"的思想，认为天、地、人是构成宇宙的三种力量，它们有各自的作用，但又相互统一。历代先哲们力图在调节天、地、人三者的关系中找到智慧和力量，最终达到和谐境界。在这种目标的指引下，天人合一、阴阳变易、贵和尚中等哲学思想应运而生，由此陶铸了中华民族胸怀宽广、热爱和平、团结和睦的特殊品格。

本章知识目标

了解中国传统哲学的特点和精髓，知道天人合一、阴阳变易、贵和尚中的内涵与时代价值，熟悉孔子、老子等几位中国传统哲学的代表人物及其思想。

本章能力目标

通过了解和学习中国传统哲学，获得一定的哲学智慧，并能够将这种智慧运用到现实生活中。

本章素质目标

深刻理解中国传统哲学的思维方式和精神追求，使自己具备一定的哲学素养，掌握正确处理人与自然、人与社会、人与他人关系的哲学思维方式。

情境导入

　　春秋时期鲁国国王鲁宣王经常喜欢到泗水河去捕鱼。有年夏天，鲁宣公照例又在泗水的深潭旁拿网捕鱼。当时管理水产狩猎的官吏不在，跟随他的大臣里革站出来，当着众人的面把鲁宣公的鱼网撕毁，扔进水里。鲁宣公暴跳如雷，里革却不紧不慢地陈述夏天捕鱼的不对，并告诫鲁宣公，春天是"鸟兽孕，水虫成"的时期，要"禁罗"，就是禁止上山网罗鸟兽，只能刺取鱼鳖，做成供夏天食用的干鱼，这是为了"助生阜也"（意即帮助鸟兽繁殖）；入夏开始，进入"鸟兽成，水虫孕"时期，水生物有的正在怀孕，就要禁止下网捕鱼，只设陷阱捕捉禽兽，这是为了"畜功用也"（意即为国家积蓄养生资源）；秋冬季狩猎，禁止猎杀小鹿等幼兽，要等"大寒降，土蛰发"，方可整理网钩，捕捉鱼鳖。鲁宣公听后愧然诚服。

　　这个故事告诉我们，中国古人很早就已经懂得，人只有顺应和爱护自然才能有效利用自然，天人才能和谐。这其实就是中国古代先哲所追求的"天人合一"。中国古代哲学充满了睿智之光，天人合一、阴阳变易、贵和尚中是其中的三个精神巨柱，中国古代的这些哲人之思至今仍散发着耀眼的精神魅力。

第一节　天人合一

　　天人合一的思想在中国源远流长。先秦时，孔子、孟子、老子、庄子等都从不同角度提出了天人合一的观点。到了宋代理学家那里，天人合一的思想更为成熟。天人合一的观点是中国古代哲人对天人关系（即人与宇宙关系）的哲学解答。天人合一在中国古代哲人那里，既包含着人对"天"这个生命主宰者的敬畏与崇拜，也包含着对自然之"天"的能动适应和遵循。中国哲学认为，人生的最高理想是自觉地达到天人合一的境界。

　　天人合一虽然有多种理解，但大多数中国古代哲学家都强调了"人"必须尊重"天"，必须与"天"相一致、和谐与协调，强调"人道"与"天道"相一致。天人合一的"合一"，意味着人与天要合为一体，这就包含了两层意思：第一，人与自然并非完全相同，否则没有合的必要。从人类的生存处境考虑，人类不得不与自然处于对立之中，即人类社会要延续与发展，不得不去改造和利用自然，这意味着人与自然相分离。第二，从终极的和最高的存在意义上说，人与自然又是统一的，人与自然要融会、融合，成为一体。这种既对立又统一的辩证观点，代表着人类对自身与自然关系的一种深刻的认识。

当代国学大师季羡林先生是这样解释天人合一的：天，就是大自然；人，就是人类；合，就是互相理解，结成友谊。

春秋时期的老子把天、地、人看作是统一于"道"的自然物。

一、人为天地所化育

天人合一的观点首先承认的一点是：人与自然是不可分割的整体，二者彼此相通、血肉相连。儒家从"性天同一"的思想出发，竭力主张天人一体，反对人与自然的分割和对立。很多儒家思想家都认为，天赋人以道德萌芽，经过人在后天的努力和修炼，日臻完备，达到人天相参、下上与天地同流的人生境界。《易传·序卦传》中说："盈天地之间者唯万物。"意思是：天地之中只有万物，人类无论智力如何发达，不过是万物中的一员。又说："有天地然后有万物，有万物然后有男女。"也就是说，人是天地所化育的。

人为天地所孕育，直接体现的是一种众生平等、万物与我一体的思想。第一个正式提出天人合一命题的北宋思想家张载，把天地视为人类的父母，并且指出，我们人类在天地中是极其渺小的。天、地、人三者都是"气"聚的结果，天地之性，也就是人之性。所以人类是我们的同胞，万物是我们的朋友。人与人、人与万物都处于和谐、均衡和统一之中。

儒家这种万物交融、并育不害的思想，集中表现在天人合一的命题中，这是中国古代哲人为人类提供的生存大智慧。

那么，人既然是天地所化育，是否就要完全对天地俯首呢？中国古代哲学家们的答案是否定的。因为在他们看来，人是天地之心，《礼记·礼运》里讲，"故人者，其天地之德，阴阳之交，鬼神之会，五行之秀气也"，"故人者，天地之心也"。人是自然万物的一分子，但人又是万物之灵。朱熹说："人是天地中最灵之物。"正式提出天人合一这四个字的张载更是豪言：人应该为天地立心。

把万物之一的人抬到这样高的圣坛上，有一个基本的前提，那就是人道要与天道一致，不能逆天道而行。

北宋思想家张载明确提出"天人合一"的命题，其人生理想是"为天地立心，为生民立命，为往圣继绝学，为万世开太平"。

二、人道与天道相一致

所谓"人道与天道相一致"，其中的"天道"可以理解为自然界的客观规律，而"人道"则指人类社会所遵循的道德原则。既然人为天地所孕育，是天地万物中的一员，"天道"与"人道"便具有相通、相似性。老子说："人法地，地法天，天法道，道法自然。"就是说人效法地，地效法天，天效法道，而道效法与代表的是自然，它是天、地、人这些自然之物的混成和总称。

当我们将"人道"与"天道"视为相通时，那么人与自然相处之道，便是建立在对"天道"的体悟之上的。《周易》里有两句话最能说明中国古代哲人对"人道"与"天道"一致的理解："天行健，君子以自强不息；地势坤，君子以厚德载物。"天（即自然）的运动刚强劲健，相应于此，君子处世，应像天一样，自我力求进步，刚毅坚卓，发愤图强，永不停息；大地的气势厚实和顺，君子应增厚美德，容载万物。

相关链接

有人问孔子，该怎样为政呢？孔子回答："用道德教化来治理政事，就会像北极星那样，自己居于一定的方位，而群星都会环绕在它的周围。"这就是典型的"人道"和"天道"相一致。

对"天道"的体悟与实践，相信"人道"和"天道"相一致，就要求人类善待天地万物，"与天地合其德，与日月合其明，与四时合其序，与鬼神合其吉凶"，认识到整个自然和宇宙是一生生不息的生命历程，并自觉投身于这一生命历程中，以自己的智慧和能力去参与这一历程。这便是"赞天地之化育"。

认识到人地合一、地天合一，以及天道合一，并进而体认与追随"天道"的实现，从而将"生生不息"的本体论原理转化为"赞天地之化育"的价值原理，这是天人合一思想的重要内涵与实现天人合一的必要途径。

三、遵循天道，追求天人和谐

一方面，从利害关系上说，在人与自然环境，以及人与万物的关系上，都存在利用与被利用，以及资源利用上的竞争关系。另一方面，人与自然万物作为自然系统中的成员，其彼此之间又存在共生、共存的关系。天人合一的思想方法要求我们在与自然打交道时，尤其是涉及与自然万物的利害关系时，应有敬畏、顾惜之心，在顺应自然的前提下利用自然，对自己的行为要加以节制，同时应反哺自然，从而达到万物并育、天人和谐。

相关链接

网开一面

网开一面其实应该叫网开三面。据说商汤没当王之前，是个诸侯，有一天他路过一个地方，看见一个捕鸟的人，四周都设了网，想让所有飞鸟都飞进来，商汤看到此情景对捕鸟人说，你不可能把天下的鸟全捕净，鸟是我们的朋友，你就向东方设网，把西、南、北的网撤掉吧。然后他心中默念：鸟，你愿意往左飞就往左飞，愿意往右飞就往右飞，实在不想活了，才进入网中。这个故事传开后，天下诸侯觉得商汤是一个比较有仁爱之心的君王，就归顺了他，建立了商朝。网开三面的故事说明中国古人对万物是有仁爱之心的。

孔子说："伐一木，杀一兽，不以其时，非孝也。"孟子说："亲亲而仁民，仁民而爱物。"宋明理学家继承了孟子"仁民而爱物"的思想，提出万物一体的命题，突出人对万物的道德义务。二程（程颢和程颐）曰："仁者，以天地万物为一体，莫非己也。"而孔子"钓而不纲，弋不射宿"（孔子只用竹竿钓鱼，而不用网捕鱼；只射飞着的鸟，不射夜宿的鸟），正是古代圣人以人道推及鸟兽之道、自然之道，爱人而及物，所谓"恩及于禽兽"（孟子语）、尊重自然的体现。

在顺应自然界、遵循自然规律的前提下，中国古人强调"取之有道，用之有度"。《禹禁》中记载："春三月，山林不登斧，以成草木之长；夏三月，川泽不入网罟，以成鱼鳖之长。"孟子在《孟子·梁惠王上》里讲："不违农时，谷不可胜食也；数罟不入洿池，鱼鳖不可胜食也；斧斤以时入山林，材木不可胜用也。"其中，"数罟不入洿池，鱼鳖不可胜食也"，意思是不用细密的鱼网捞鱼，鱼才能自我繁殖，越来越多。"斧斤以时入山林，材木不可胜用也"，意思是允许在一定的时间内砍伐林木，反对乱砍滥伐，林木才能越来越茂盛，用也用不完。这是强调只有按自然规律办事，才能实现人类"谷不可胜食、鱼鳖不可胜食、材木不可胜用"的目的。

管子说，"合于天时之人事"，"合作福，不合作祸"，"人与天调，然后天地之美生"。管子的意思是，人类需要与自然合作，与自然和谐相处，这样才会产生世界上和而不同的美好事物。

天人合一的思想观念，指明一种既符合人类利益，同时又顾及自然生态利益与价值的行为才是可取的，这是我国古代思想家在探索天人关系、人与自然关系的理论与实践中为我们留下的宝贵遗产。天人合一的思想观念，在中国已经不是抽象的哲学，中国历代先民在改造自然的实践中，在中国的建筑、园林、医药、武术、饮食、养生等社会文化的方方面面，无一不贯彻和体现出天人合一的思想。

相关链接

都江堰——中国古人实践"天人和谐"思想的伟大工程

战国时期李冰父子修建的都江堰水利工程，是我国古人顺应自然、利用自然，从而降低自然灾害对人类的影响，实践"天人合一"思想和智慧的典范。

都江堰坐落于成都附近，位于成都平原西部的岷江上。都江堰水利工程在四川都江堰市城西，建于公元前256年，是全世界至今为止年代最久、唯一留存、以无坝引水为特征的宏大水利工程。都江堰水利工程创建时的鱼嘴分水堤、飞沙堰溢洪道、宝瓶口引水口三大主体工程和百丈堤、人字堤等附属工程构成，科学地解决了江水自动分流、自动排沙、控制进水流量等问题，消除了水患，使川西平原成为"水旱从人"的"天府之国"。

都江堰水利工程遵循"深淘滩、低作堰"，"乘势利导、因时制宜"，"遇湾截角、逢正抽心"等治水方略，使都江堰水利工程成为世界最佳水资源利用的典范。都江堰水利工程以历史悠久、规模宏大、布局合理、运行科学、与环境和谐结合著称于世，在历史和科学方面具有突出的普遍价值。在2000年的联合国世界遗产委员会第24届大会上，都江堰被确定为世界文化遗产。

两千多年来，都江堰水利工程一直发挥着防洪灌溉作用，其创建以不破坏自然资源，充分利用自然资源为人类服务为前提，变害为利，使人、地、水三者高度协和统一。

第二节 阴阳变易

中国古人认为，阴与阳是构成世界万物的两种最基本的属性、力量和元素，而阴与阳的相互结合、相互作用就构成万物生生不息的运动与变化。中国古人很早就具有了事物运动变化的观点，而事物运动变化的原因则在于事物都是"有对"的，即任何事物都有与自己相反、相对的存在物。正是由于相反势力的"相推"、"相摩"，即事物之"有对"，才能推动事物的运动变化和发展。事物之"有对"依事物不同而有多种多样的情况，而对"有对"的最高抽象就是阴与阳。把"阴阳"与"变易"结合起来，用"阴阳"来解释"变易"，用"变易"来阐发"阴阳"，这就形成了中国哲学当中所特有的"阴阳变易"之学。

阴阳的概念源自古代中国人民的自然观。"阴阳"本义是指日照的向背。古语说，"阴者见云不见日，阳者云开而见日"。古人观察到自然界中各种对立又相联的大自然现象，静态现象如天地、日月、昼夜、寒暑、男女、上下等，动态现象如雨水的天降地受、月光来自日光、昼亮夜黑、寒冷暑热、男上女下等。但在远古早期，人们还不能从哲学的抽象层次上概括这一现象。

　　相传伏羲仰观天文，俯察地理，近取诸身，远取诸物，始作八卦。他所创造的八卦符号，最基本的是"—"与"– –"，最初可能表示男女两性区别，但也是最早对阴与阳抽象化的符号表达。随着人类认识的不断发展，特别是到《易经》形成，阴阳观念、万物有对的观念才逐渐由模糊变得清晰，并被广泛应用。

　　到春秋战国时期，思想家们开始用"阴阳"这一对概念来解释自然界中相互对立、此消彼长的物质或其属性，"阴阳"逐渐成为中国哲学当中十分重要的范畴。"阴阳"既指天地间化生万物的阴阳二气，又指宇宙间贯通物质和人事的两大对立面，同时也指阴类、阳类两种属性。阳类具有刚健、向上、生发、展示、外向、伸展、明朗、积极、好动等特性；阴类具有柔弱、向下、收敛、隐蔽、内向、收缩、储蓄、消极、安静等特性。

　　理学大师朱熹说："阴阳无处无之，横看竖看皆可见。横看则左阳而右阴，竖看则上阳而下阴；仰手则为阳，覆手则为阴；白明处则为阳，背面处则为阴。"

　　由此看来，阴阳变易的思想是将世界万物看作阴阳对立统一的产物，用"一阴一阳之谓道"来归结天地间万物的本性及发展变化规律；又用"阴生阳，阳生阴"来揭示事物变化的根源在于其内部对立双方的相互作用；再用"生生之谓易"来阐释事物的变易总是生生相续、永无止境的。

相关链接

　　中国古人最重视"阴阳"，往往把阳的方面放在前面，阴的方面放在后面，比如男女、尊卑、高低、上下。按照这一逻辑，我们应该说"阳阴"而不是"阴阳"，这是怎么回事呢？答案和《周易》六十四卦有关。"乾上坤下"的卦名为"否"卦，意为天地不交、万物不通。"乾下坤上"的卦名为"泰"卦，意为天地交感、万物相通。所以，古人不说"乾上坤下"，只说"坤上乾下"，于是，不说"阳阴"，只说"阴阳"。

一、一阴一阳之谓道

　　《周易》中有一句对后世产生重要影响的话："一阴一阳之谓道。"其意思是：万事万物都有阴阳两个方面，两种力量，相反相成，相互推移，缺一不可，由此构成事物的本性及其运动的法则。这也就是中国哲学所特别看重的"阴阳之道"。在中国哲学家看来，阴阳之道不仅规范了宇宙秩序，而且也规范了人际关系。所谓"一阴一阳之谓道"，通俗一点说就是，无论只有"阴"这个方面，还是只有"阳"

这个方面，都构不成万事万物发展的"道"；只有"阴"和"阳"这两方面相结合，才构成事物发展的"道"。

北宋时期的易学大师邵雍创立数学派易学，进一步以"一分为二"的法则来解释天地万物的形成，认为万物在形成和发展过程中，始终是阴阳相互对待的产物。就万物的形成来说，"阳得阴而为雨，阴得阳而为风，刚得柔而为云，柔得刚而为雷"；"天得地而万物生，君得臣而万化行，父得子、夫得妇而家道成"。这就是说，自然界和人类生活皆由阴阳构成。阴与阳是构成世界万物的两种最基本的元素，也是推动世界万物发展前进的两种基本的力量。

二、阴生阳，阳生阴

中国传统哲学认为，阴与阳作为构成世界万物最基本的两种元素和力量，既相互依存，又相互渗透，阴中有阳，阳中有阴。宇宙中没有孤阴孤阳之物，也没有纯阴纯阳之事。

我们所熟知的太极图，从形状上看像是两条黑白分明的"阴阳鱼"。白鱼表示阳，黑鱼表示阴。白鱼中间一黑眼睛，黑鱼中间一白眼睛，便表示阳中有阴、阴中有阳之理。而太极分为两仪后，此两仪相互对待，缺少一方则不能成为卦象；阳主始，阴主成，不能孤立存在。所以，两仪、四象、八卦以及六十四卦，都是一阴一阳相互配合、相互渗透。

太极生两仪，两仪生四象，四象生八卦。太极八卦图充分体现了阴阳变易的哲学思想。

三、生生之谓易

由于世界万物皆由阴阳所构成，而阴阳作为矛盾体又总是处于不断的相互转化与相互消长的过程中，因而万事万物也总是处于不断的生成、发展与演变之中。反过来说，万物的起源、发展、变化、结束，都是阴与阳这两元因素（或力量）所造成的。阴阳二气千变万化，新新不停，生生相续，永无止境，这就是"生生之谓易"。

阴与阳之间的相互作用，推动宇宙生生不息，变化无穷，此乃天地间一切事物的本性及发展变化的规律，即"道"。《易传》将宇宙万物的产生形成过程推演为：太极→两仪→四象→八卦→六十四卦→万事万物。其中，太极表示宇宙的根源和阴阳统一的状态，阴阳作为既对立又统一、相辅相成的矛盾体构成太极。阴与阳分别用符号表示为"－－"与"—"；这两种符号两两重合后，达到"四象"；"四象"再与阴、阳分别结合，进而组合成为八卦，再由八卦相互重合成为六十四卦。此宇宙生成论模式将阴阳的辩证运动过程，表示为数的运动过程，并进而成为抽象的符号推演系统，是人类一个伟大而了不起的发明。

中国古代先哲所归纳出的"阴阳五行"学说，同样是基于阴阳统一与阴阳流转生变的思想。老子说："道生一，一生二，二生三，三生万物。万物负阴而抱阳，冲气以为和。"这其中无疑包含了万物是天地阴阳合气而生的思想。气作为世界基本元素，在自然界阴阳相互作用下，产生五行，即金、木、水、火、土；五行相互作用，则产生宇宙万物的无穷变化；并由于阴阳互相对立消长，五行相生相克，万物得以和谐发展。这说明中国人很早就把宇宙看成是一个互相关联的整体，天地与人之间有一种深刻的互动关系。人们在经验的基础上把这种对称和对立的联系渐渐总结概括为阴阳五行学说，并借助于这些基本的要素以及其他一些由此而生的次要关系把宇宙组成一个统一的整体。

中国古人认为，木、火、土、金、水五种最基本的物质是构成世界不可缺少的元素。五行相生相克，处于不断的运动变化之中。中国古代的天文学、气象学、化学、算学、音乐和医学等，都是在阴阳五行学说的协助下发展起来的。

总的来说，阴阳变易学说以阴阳合一为核心观点，将世界看作阴阳对立面互动与互转的过程，把物质现象和自然现象看作是动态的，从变化过程和转化的角度考察和认识事物的本质与规律，认为一切事物都处于盈虚消长、推移转化的无穷过程中。这种整体统一、循环平衡、相生相克、刚柔并济、和谐圆满的思想影响并贯彻到了中国社会生产生活与思想文化的方方面面，如中国的医学、美学、艺术等，并得到西方学者的尊重与肯定，对西方科学的发展也产生了重要的启发和影响。如莱布尼茨发明"二进制",瑞士心理学家荣格发现"共时性原理"等,都受到中国阴阳学说的影响。这说明,中国的阴阳变易学说为人类社会的发展作出了重大贡献,显示了中国古代先哲的智慧与思想价值。

相关链接

《周易》是一部中国古哲学书籍,亦称《易经》,简称《易》。因周有周密、周遍、周流等意,被相传为周人所作。广义的《易》包括《易经》和《易传》。《易经》分为《上经》三十卦,《下经》三十四卦。由于《易经》成书很早,大约在西周时期,文字含义随时代演变,《易经》的内容在春秋战国时便已不易读懂,因此春秋战国时代的人(孔子为代表人物之一)撰写了《十翼》,又称为《易传》,以解读《易经》。普遍认为《易经》最初是占卜用的书,但它的影响遍及中国的哲学、宗教、医学、天文、算术、文学、音乐、艺术、军事和武术。自17世纪开始,《易经》被介绍到西方。

《易经》部分主要是六十四卦的卦形符号与卦爻辞。所谓的"六十四卦",是由"八卦"两两相重而得,"八卦"则是由"阴"、"阳"二爻三叠而成。这八个卦是基本卦,指的是乾、坤、震、巽、坎、离、艮、兑(见表1-1)。

表1-1 八卦的卦名、卦形及象征物

卦名	卦形	象征物	卦名	卦形	象征物
乾	☰	天	坎	☵	水
坤	☷	地	离	☲	火
震	☳	雷	艮	☶	山
巽	☴	风	兑	☱	泽

六十四卦的每一卦都包含四项内容:卦象、卦名、卦辞和爻辞。所谓的卦爻辞,即系于卦形符号下的文辞,其中卦辞每卦一则,总括全卦大意,爻辞每爻一则,分指各爻旨趣。《周易》共有六十四卦、三百八十四爻,因而相应的也有六十四则卦辞和三百八十四则爻辞(由于乾、坤两卦各有"用九"和"用六"的文辞,故将其并入爻辞之中,即总计三百八十六则爻辞)。

"传"实际上是阐释《周易》经文的专著,即《彖传》上下、《象传》上下、《文言》、《系辞传》上下、《说卦传》、《序卦传》、《杂卦传》,共计七种十篇。因其阐发经文大义,如本经之羽翼,故汉人称之为《十翼》,后世统称《易传》。

第三节 贵 和 尚 中

贵和尚中是中国传统文化的基本精神之一，它以中庸思想为理论基础，以"和而不同"为基本内涵，以"执两用中"为基本方法，把追求统一、稳定、和谐视为最高目标。这种思想理念经过我国古代哲学学者与思想者的系统化与理论化，成为一种客观性精神力量，日渐渗入人的心灵世界，并使得这种理念孕育下的中国人十分注重和谐局面的实现和保持，以整体为本位，着力维护整体利益，做事不走极端，求大同存小异，保持人际关系和谐与社会和谐。这种民族精神的凝聚和扩展，对于统一的多民族政权的维护，是极其重要的。

一、和而不同

"和"在中国古代思想中是一个非常重要的概念。千百年来，和的概念以及贵和尚中的思维方式影响着中国人，陶铸了中华民族胸怀宽广、热爱和平、团结和睦的特殊品格。从修身、齐家、治国，最终达到和平天下——协和万邦，均体现了中华民族对于和谐社会的向往与追求。

什么是"和而不同"呢？从哲学意义上讲，"和"是和谐，是统一，"同"是相同，是一致；"和"是抽象的、内在的，"同"是具体的、外在的。和而不同，就是追求内在的和谐统一，而不是表象上的相同和一致。

据现有典籍记载，中国第一个从政治角度谈"和与同"的是史伯。《国语·郑语》记述了史伯关于"和"的论述："夫和实生物，同则不继。以他平他谓之和，故能丰长而物归之。若以同裨同，尽乃弃矣。"不同事物之间彼此为"他"，"以他平他"就是将不同事物连贯在一起。不同事物相配合达到平衡，就叫作"和"，"和"才能产生新事物。如果把相同事物放在一起，就只有量的增加而不会发生质的变化，就不可能产生新事物，事物的发展就停滞了。

相关链接

春秋时期的思想家、贤相晏子就提出过自己的"和而不同"观。《左传·昭公二十年》中记载的晏子关于"和而不同"的阐述是：当齐侯问"和与同是否有差别"时，晏子用比喻的方式做了形象的阐释，他说，厨师做汤的时候要用各种不同的调味品来调制，才能使汤美味可口；乐师要融合各种不同的音乐元素，协调各种不同特色的声音，才能创造出美妙动听的音乐；君主治理国家也是同样道理，当你制定一项决策，发布一项命令时，你就要善于倾听各种不同的意见，兼听则明，偏信则暗，只有这样，你才能使自己的决策或命令更加完善、合理。

孔子则在继承和发展史伯、晏子"和同之辩"的基础上，把性质不同、风格相异的因素相互补充、相互协调而形成的和谐进一步运用于社会领域，重点强调社会人伦秩序的和谐状态。孔子曾以君子的道德人格为和谐的最高追求，他说："君子和而不同，小人同而不和"，意即君子用自己的正确意见来纠正别人的错误意见，使一切都做到恰到好处，却不肯盲从附和；小人只是盲从附和，却不肯表示自己的不同意见。孔子还说："君子矜而不争，群而不党。"意思是说：在处理问题时，能保持和谐而不结党营私，行为庄重而不与他人争执，善于团结别人而不搞小团体，这样的人才称得上君子。从中我们

孔子，春秋时期兴办民学的第一位教师，用"和"与"中庸"思想培养出三千多个弟子。

看到，孔子的和谐观不仅将"和"与"同"作为区分君子与小人的基本标准，而且指出了真正的和谐是以承认社会矛盾和差别的客观存在为前提的，其所要追求的是在"不同"基础上形成的"和"，是矛盾多样性的统一，这是十分难得的。

二、以和为贵

"和"的哲学在先秦时代诸子百家中，尤其是在道家、儒家、墨家等学说中占有很重要的分量。在中国的传统哲学中，和谐的终极关怀是实现持久和平。为此，诸子百家从不同的角度进行了探索和实践，并经过后代思想家如董仲舒、阮籍、二程、张载等的完善，形成了独具特色的以和为贵的理论特征，进而逐步积淀和强化为一种民族精神与意识信仰。具体而言，中国古代哲学家所阐释的"和"哲学包括以下五个方面的内容。

（1）天地万物生于"和"。"和"是世界万物生存发展的基础与前提，是宇宙的根本规律。

（2）人与自然相辅相成于"和"。天人合一观念的核心内容之一便是追求人与

自然的和睦相处。中国古代思想家中有非常多论及这一点的，如《中庸》中的"万物并育而不相害，道并行而不相悖"。

（3）人与人相处贵在"和"。人伦和谐是伦理的价值目标。

（4）人的自身修养重在"和"。

（5）社会发展贵在"和"。

中华文明倡导的厚德载物、有容乃大、"兼听则明、偏信则暗"等精神，都是以和为贵思想的体现。在中国文化中，儒释道三教合一，以致对基督教、伊斯兰教等外来宗教亦容忍与吸收；民族价值观方面，给予礼仪道德平等待人，承认与吸收任何民族的优秀文化；在治国之道方面，倡导兼容天下。这些都是中国古代以和为贵、重和去同文化精神的具体体现。同时，这种思维方式与文化精神对中国文化和社会生活，以及中医学、中国艺术、中国建筑等有着广泛而深刻的影响。比如，中国古代建筑学以追求和谐、对称、协调为特点，展示出和谐美的建筑特点。古都北京的故宫堪称这种建筑特点的代表作，从天安门到神武门，整个庞大的建筑群，以中轴为基准，前后左右处处展现出对称性。

中华文明尤其倡导亲善睦邻，协和万邦，和平共处。民国时期的思想家林语堂就说，和平是人类的一种卓越认识，中国人尤其酷爱和平，不爱挑起战争，因为他们是理性的民族。受和为贵理念的浸润和熏陶，人们从小就形成了一种以和为贵的人生理想，不崇尚武力和战争。中国古代著名的丝绸之路以及明代郑和下西洋，展现的都是中华民族崇尚和平交往而不是武力征服的以和为贵的精神。

三、执两用中

儒家"贵和"思想往往是和"尚中"之意联系在一起的。既然"和"是天人关系、人际关系所达到的一种良好的秩序和状态，那么如何实现"和"之理想呢？儒家认为，根本的途径就是适中、持中，保持中道，即凡事叩其两端取其中，便是实现"和"的基本途径。

执两用中的思想，在中国由来已久。帝尧禅位于舜时，就以"允执厥中"来教导舜；舜禅位于禹，亦嘱咐其"允执厥中"。后来代代相传，到大禹、商汤、文王、武王，均以"允执其中"作为执政的准则和做人的规范。孔子承上启下，推崇"中庸之道"、"执两用中"、"过犹不及"，并将其作为立身、处世乃至治国、平天下的良策。

"执两用中"包含以下两个层面的意思。

第一个层面，即"执两"。正如叩其两端是为了执中一样，取中并不意味着舍弃两端，也即并不否定事物的差异性与多样性。而且，正是由于事物的千差万别，才构成了世界的和谐与不断发展。

第二个层面，即"用中"。"中"，即两端之间，或两个方面之间。宋代大儒程颐曰："不偏之谓中"，"中者，天下之正道"；朱熹曰："中者，无过无不及之名也"；陆九渊曰："中之为德，言其无适而不宜"；王阳明曰："中只是天理"；段玉裁《说文解字注》曰："中者，别于偏之辞也。""用中"即在两端之间，以统筹的眼光，准确地把握其有利于事物正常运动的最佳结合点。具体而言，这又包含以下两个方面的含义。

（1）正确、恰如其分、不偏不倚、无过无不及。孔子既提出了执两用中，又从相反的角度提出了过犹不及。过，即超过了中，其原因在于太激进；不及，即没有达到中，其根源在于太保守。两者尽管趋向相反，但都违背了客观规律，均不能达到目的。只有把握住过与不及这两种倾向之间的度，使之不走向极端，才能达到致中和的目的。

（2）适宜、适度、合理，即审时度势，找到一种最适宜的方法，以取得最大效果。这便要求在坚持常经、常道的同时又能知权达变。经是基本价值，是原则性、规律性；权是权衡利弊，求其适当，是灵活性、变动性。孟子赞孔子"可以仕则仕，可以止则止，可以久则久，可以速则速"，是"圣之时也"。而如果不善于审时度势、与时更新、推陈出新，则很难把握正确之道。正如孟子所言，"执中无权，犹执一也。所恶执一者，为其贼道也，举一而废百也"。"执一"之意是机械地对待原则，其结果是"举一而废百"。

在历史上，舜帝便是这样一位具有执两用中大智慧的君王。孔子说："舜其大知也与！舜好问而好察迩言，隐恶而扬善，执其两端，用其中于民。"意思是说：舜帝平时不仅乐于向他人求教，而且喜欢对那些浅近的话语进行仔细分析，常包容别人的恶意而褒扬别人的善意，掌握并度量别人认识上两个极端的偏向，采用适当的做法去引导人们。

孔子也是"执两用中"思想的倡导者与实践者。孔子说，一个人要成为君子，就要做到"惠而不费，劳而不怨，欲而不贪，泰而不骄，威而不猛"；"乐而不淫，哀而不伤"；"矜而不争，群而不党"。

舜是中国上古三皇五帝中的五帝之一，是一位具有执两用中大智慧的人。

相关链接

　　《论语》中记载的孔子自己说自己的一段话："吾有知乎哉？无知也。有鄙夫问于我，空空如也。我叩其两端而竭焉。"意思是：我有知识吗？没有知识。有个乡下人问我，我空空然什么都不知道。我考察问题的两端然后尽量告诉他。意即可考察两个方面，包括正反、本末、精粗、上下、远近等，权衡得失、利弊、轻重等，以取其宜。

　　《中庸》中说："中也者，天下之大本也；和也者，天下之达道也。致中和，天地位焉，万物育焉。"这段话所表达的意思是：达到中和状态，自然万物与人类社会便能各安其位、各得其所，世界也就处于一种理想的秩序与状态——和谐。这种中道思想的核心观点是注重事物发展过程中内在的和谐与平衡，它既是一种认识论、方法论，也是人生修养的行为准则。这种思想贯穿渗透到哲学、政治、经济、文化和日常生活等一切领域，并深深地渗透在国人的思想意识和行为方式之中，逐渐成为中国思想文化中被普遍接受和认同的人文精神。

相关链接

　　古圣贤大禹治水的办法就是最好的执两用中的范例。大禹治水时，铺土垫高地势，沿着山势引水，并疏通水道排水。也就是把握住"堵"与"疏"的两端，根据实际勘察的情况用其"中"：该堵的堵，该垫高的垫，可疏的疏，形成最有利的治水方案。这就是把握住"堵"与"疏"的两端，用其"中"而取最符合实际的综合治理方案，结果成功了。这和他父亲鲧的治水方略有极大的差别。鲧用的是"堙"、"障"等堵塞围截的单一方法，治水九年，劳民伤财，不但没有治住，反而越来越糟。

体验课堂

活动设计

主题：天人合一

形式：社会考察

内容：寻找与天人合一思想相一致的社会实践以及与之相悖的社会实践，对当前的社会环境、人文环境及人的活动进行评价。

互动交流

1. 各抒己见

（1）当前的《周易》热有哪些可取之处，又有哪些不可取之处？

（2）天人合一、阴阳变易、贵和尚中的理念对你的个人生活有何影响？

2. 阅读思考

阅读《于丹〈论语〉心得》，从中你能读出哪些对自己学习、生活、做人有益的启示。

3. 网上冲浪

自孔子以来，"中庸"一词的含义在中国的语境中已经发生了不少改变。例如，孔子所理解的"中庸"其实是一种至高无上的美德；而现在不少人认为"中庸"是折中、软弱、保守、明哲保身、不思进取等的代名词。

请你上网查阅相关文献和材料，了解中国古代思想家对"中庸"都有哪些不同的理解，了解"中庸"思想的演变过程。

第二章

道德的力量：中华传统美德

　　所谓中华传统美德，是指中国五千年文化流传下来、具有影响、可以继承，并得到不断创新发展，有益于后代的优秀的道德文化遗产。在人类文化史上，恐怕没有一个民族比中华民族更讲美德，没有一个国家比中国更强调道德至上。中国传统文化是一种伦理型文化，支撑这一文化的最强大支柱就是道德，中华传统美德标志着中华民族的"形"与"魂"，是中国人两千多年来处理人际关系、人与社会关系实践的结晶。中华传统美德是支撑中华民族生生不息的强大力量。

本章知识目标

了解几千年来中华民族普遍认同和广泛接受的道德规范、思想品格和价值取向，了解中华传统美德在中国传统文化中的重要地位。

本章能力目标

学习、践行中华传统美德，提升辨别是非、善恶、美丑的能力，能够自觉运用中华传统美德来指引、约束自己的行为，抵制社会上的不正之风。

本章素质目标

通过学习中国传统美德，提高自身的人格修养，养成热爱祖国、孝敬父母、尊敬师长、友爱同学、礼貌待人、勤俭节约、明礼诚信的行为习惯和道德品质。

情境导入

　　　　传说上古时期，部落联盟的首领尧准备把位子禅让给别人，他对
继承人的基本要求是：具备美好的道德。有人向他推荐了正在山林中
耕地的舜。据很多人说，舜虽然在田地里非常辛苦，却保持着乐观情
怀，人们总能听到他哼唱小曲。尧立即确认，这就是"安贫乐道"的
美德啊！于是，他派人去"侦查"舜，"侦查"的人回来报告说："舜
是个大好人，又是个大孝子。他经常帮助那些有困难的人，他的父亲
和后妈使用各种奸计想置他于死地，他侥幸逃脱后不但对父亲和后妈
没有半句怨言，还向人哭诉自己没有尽孝。"尧决定更进一步测试舜，
他把女儿嫁给舜。一年后，尧的女儿回来报告说："舜是个彬彬有礼
的君子，具备了人类的一切美德，把天下交给他，没有问题。"于是，
尧马上举行了禅让仪式，舜于是成了部落联盟的首领。尧舜禅让，充
分体现了"有德者居之"的中华传统思想。

　　如果西方人读到这个故事，必然大吃一惊，因为舜纯粹是靠道德上位的，故事
里根本就没有提到舜有哪些能力。这样的故事恐怕只有在中国才可能产生，而且深
入老百姓之心。这个故事说明了中国传统文化的一大特点：道德至上，它跟随了我
们五千年。正是这种道德的力量，把中华民族锻造成了一个最光辉、最强大的民族。

第一节　正心修身

　　中华民族最讲究修身，《大学》中说"修身齐家治国平天下"，修身是根基。儒
家有句名言："达则兼济天下，穷则独善其身"，把"平天下"和"修身"提到了同
等高度。由此可见，修身在中国传统文化中占据重要地位。汉代哲学家王修说，志
向高远的人，能够不断地磨炼自己，以成就大业；没有节操的人，懈怠轻忽，只能
成为平庸之辈。老子说："含德之厚者，比于赤子。"意思是：德性浑厚高尚的人，
好比初生婴儿一样纯洁。老子又说："重积德，则无不克。"这更是指明了个人的修
身不仅是处世的条件，更是成就事业的根本。统而言之，所谓修身，无非就是我们
自身应该具备中华传统美德，这些美德会成为一种力量，把你锻造成传统文化所要
求的彬彬君子。

一、安贫乐道

每个人在成长过程中都会或多或少地遇到逆境、挫折，有失败，也会有悲伤和痛苦。这些不幸的遭遇，往往会超出一般人的承受能力，如何才能经受这些严峻的考验，渡过难关，最关键的不是靠外力的支持，而是要靠我们自身的修养。中国古人给挫折与失败开出的药方之一，就是要求我们必须具备安贫乐道的美德。

安贫乐道的"道"原指儒家所信奉的道德，后引申为人生的理想、信念、准则。所谓"安贫乐道"，指的就是处境虽很贫困，但仍乐于坚守信仰。孔子曾说，吃着粗粮，饮着白水，弯着胳膊当枕头，这也是充满乐趣的。孔子评价他的学生颜回说，真是贤啊，颜回用非常简陋的竹器吃饭，用瓢饮水，住在陋巷，别人受不了这种困苦，颜回却不改变乐观态度。孔子的话其实是告诉我们，一个人的快乐不在于物质享受，而在于精神的追求。孔子的这两段话被后人总结为"孔颜乐处"，它是中国古人关于人格理想与道德境界的命题，汉、宋以来的儒学大师都把它奉为一种极高的人格理想与道德境界。唐代诗人刘禹锡《陋室铭》中的名句"斯是陋室，唯吾德馨"，便可以看作是中国古人安贫乐道的最好写照。

安贫乐道既是一种生活方式，更是一条正心修身之路。安贫不是目的，乐道才是关键。为什么要安贫？因为人一旦把心思都用在追逐钱财上，就会滋生很多执着心，不可能一心向道。而且，古人认为，人一旦富贵了，物质财富越来越多，也会滋长更多的私心，欲罢不能，这更是对求道的干扰。

人是最具备适应能力的动物，所以在贫困中生存下来很容易。问题是，当我们面对贫困境遇时，是痛苦地活下去还是选择过一种快乐的生活。在这个时候，我们心中应该有一个光明的信念，并且始终坚持自己的理想。你相信"梅花香自苦寒来"，就能够忍受当下的苦寒；你相信"书中自有黄金屋，书中自有颜如玉"，就会产生出刻苦用功的动力。

作为一种正心修身的方法，安贫有助于我们更好地求道，修炼自己的心智；乐道则有助于我们克服当下的贫苦，坚定自己的理想和信念。

二、勤劳节俭

中华民族是世上最勤劳的民族之一，我们的祖先用辛勤的劳动修筑了万里长城、大运河、都江堰等伟大工程。在中华文化历史上，流传着许多用劳动征服大自然的动人心弦的故事。中国古人早就认识到"赖其力者生，不赖其力者不生"

的真理。

热爱劳动是立身、安家、兴邦的根本。中国古代最伟大的医药学家李时珍就是个把热爱劳动这一美德发扬光大的人。李时珍从小立下志愿，要熟读医药百书，解除人间疾苦。可通过读书，李时珍发现许多药书有许多错误，于是，他又下决心要亲身体验，弄清每种药的真实情况。李时珍花了整整 30 年的工夫，记下了几百万字的笔记，经过了一遍又一遍的修改。以献身医学的非凡勇气和求实的精神，李时珍终于完成了举世闻名的中药巨著《本草纲目》的写作。

我国古代人民很懂得劳动的重要性。有句古诗说："锄禾日当午，汗滴禾下土。"勤劳的人们都把汗水挥洒在自己劳动的地方。在中华传统观念中，无论是贩夫走卒还是达官显贵，都应该有劳动的意识和行动。墨子认为，人与动物的根本差别就在于人能劳动，而且人必须劳动。动物有皮毛作衣服，以草木为食物，故此，雄性不用耕作，雌性不用纺织，也能衣食充足。但人却不同，如果要生存下去，就必须自食其力，这便是墨子所说的"赖其力者生，不赖其力者不生"。

墨子，战国时期著名思想家，墨家学派创始人，主要代表的是农民、小手工业者、小商人的利益和思想，重视劳动技能培养，主张节用。

春秋时期，鲁国的贵族子弟公父文伯继承了祖上的大夫爵位，他扬扬得意。退朝回家时，看见母亲正在绩麻，便说道："像我们这样的人家，母亲还要绩什么麻呢？不怕别人笑话我不能奉养您老吗？"他母亲听后惊叹道："咱们鲁国要亡了吗？怎么叫你这种不懂道理的孩子做官呢？"于是，她对儿子讲了许多必须重视劳动的话，其中有几句是这样的："……劳则思，思则善心生；逸则淫，淫则忘善，忘善则恶心生。"意思是说：参加劳动，才能想到爱惜物力，知道节俭，才能产生好心；贪图安逸，就容易放荡堕落，就要丧失好心，产生坏心了。"劳思逸淫"、"劳思善生"两句成语就是由此而来的。

如果说，勤劳的美德是开源，那么，节俭的美德就是节流。正是依靠着勤劳与节俭，人类生产和积累了大量的物质和精神财富，支撑起个人、家庭和国家的发展、成长。中华民族几千年来虽然历经艰难曲折，但是始终屹立在世界的东方，很重要的一个因素就是勤俭节约。

节俭，自古以来就是君子修身、齐家、治国的传统美德之一。《左传》中说："俭，德之共也；侈，恶之大也。"意思是说：节俭，是善行中的大德；奢侈，是邪恶中的大恶。《尚书》对一国之君的要求是："克勤于邦，克俭于家。"意思是说：在国事上要勤劳，在家庭生活中要节俭，中国古代的圣贤之君都是这样做的。

相关链接

南朝宋的开国国君刘裕，年轻时家境清寒，为生活不得不出外谋生。刘裕辞别家人，穿上新婚妻子亲手缝制的粗布衫裤，到新洲帮人收割芦苇以换取温饱。一连数天，顶着大太阳挥汗工作，新的衣裳很快就破烂不堪，辛苦赚来的血汗钱也只能勉强维持生活。后来，刘裕穿着这身破衣投身军旅，凭着战功，得到晋升，之后当上了南朝宋的皇帝。刘裕登上皇位后，并没有忘记年轻时的贫寒日子，他将破烂的粗布衫裤仔细收藏起来，并常告诫子孙说："我保存这套粗布衣裤，就是为了提醒自己，不要忘记当年。后代子孙如果有奢侈不知节俭者，一定要家法严惩。"由于刘裕带头崇尚俭朴，使得东晋以来浮夸奢侈的社会风气大为改观。

诸葛亮在《戒子书》中说，"静以修身，俭以养德"。节俭需要首先克制自己的欲望和贪念，这样才能保持节操，培养德行，所以自古有德之士都推崇"俭以养德"。节俭不仅是为人之德，还是一种很重要的为官之德。清人汪辉祖说："用财宜节，不节必贪。人即不自爱，未有甘以墨败者。资用既绌，左右效忠之辈进献利策，多在可以无取、可以取之间。意谓伤廉尚小，不妨姑试，利径一开，万难再窒。情移势逼，欲罢不能。或被下人牵鼻，或受上官掣肘，卒之利尽归人，害独归己。败以身徇，不败亦殃及子孙，皆由不节之一念基之。故欲为清白吏，必自节用始。"清代名臣乌尔通阿也说："居家宜俭，居官尤宜俭。人情愈奢则愈纵。始而贪，继

诸葛亮"静以修身，俭以养德"的名句，被古代很多知识分子奉为座右铭。

而酷，皆自不俭始……俭则安分，俭则洁己，俭则爱民，俭则惜福，故曰：俭，美德也，官箴也。"一个不懂节俭的人，很容易养成骄奢淫逸的习惯，从而走向贪腐的深渊，自然也就做不成好官、清官。

相关链接

　　春秋时期齐国宰相晏子的住所靠近集市，低湿、狭窄、吵闹，到处尘土飞扬。国王齐景公想给他在敞亮干燥的地方建造一所房子。晏子辞谢说："君王您的先臣——我的先人在这里住过，我不配继承祖业，这房子对我来说已经够好的了。况且我住处靠近集市，早晚都能买到要买的东西，这是对小人有利的事，怎敢麻烦地方上的民众（为我盖新房）呢！"

　　齐景公笑了笑，趁晏子出国时给他盖了新房。晏子回国后先感谢了齐景公，然后就把房子拆除，重新住进了他的陋室。

　　晏子这种以高道德的标准来要求自己，以身作则、崇尚节俭、反对奢侈的行为，对后世影响很大。司马迁非常推崇他，将他比为管仲，孔子也称赞他是个合格的君子。

　　节俭不仅是一种美德，有时候它还能使人避免危难，这就是《周易》中所说的"君子以俭德辟难"。其中的深意在于：一方面，简朴的德行能够防止奢靡、腐化等行为；另一方面，在面临危险时，具备简朴的德行有助于摆脱危险。宋仁宗时的宰相张文节就深谙此道。张文节虽位居宰相，薪水很高，但生活异常节俭，有人讥笑他沽名钓誉，他从不在意。亲友规劝他要稍微随俗一些，张文节就给他们讲道理："我现在的薪水，即使全家锦衣玉食都不在话下。可是由俭入奢易，由奢入俭难。我现在的薪水不是永久的，生命也不是长存的，一旦有了变化，家人已经习惯了奢侈，不能立刻回到节俭，一定会失去生活依靠。那个时候，我不是在害他们吗？倒不如不管我做不做官，活着或死了，家人的生活都一样才好！"

　　节俭是中华民族几千年来一直提倡并保持下来的传统美德，深深影响着所有中国人的行为。即使在物质财富相对丰富的今天，戒奢从简仍是我们必须崇尚的道德修养。我们应该培养节俭这一美德。因为只有具备了这一美德，才能不为物欲所羁绊。纵观古今，凡是留名青史的人，都拥有节俭这一美德。

三、明礼诚信

　　《论语》中说："君子敬而无失，与人恭而有礼，四海之内，皆兄弟也。"又说："民无信不立。"这两句话被后人归纳为中华传统美德之一，即明礼诚信。

中国之所以有礼仪之邦、文明古国的美誉，就是因为中国自古以来特别讲究隆礼。这里的"礼"，既是指"礼仪"、"礼节"、"礼貌"，又是讲"礼让"、"中和"、"谦敬"。

所谓"礼仪"，《论语》中说："君子所贵乎道者三：动容貌，斯远暴慢矣；正颜色，斯近信矣；出辞气，斯远鄙倍矣。"大意是说：君子严肃自己的容貌，就可以避免别人的粗慢无礼；端正自己的神色态度，就可以使别人相信；谈话时注意言辞声调，就可以避免别人的粗俗和错误言论。《礼记》上还专门有这样的规定："入境而问禁，入国而问俗，入门而问讳。"意思是说：进入一个地区，先要问当地的法制禁令；进入一个国家，先要问该国的风俗习惯；进入别人家里，先要问主人有什么忌讳。以上都是自古以来中国文化中讲究"礼仪"、"礼节"、"礼貌"的一些代表性言论。

关于"礼让"，荀子的话最具代表性："人生而有欲，欲而不得，则不能无求；求而无度量分界，则不能不争；争则乱，乱则穷。先王恶其乱也，故制礼义以分之，以养人之欲，给人之求，使欲必不穷乎物，物必不屈于欲，两者相持而长，是礼之所起也。"大意是说：人生来都是有欲望的，有欲望而得不到满足就有追求，有追求而无限度就会造成争夺，有争夺就会造成社会混乱，礼的作用就是制定一系列的标准和限度，使人们相互礼让，安分守己，从而使社会和谐稳定。

荀子是继孔子、孟子之后的又一位儒家大师，其思想核心是"礼"，强调礼治。

明礼诚信应当是当代中国公民的基本道德规范之一。之所以把"明礼"和"诚信"放在一起，并不是随意而为的，而是因为二者之间存在着内在的联系。"明礼"是人的行为的外在表现，"诚信"则是人的内心状态。"明礼"只有表现了人内心"诚信"的本质，才不会流于虚伪的形式或繁文缛节；"诚信"只有通过"礼仪"、"礼让"，才能够最恰当、最真实地表现出来。《礼记》对"礼"有一个解释："忠信，礼之本也；义理，礼之文也。无本不立，无文不行。"这说明古人早就把"忠信"视为"礼"的本质。"诚"于内而"礼"于外，是对"明礼"与"诚信"相互关系的最好解说。

"诚信"包括"诚"和"信"两方面的内涵。"诚"主要是讲诚实、诚恳；"信"主要是讲信用、信任。"诚""信"合在一起，就是指做人要忠诚老实，诚恳待人，以信用取信于人，对他人给予信任。

相关链接

季 布 一 诺

　　季布曾是西楚霸王项羽的部将，楚汉两军交战时，曾经多次让刘邦困窘不堪。刘邦消灭项羽后，仍对此耿耿于怀，悬赏千金捉拿季布。季布潜藏到朱家家里。朱家劝夏侯婴说服刘邦赦免了季布，并召拜为郎中。惠帝时，季布为中郎将，后转任河东守。季布为人仗义，好打抱不平，以信守诺言、讲信用而著称。所以楚国人中广泛流传着"得黄金百斤，不如得季布一诺"的谚语。"一诺千金"这个成语也是从这儿来的。

　　无论我们在社会中扮演什么角色，明礼诚信都是必备的美德之一。每个人都应该有这样的道德意识：做老实人，说老实话，办老实事；以信待人，以信取人，以信立人。

四、浩然之气

　　有一天，孟子的弟子公孙丑问孟子："请问老师，您最擅长什么？"

　　孟子毫不思索地回答："我善于培养我的浩然之气。"

　　公孙丑大惑："什么是浩然之气？"

　　孟子皱眉道："要给这浩然之气下个定义还真难。我只能这样描述它，它最宏大最刚强，用正义去培养它而不用邪恶去伤害它，就可以使它充满天地之间。它与仁和义相配合辅助，不这样做，浩然之气就会像人得不到食物一样疲软衰竭。浩然之气是由正义在内心长期积累而形成的，而不是通过偶然的正义行为获取的。自己的所作所为有不能心安理得的地方，则浩然之气就会衰竭。"

　　对于孟子说的浩然之气，曾有一首长诗作出过生动的文学描绘，这就是一身之气的民族英雄文天祥写的《正气歌》。诗中写道："天地有正气，杂然赋流形。下则为河岳，上则为日星。于人曰浩然，沛乎塞苍冥……"意思是说：浩然之气寄寓于宇宙间各种不断变化的形体之中。在大自然，便是构成日月星辰、高山大河的元气；在人间社会，天下太平、政治清明时，便表现为祥和之气，而在国家、民族处于危难关头时，便表现为仁人志士刚正不阿、宁死不屈的气节。社会秩序靠它维系而得以长存，道义是它产生的根本。文天祥还列举了许多可歌可泣的历史人物作为例证，说明浩然之气长存于天地之间，如：不怕杀头仍秉笔直书的晋国史官董狐；坚贞不屈，誓死不降，在匈奴牧羊十九载的苏武；被俘后大喝"蜀中只有断头将军，而无投降将军"的严颜；率部渡江北伐、中流击楫、发誓收复中原的东晋名将祖逖；还有充满忠贞、正直之气的诸葛亮的《出师表》；等等。

相关链接

"大丈夫"的来历

孟子的浩然之气实质就是一种内在的气节力量，而拥有这种浩然之气的人，被称为"大丈夫"。孟子解释"大丈夫"的含义时说："居天下之广居，立天下之正位，行天下之大道。得志，与民由之；不得志，独行其道。富贵不能淫，贫贱不能移，威武不能屈，此之谓大丈夫也。"遵守社会道德规范，用仁义之心与人相处，自己成功时与别人分享，自己不成功时独善其身，不被富贵所迷乱，不因贫贱而改变志向，不屈从权势和武力，这样才称得上大丈夫。这种气节和力量就是我们今天讲"男子汉大丈夫"的文化内涵和价值依据。

孟子所说的浩然之气，是刚正之气，是人间正气，是大义大德造就的一身正气。再说得直白一点，就是骨气和节操。中国人最注重这两点，正所谓"三军可夺帅也，匹夫不可夺志也"。《荀子》一书中说："大节是也，小节是也，上君也；大节是也，小节一出焉，一入焉，中君也；大节非也，小节虽是也，吾无观其余矣。"从修身的角度而言，小节无疑也是重要的，在小的事情上能够让自己的行为符合道德要求，是个人美德的具体体现。但从政治生活而言，古人更注重的是大节，一个人在重大原则问题上能够坚守，是保持气节的关键，"临大节不可夺"。因此，大节是指一个人对国家、君主的忠诚与否；而小节则指一个人个人生活中个性品德的好坏。

作为一种崇高的美德，气节一直是古代思想家推崇的精神力量。孟子的浩然之气，就是对气节这一美德的重要发挥。孟子认为，对道义的坚守达到一定高度，就会自然产生出一种至大至刚的力量，这种力量鼓舞着人为实现道义而勇往直前。

那么，我们应该具备哪些气节呢？

首先，人应该有尊严。每个人都有自己的人格，尽管人格表现出明显的不同，但人们在评价它时总会有一些共同的标准。这些共同的标准就是人格的尊严和独立。"嗟来之食"的故事恰好说明了这点：春秋时期齐国饥荒，有个贵族在路边摆上食物，居高临下地招呼一饥饿的人说："喂，来吃啊。"那个饥民冷酷地盯着他说，我就是因为不愿意接受带有侮辱性的施舍才饿成这样的。那位贵族虽然道歉，可这个饥民还是不肯吃，最后饿死。这就是尊严的力量。

其次，人应该有正义感。为了正义应该不顾一切，大义凛然。唐朝安史之乱时，颜真卿被派到乱军营去和对方谈判。乱军首领要颜真卿投降，颜真卿断然拒绝。乱军首领就在他面前挖了个坑，暗示他如果不投降就活埋。颜真卿冷笑道："我已活了80岁，你要杀就杀，别玩这一套。"乱军首领多次以厚利诱其投降，颜真卿都置之不理，最后被乱军杀死。后人说，颜真卿不但维护了正义的尊严，而且还维护了自己人格的尊严。

最后，人应该维护民族和国家的利益。在这方面，前面提到的文天祥就是最好的榜样。文天祥是南宋政府的高级官员，因抗击元朝而被俘。元人知道他的分量，所以几次三番劝降，但都被他拒绝。最后，元人失去耐心，决定处死他。文天祥毫不惊慌，临刑前面朝南方拜了几拜，说："我报效国家的机会，只能到此为止了。"然后从容就义，年仅47岁。这就是维护民族和国家利益所表现出来的气节，也就是孟子提到的浩然之气。

第二节　与人为善

中国人始终把人际关系当作是人生中的一件大事，围绕着这件大事，产生了诸多传统美德。这些美德主要有以下四种：忠、孝、仁、义。这四者分别规定了中国传统社会最为重要的四类人际关系：①孝，讲处理家庭生活中各种关系的基本准则；②忠，讲处理个人与社会、国家、天下之间关系的道德规范；③仁，讲人与人之间，尤其是个人与陌生人、上级与下级之间的相处之道；④义，讲处理人际关系，尤其是利益关系的道德要求。

忠、孝、仁、义这四个基本道德规范，是中国传统社会道德生活的基石。在此基础上，传统道德的其他规范得以建立和发展。总体而言，这四种传统道德的终极目的可以归纳为四个字：与人为善。

一、尽己之谓忠

中华传统文化最讲究"忠"。《论语》中曾子说："吾日三省吾身：为人谋而不忠乎？与朋友交而不信乎？传不习乎？"第一省的"为人谋而不忠乎"说的就是，替别人做事时，有没有不尽自己心力去做的时候啊？在这里，"忠"是尽心竭力的意思，朱熹对这句话的解释就是，"尽己之谓忠"。

尽自己的一切心力去真诚对待别人，尽心尽力完成别人托付给自己的事，这就是忠的表现。孟子曾问齐宣王："有个把自己的妻子、儿女托付给朋友的人出去游玩，回来后，他发现自己的妻子、儿女正在受冻挨饿，对这样的受托人该怎么办？"齐宣王说："抛弃他。"孟子又问："士师（古代的司法官）不能治理士（士师的下属），该拿他怎么办？"齐宣王说："罢免他。"孟子再问："不能治理好国家的人，又该怎样处理呢？"齐宣王发现孟子在说自己，急忙顾左右而言他。

这段记载于《孟子》中的对话，正是对"忠"这一传统美德的具体解释。答应帮助照顾人家妻子、儿女的"朋友"，根本没有尽心，使得人家的妻子、儿女挨饿受冻，这就是不"忠"。

"忠"还表现为要恪尽职守，尽心尽力做好自己的本职工作。古人认为，我们在一定的社会环境中都有一份工作，这份工作从本质上而言没有高低贵贱之分。不管这份工作的具体内容是什么，我们都应尽心尽力。

号称"史学之父"的司马迁最开始的工作只是个图书馆的档案秘书。在汉代，档案秘书虽然是管理文献史料、天文历史的官吏，但却是一个被封建统治者看不起的小官，而且当时的人们都把档案工作者与占阴阳卜吉凶的巫史相提并论，所以说这个工作在当时并不被看好。即使如此，司马迁却认为自己担当的是无比光荣的事业，就算在小的岗位中，也可以发光发热。

正是凭着恪尽职守的精神，司马迁才写出了历史巨著《史记》，名垂青史。

最后，"忠"还表现为要忠于民族和国家。古人云"位卑未敢忘忧国"，"天下兴亡，匹夫有责"，说的都是要忠于自己的祖国和民族。古人认为，忠实于祖国，就要时刻关心国家的命运、民族的前途，将自己的生命与祖国的兴亡、民族的盛衰紧紧联系在一起。

辛亥革命以来，近代的有识之士主张在否定对君主个人的愚忠的基础上，将忠的对象复归于对国家、民族、人民和事业。孙中山先生在《三民主义·民族主义》中讲道："在国家之内，君主可以不要，忠字是不能不要的。如果说忠字可以不要，试问我们有没有国呢？我们的忠字可不可呢？忠于事又是可不可呢？我们做一件事，总要始终不渝，做到成功，如果做不成功，就是把性命去牺牲亦所不惜，这便是忠……照道理上说，还是要尽忠，不忠于君，要忠于国，要忠于民，要为四万万人去效忠。"也就是说，封建社会对君主个人的愚忠是不足取的，但是我们忠于事业，忠于国家，忠于人民的原则和美德在任何时候都不会过时。

二、孝为人本

"孝"是中国传统道德中最重要的内容之一。何谓孝？《说文解字》的解释是："孝，善事父母也。"也就是说，身为孩子要顺承父母的意思，并且要奉养父母，这才算尽到为人子女的责任。

从"孝"字的古文写法上看，"孝"字上面是一老人，下面是一小孩。整个字的字形像是一个孩子用头承接着老人的手行走。

孔子说，孝是为人之本。中华传统美德第一经的《孝经》更是把"孝"提到了无与伦比的高度："夫孝，天之经也，地之义也，人之行也。"

中国人提倡孝道，缘于中国血缘文化的特点。这一特点决定了中国社会是以家庭（家族）为本位的，而在家庭中最重要、最首要的就是父母与子女的关系。孝既是子女对父母的天然情感，也是子女对父母的责任和义务。古人说："燕雀尚知反哺之恩，而况人乎！"意思是，连禽类都知报恩，更何况有理智的人呢？古人王中书在《劝孝歌》中说："百骸未成人，十月怀母腹。渴饮母之血，饥食母之肉。"这句话直白地从十月怀胎、分娩之苦、养育之恩道出了人无论怎样孝敬父母都难报答亲恩万分之一的道理。

"孝"在中国文化中的含义相当丰富，是一个相当复杂的道德要求体系。

孝的第一层含义是赡养。所谓赡养，即从物质上满足父母的需要。《吕氏春秋》认为养有五道："修宫室，安床笫，节饮食，养体之道也；树五色，施五采，列文章，养目之道也；正六律，和五声，杂八音，养耳之道也；熟五谷，烹六畜，和煎调，养口之道也；和颜色，说言语，敬进退，养志之道也。此五者，代进而厚用之，可谓善养矣。"当然，古人对赡养提出的这些周到而具体的要求，在当下并不全然适用。赡养父母之孝，用今天通俗一点的语言就是让父母吃好、穿好、住好、用好。当然，这里的"好"没有硬性标准，因每个家庭的实际情况而定，因父母的具体需要而定。

孝的第二层含义是敬，所以有"孝敬"一词。如果"孝"仅仅只是要求子女给父母以物质方面的供给，那么孝的意义就会大打折扣。孔子曾经批评那些以为给父母好的物质条件就是孝的人，孔子说："今之孝者，是谓能养。至于犬马，皆能有养，不敬，何以别乎？"现在的人们对待自己养的小猫小狗，都舍得花钱，买一些好的用具和食物。如果"孝"就意味着"养"的话，那么我们岂不是也是在对我们的宠物尽孝？所以，孔子认为，如果将孝简单地理解为"能养"，就是把父母视为被饲养的犬马，自己也就变成了犬马的子女了。只有做到敬，才能使父母不仅获得物质上的满足，更能获得精神上的满足，这才是人类特有的孝道。正所谓，"孝子之至，莫大乎尊亲"。

孝的第三层含义是顺，所以有"孝顺"一词。所谓"顺"，是指顺从父母的意愿，不违背父母，养父母之志。父母最不希望子女做的事情就是那些可能危害自己生命安全的事情。所以，古人特别强调"父母在，不远游，游必有方"。

"孝"不仅仅是一种美德，它还是做有道德的人的根基。《论语》中有这样一段话："其为人也孝悌，而好犯上者，鲜矣；不好犯上，而好作乱者，未之有也。君子务本，本立而道生。孝悌也者，其为人之本欤！"由此可知，孝顺父母是做人的根本，一个人只要在家庭生活中是一个孝子，那么当他走向社会后，就不会干什么坏事。这一观点的思路是这样的：对养育自己的父母都对不住，这种人还能对得住谁呢？

或许正是这种思路的影响，古人将"孝"界定为诸德之本，国君可以用孝治理国家，臣民能够用孝立身理家。由于对"孝"的这种推崇，所以在中国古代选举官吏时，孝顺父母是一条重要的道德标准。汉代的董仲舒就说："求忠臣必于孝子之门。"汉代的"举孝廉"更是成为由下向上推选人才为官的制度。一个人只要在孝顺父母方面做得足够出色，从而被地方官员向朝廷举荐，就可以去做官。

孝是中国古代最重要的伦理思想之一。为了宣扬、推行孝道，中国古人编写了许多孝道教育的教材。其中最为经典的有《孝经》和《弟子规》。《孝经》以"孝"为中心，传说是孔子所作，比较集中地阐述了儒家的伦理思想，对实行"孝"的要求和方法做出了系统而详细的规定。《弟子规》的作者是清朝康熙年间的秀才李毓秀，是广为流传的儿童启蒙读物，目的就是要对孩子进行启蒙教育。《弟子规》的开篇就说"弟子规，圣人训；首孝悌，次谨信"，指明了孝的重要性。这本启蒙教材还规定了一系列孝的规范，如"父母呼，应勿缓；父母命，行勿懒；父母教，须敬听；父母责，须顺承"等。

在孝道教育与传承过程中，家训往往起着非常重要的作用。家训又称家诫、家范、庭训等，指家庭或家族内部父祖辈对子孙后代的垂诫、训示，更是儒家知识分子在立身、处世、为学等方面教育后辈的家庭教育读物。司马光说，他自己的两部著作中，家训体裁的《家范》要比治国理念的《资治通鉴》更重要，因为欲治国先要齐家。

中国古代家训的内容大体相同，其中很重要的一个方面就是要求子女孝顺父母。例如，中国最著名的家训《颜氏家训》开宗明义就说："夫圣贤之书，教人诚孝……"意思是：古代圣贤的著述，教诲人们要忠诚孝顺。《颜氏家训》说"仁孝礼义，导习之矣"，主张在孩子小时候就要进行孝道教育；又说"父母威严而有慈，则子女畏慎而生孝"，"父不慈则子不孝"，道出了父母对孩子孝道养成的重要影响。

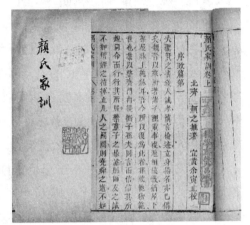

《颜氏家训》是中国最著名的家训，其核心思想之一是"教人诚孝"。

三、仁者爱人

"仁"是中华传统文化中分量最重的一个字，它几乎本身就代表了中国传统文化和传统道德。它的提出者是孔子，有人问孔子什么是"仁"，孔子回答说："仁者爱人。"

爱人，就是仁，是中华传统道德的精髓。这一传统美德要求我们在日常生活中、与人打交道时要常怀一颗爱人之心，与人为善。因此，爱人应当是发自肺腑真心实意的，虚伪就是不仁。

"仁"有很多种表现形式，如杀身成仁，仁政爱民，大仁不拘小节，其核心在于推己及人。所谓推己及人，就是设身处地为别人着想，这就是最高尚的仁。推己及人的对象主要有两个层面：一是自己身边的人；二是整个社会中的人群。

从影响身边人的角度而言，推己及人有两个基本要求：己所不欲，勿施于人；己欲达而达人，己欲立而立人。这两个方面的内容在传统道德学说中被称为

"恕道"。

"己所不欲，勿施于人"要求人们将心比心，不损害他人。你自己不愿意做的事情，不能要求其他人去做或者替你去做。作为子女，我们自己在家里不愿意干的活，不应该要求父母替我们去干；作为朋友，我们自己不愿意做的事情，不应该要求他人帮助我们去做；作为社会的一分子，我们自己不愿意尽的责任，不应该要求他人对我们履行或替我们尽责。

"己欲达而达人，己欲立而立人"则要求人们将心比心，积极利人、助人，给他人以机会和力所能及的帮助。你自己想在困难的时候获得别人的帮助，那么在别人困难的时候，就应该去帮助他人；你自己想受到他人的尊重，就应该去尊重他人；你自己想获得成功，那么就应该帮助他人获得成功，至少是不阻碍他人获得成功；你自己愿意成为一个善良的人，那么就应该创造条件去帮助他人培养他的善良本性。孟子说："穷则独善其身，达则兼济天下。"这句话被视为古代知识分子的理想人格和道德要求。这句话的意思可以理解为：当一个人能力有限时，应尽力提升自己的修养；能力较强时，那么就要努力为天下人造福。

概言之，"恕道"的基本思想是用自己的感受去理解他人的感受，用自己的品德帮助别人品德的成长，通过换位思考，设身处地去为他人着想。"己所不欲，勿施于人"，属于基本的、起码的要求，这一要求在现代社会中被称为道德的"黄金定律"；而"己欲达而达人，己欲立而立人"则是更高的要求，由此可以成为中国传统道德所要求的"仁人"。

四、义在利先

义，就是我们今天常提的"道义"。它是中国传统道德的"五常"之一，也是古人与人相处中使用频率最高的一种道德规范。义，繁体字写作"義"，由"羊"和"我"两字构成。在中国传统文化中，"羊"象征美和善，"義"的含义即自身所拥有的美好品质。在后来的衍变中，义作为一种道德规范，含义十分丰富。对"义"的道德要求进行系统阐述的是孟子。《孟子》一书中，使用"义"字108次，将义作为人的立身处世的根本。自孟子后，义开始成为中国人道德生活的基本规范，影响至今。

谈"义"，必然绕不开"利"，"义利"是中国传统文化中无论如何都绕不开的道德话题。孟子把"义利"问题谈得十分透彻。

相关链接

　　孟子曾去拜见梁惠王。梁惠王问他："您不远千里而来，一定是有什么对我的国家有利的高见吧？"

　　孟子就回答："大王，何必说利呢？只要说义就行了。大王说'怎样使我的国家有利？'大夫说'怎样使我的家庭有利？'一般人士和老百姓说'怎样使我自己有利？'结果是上上下下互相争夺利益，国家就危险了啊！在一个拥有一万辆兵车的国家里，杀害它国君的人，一定是拥有一千辆兵车的大夫；在一个拥有一千辆兵车的国家里，杀害它国君的人，一定是拥有一百辆兵车的大夫。这些大夫在一万辆兵车的国家中就拥有一千辆，在一千辆兵车的国家中就拥有一百辆，他们的拥有不算不多。可是，如果把义放在后而把利摆在前，他们不夺得国君的地位是永远不会满足的。反过来说，从来没有讲'仁'的人却抛弃父母的，从来也没有讲'义'的人却不顾君王的。所以，大王只说仁义就行了，何必说利呢？"

孟子被尊称为"亚圣"，他对"义"的道德要求进行了系统阐述，将"义"作为中国人立身处世的根本。

　　孟子的这段话对"义利"的主次、先后，甚至是有无的问题定下基调，此后形成了重义轻利的传统。那么，在我们的人生中该如何来行"义"呢？

　　（1）义为宜，是一个人适合做的、应当做的事情。古人多以"宜"来解释义。"事得其宜之谓义"、"义者，事之宜也"，而宜在古代就是应当的意思。面对一件事，采取最为适宜、恰当的行动，做出最为合理的反应，便是义。当我们看到歹徒正在行凶，当事人生命受到威胁时，挺身而出，采用一定的行动加以阻止，这就是义；否则就是不义。宋代学者陈淳说，"只当如此做，不当如彼做，有可否从违，便是义。"义的要求超越个人的利益考量，关注的是应不应该，而不是个人利益的大小。一旦考虑了利益的大小，那就是利在义先了。

　　（2）义要求做出的行为，是一个人在特定环境下应该做出的行为，这种行为本身应当是以对是非善恶的正确判断为前提的。我们现在生活中流行一个词叫作"讲义气"，但古人早就说过，义的道德要求一定不能违背善，"夫义者，所以限禁人之为恶与奸者也"。朋友的正当需求，我们当然应该倾力相助，但如果朋友想做的事情是不道德的，甚至是违反法律的，我们更有义务维护道德和法律的尊严。孟子说"言不必信，行不必果，唯义所在"，我们遇到的所有事，答应别人的所有诺言，都不一定是必须履行的，关键是看这些事情和诺言是否符合道德和法律要求。义要求的是做好人，而不是做为了所谓"义气"敢于作奸犯科的愚人。

（3）义的要求内容是因人的身份、职业不同而有所不同的。所谓义者，"为人臣忠，为人子孝，少长有礼"。前面两条已经说过，现在重点讲述"少长有礼"。在古人的传统道德规范中，"待人以礼"是相当重要的，对任何人都应该以礼相待。尊师重教就是其中之一的礼，也是中华民族的传统美德。中国古人说"一日为师终生为父"，我国古代的老师在社会中有相当高的地位。古人所列举的应该受到特别尊崇的对象有天地君亲师，老师就占有一席。民间"俗以天地君亲师五者合祀，比户皆然"。儒家经典《白虎通义》特别强调"人有三尊，君父师是也"，老师被列入与君、父共同受特殊尊敬的行列。教育界的祖师爷孔子，更被尊称为"至圣先师"，即使是天下至尊的皇帝，对他也要顶礼膜拜。这一中华美德应该得到继续发扬。

相关链接

程门立雪

程颢、程颐兄弟俩是宋代理学大家。有个叫杨时的官员，为了丰富自己的学问，毅然放弃了高官厚禄，跑到河南颍昌拜程颢为师，虚心求教。后来程颢死，他又跑到洛阳去拜程颢的弟弟程颐为师。一日，他和朋友游酢一块儿到程家去拜见程颐，但是正遇上程老先生闭目养神，这时候外面开始下雪。这两人求师心切，便恭恭敬敬待立一旁不肯离去。等程颐睁开眼睛时，门外的雪已经积了一尺多厚了，两个人仍然站在那里。这个故事就叫"程门立雪"，后来成了尊师重道的典范。

从上面的论述可以得知，所谓义，也就是不同的人在不同情境中，正确做出决断，采取最为适宜、恰当的方式，做出自己应该做的行为。用我们现在的语言来说，义就是关于我们应当做什么、不应当做什么的一系列规则，是应然之则。

相关链接

义的极端表现：舍生取义

孟子曰："鱼，我所欲也；熊掌，亦我所欲也。二者不可得兼，舍鱼而取熊掌者也。生，亦我所欲也；义，亦我所欲也。二者不可得兼，舍生而取义者也。"

第三节　君 子 怀 德

在中国传统文化中，君子人格是每个人都可以通过修德获取的人格，君子境界也是每个人都能到达的境界。单从人格方面讲，君子仅需具备我们前面所讲的那些美德就完全合格了，这就是"内圣"。但如果要做到"外王"，那还需要具备下面将要讨论的美德：隐忍、知耻和无私。

一、隐忍

中华民族是一个极具坚忍力的民族，"隐忍谦让"是自古以来就有的传统美德。无论佛家、道家还是儒家都对"忍"情有独钟，都认为"忍"是成大事的一个必备美德。

儒家特别看重"忍"，《论语》中多处记载孔子论"忍"。他说："小不忍，则乱大谋"，意思是小事不能忍让，就会破坏大事情。孔子还说："一朝之忿，忘其身，以及其亲，非惑欤？"大意是：因一时的愤怒而忘记自身及其亲人，这不是太糊涂了吗？孔子曾告诫子路说："牙齿因为刚硬所以容易折断，舌头因为柔软所以易于保存。柔软必定胜过刚硬，弱小的东西也可以战胜强大的东西。喜好争斗必定要受到损伤，一味逞勇一定会导致灭亡，百行的根本是忍让为先。"

中国传统典籍中有很多关于"忍"的论述。《易·损卦》云："君子以惩忿窒欲。"大意是：有德行的人用自我警戒来抑制愤怒和欲望。《尚书》记载周公告诫周成王道："坏人怨恨你、责骂你，那么你应该严肃德行。"又说："不仅仅是不敢动怒，还要放宽你的心胸。"成王告君陈曰："必有忍，其乃有济；有容，德乃大。"意思是必须有忍耐之心，才能办成事情；有宽容之心，道德才能高尚。

中国民间对"忍"的理解更是别有趣味。民谚曰："忍事敌灾星。"又云"凡事得忍且忍，饶人不是痴汉，痴汉不会饶人"；"得忍且忍，得戒且戒。不忍不戒，小事成大"。这些都是告诫人们"忍一时海阔天空，让三分风轻云淡"的深刻道理。中华传统美德中的"忍"，其实意味着内心坚毅而决绝，要能忍常人所不能忍，这是一种修养和境界。隐忍不仅仅是一种美德，而且还是成大事者必备的素质。

做人要隐忍，但绝不能一味退让。俗话说，"忍字心头一把刀"。这并非是指"忍到心头插刀，也不反抗"。正确的理解应该是"忍无可忍时，便是亮剑之时"。忍，不应该是憋在心里，窝气；因为气不顺，憋在胸中，久而不畅，则智昏；智昏，则容易失言失态。最终，忍的修养还是会失去。忍的最高境界应该是主动地、积极地去化解矛盾。

二、知耻

孟子说："无耻之耻，无耻也。"意思是：从不知羞耻到知道羞耻，就可以免于羞耻了。知耻是中国传统文化中的道德底线，是人自身道德完善的终点和"外王"的起点。儒家认为，人必须要有羞耻之心，只有知道什么是耻辱之后才能分辨清楚是非对错和善恶，才能避免做不道德的事，而去做符合道德的事。

知耻就是要有羞耻之心。孔子曾赞赏知耻的君子精神，并且说"知耻近乎勇"。一个人只有具备羞耻之心，才能见财不贪，临难不屈；才能谦和退让，取舍有度。无论是个人修养还是成大事，知耻都是良知的先导。王阳明说，良知是天地造化的精灵，无所不能，谁拥有它，谁就能成大事。

对于知耻，我们应该明确以下三个问题。

首先，知耻必先知善。中国古人很重视独立人格的培养，认为人人都有自己的价值，都有行仁德的能力，强调"人人有贵于己者"。孔子说："仁远乎哉？我欲仁，斯仁至矣。"又说："有能一日用其力于仁矣乎？我未见力不足者。"还说："道之以德，齐之以礼，有耻且格。"这是说一个人能以广德之心处世，并以礼来节制自己的行为，就会远离耻辱而成为正直的人。

相关链接

知耻近乎勇

《孔子集语·杂事》记载：孔子的弟子子路自诩很勇敢，但孔子始终认为子路是个愤愤然的勇夫，并未得孔门儒学"勇"的真谛。某次，孔子游山，子路随行。孔子口渴，让子路去打水。子路在水边遇到一只老虎，兴奋得发狂，扔了水瓢就和老虎搏斗起来，几个回合下来，子路把老虎揍死，并把虎尾巴扯下揣在怀里，回来问孔子："上士打虎如何？"孔子发现子路的水瓢不见了，怀里露出一毛茸茸的东西，马上就明白了，于是回答："持虎头。"子路又问："中士打虎如何？"孔子回答："持虎耳。"子路急了，再问："下士打虎如何？"孔子回答："持虎尾。"子路愤懑不已，自己徒手和老虎搏斗险些搭上性命，才落了个"下士"。他跑到一边，把老虎尾巴扔掉，揣了个石头回来。恶狠狠地问孔子："上士杀人用什么？"孔子脸色不变："用笔。""中士杀人用什么？""用语言。""下士杀人用什么？""用石头。"子路垂头丧气，心服口服，扔了石头，不言语。孔子这才说，你已是勇士了，因为"知耻近乎勇"。

倘若一个人没有这种追求高尚品德的独立人格，他就只能在个人生存利益上考虑；他不懂善，也不可能以不善为耻。所以一个人要真能知耻，就必须在知善的基础上来实现。面对生活的甘苦、个人的荣辱、生命的安危、事业的成败而心地坦荡，宁静淡泊，严于律己。在这种境界下，就能知耻发奋，就能言行一致。正如陆九渊所说的，"人唯知所贵，然后知所耻"。

其次，知耻必先自知。知耻是说一切道德行为要具有自觉的动机，是发自内心的自觉的行为；知耻也意味着一种自己衡量、自己选择的过程；知耻又意味着一种在社会中、人与人之间关系中发生的具体行为。因而它离不开一个人对自己的评价与了解。知道自己的追求与理想，知道自己的弱点与强项，知道自己在人群中的位置与责任，这样，他就知道了"耻"的具体内容，也才能知道"知耻而后勇"的"勇"用于何处。

最后，知耻后必有行动。我们常说"知错要改"，知耻后也一定要有相应的行动，停留在心中的"知耻"是于事无补的。

相关链接

周处除三害

晋人周处年轻时，为人蛮横强悍，任侠使气，是当地一大祸害。当地的河中有条蛟龙，山上有只白额虎，龙和虎一起祸害百姓。当地百姓把龙、虎和周处并称为三大祸害，三害当中周处危害最大。有人劝说周处去杀死猛虎和蛟龙，实际上是希望三个祸害相互拼杀后只剩下一个。周处立即杀死了老虎，又下河斩杀蛟龙。蛟龙在水里有时浮起有时沉没，漂游了几十里远，周处始终同蛟龙一起浮沉。经过了三天三夜，当地的百姓们都认为周处已经死了，互相庆祝。结果周处竟然杀死了蛟龙，从水中出来了。他听说乡里人以为自己已死而对此庆贺的事情，才知道大家实际上也把自己当作一大祸害，因此有了悔改的心意。于是便到吴郡去找陆机和陆云两位有修养的名人。当时陆机不在，只见到了陆云，周处就把全部情况告诉了陆云，并说："自己想要改正错误，可是岁月已经荒废了，怕最终没有什么成就。"陆云说："古人珍视道义，认为'朝闻道夕死可矣'，况且你的前途还是有希望的。而且人就怕立不下志向，只要能立志，又何必担忧好名声不能传扬呢？"周处听后改过自新，终于成为一名忠臣。

周处除三害的故事告诉我们：只有真正知耻，才会有所行动；而且，只要真正知耻，必然会有行动。

三、无私

　　无私是中国传统道德中的重要内容，是儒家从天人合一的思想中总结出来的。孔子说："天无私覆，地无私载，日月无私照。"那么，人的境界和行为也应该这样，像天一样覆盖万物而无一丝厚此薄彼；像地一样承载万物而无一丝亲疏远近；像日月照耀万物一样而无一丝分配不均，达到"与天地合其德，与日月合其明"的境界。

　　道家认为，无私不仅仅是一种美德，还是一种成事的智慧。《道德经》用辩证法的思路指出，"非以其无私邪，故能成其私。"意思是：只有你"无私"，才能获得"自私"；只要你"无私"了，"自私"自然不请自来。

相关链接

　　春秋时期，晋国国王问他的大臣祁黄羊："南阳县缺个县长，依你的高见，谁最适合这个职位？"祁黄羊毫不迟疑地回答："叫解狐去吧，我相信他一定能够胜任。"

　　国王惊讶道："奇怪，我听说解狐是你的仇人，你怎么推荐仇人？"

　　祁黄羊回答："您只问我什么人能够胜任，并没有问我他是不是我的仇人啊！"

　　国王听了这样的话就派解狐去南阳，正如祁黄羊所说的，解狐把南阳治理得很好。

　　过了些日子，国王又问祁黄羊："政府里现在缺一个法官，你认为谁能胜任？"

　　祁黄羊回答："我认为祁午能胜任。"

　　国王更惊讶了："祁午是您儿子，您推荐自己的儿子，就不怕别人说您自私？"

　　祁黄羊回答："您只问我谁可以胜任，没有问祁午是不是我儿子啊！"

　　国王相信祁黄羊，要祁午去做法官。还是如祁黄羊所说的，祁午对法官这个职务胜任有余，百姓也拍手称赞。

　　祁黄羊也因此得到了国王的器重，受到最高礼遇。

　　孔子赞赏祁黄羊说："他真是君子！他推荐人的标准，完全是适才而用，不会因为他是自己的仇人而不推荐，也不会因为是自己的亲人而不推荐，祁黄羊这样的人才称得上是'大公无私'啊！他能位极人臣，也是他应得的啊！"

无私这一传统美德，经过千百年的发展，早已融入了中国人的心灵深处，成为中国传统文化的一部分，也成为中华民族的精神。我们今天应该更进一步发扬这种精神，身体力行，做一个大公无私的君子。

体验课堂

活动设计

主题：义利之辩

形式：课堂辩论

组织：全班学生通过自荐形成 2 个小组，每组 4 人，参加辩论比赛。其余同学作为评委，老师作为主持人和点评嘉宾。正方辩题为"现代社会义比利重要"，反方辩题为"现代社会利比义重要"。

互动交流

1. 各抒己见

古语云："百善孝为先，论心不论迹，论迹寒门无孝子。"意思是说：孝为百善之首，评价一个人是否孝，只能看他的心，而不能考究他的行为，如果考究行为的话，贫穷人家就没有孝子了。

你对上面这句话有何看法？并据此谈谈你对"孝行"和"孝心"的看法。

2. 阅读思考

请到书店或网上搜集中华传统美德中有关"仁爱共济、立己达人"的论述，介绍给大家，思考我们应当如何热心公益，关爱社会。

3. 网上冲浪

城市精神是一座城市的灵魂。例如，北京精神是"爱国、创新、包容、厚德"。你所在城市的城市精神是什么？看看它与本章所讲的中华传统美德有何联系。如你所在城市还没有明确界定的城市精神，请你根据本章所学内容以及自己的理解，试着概括出你所在城市的城市精神。

第三章

儒释道融合：中国传统宗教

　　提到中国传统宗教，很多人都能说出：儒释道。儒教修身，道教养性，佛教修心，这三教共同构成了中国古典士大夫的处世和哲学基础，也对中国的传统文化以及当今中国人的习俗传统构成了深远、持久的影响。其实可以这样讲，中国的传统文化基本就是儒释道三教共同作用下的结果，三家既相互竞争，又彼此吸收融合，不断发展进步。谈中国传统文化，必绕不开中国传统宗教。

本章知识目标

了解儒释道既是三种宗教，也是三种教化；了解儒释道文化是中国传统文化的基本组成部分；了解三教融合发展对中华民族精神文化的养成所起的重要作用。

本章能力目标

通过学习和了解儒释道三教的形成和发展，初步具有辨析儒释道三教宗教信仰糟粕和三教文化价值的能力。

本章素质目标

通过学习和了解中国传统宗教，养成心存善念以及"诸恶莫作，众善奉行"的爱心与情怀。

情境导入

　　中华传统文化是和谐文化，这种和谐文化在中国的宗教文化中得到了鲜明的体现。走进少林寺会看到一座"三教合一碑"，此图从整体上看是一和尚的图像，也就是佛教的代表，即正面是释迦牟尼。左侧头后挽个发髻的是道教的代表，即老子。右侧头戴方巾者为儒教的代表，即孔子。三教共存一碑，一片圆融。这三个头像合在一起，加上合肩、合上身，浑成一体，两手捧"九流混元图"，构成佛、儒、道三教及"九流"的"混元三教九流图"。像中国这样把本土宗教和外来宗教融合得如此之好的，恐怕世界少有。中国的不少庙宇，把释迦牟尼、老子、孔子同称为"三圣"，一起供奉。儒释道三教在中国大地上共存共荣，充分体现了中华文化的开放性和包容性。

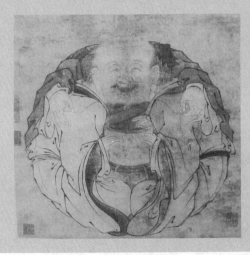

左图中间为释迦牟尼，代表佛教；左侧为老子，代表道教；右侧为孔子，代表儒教。三教共存，一片圆融。

第一节　佛教与中国的佛文化

　　佛教发源于印度，是最早的世界性宗教。由距今三千多年前古印度的迦毗罗卫国（今尼泊尔境内）王子乔达摩·悉达多创立。因悉达多创立了佛教，人们把他尊崇为"佛陀"（简称为"佛"），佛陀的意思是"觉者"或"智者"。佛陀悉达多，因为他属于释迦族，人们又尊称他为释迦牟尼，意思是释迦族的圣人。释迦牟尼的时代，约为公元前6世纪中叶，正是我国春秋时代，与孔子同时。他虽是当时迦毗罗国国王的长子，但因立志要为众生寻找解脱痛苦之路，29岁就不做王子，出家苦修，传说在菩提树下静坐了七七四十九天，终于悟出"四谛"真理，觉悟成佛。

一、佛教入华与佛教华化

佛教在两汉之际传入中国，至今已有两千多年历史。从两汉，经魏晋南北朝，再到隋唐，印度的佛教逐步在中华大地上传播发展，并逐渐被中华文化吸收和改造，出现了中国化的佛教，即中国佛教。中国佛教以大乘佛教在中国的辉煌实践为标志，并与隋唐盛世交相辉映，使世界佛教的中心转移到了中国，并进而传播、影响到日本、韩国、越南、新加坡以及我国的西藏等地，佛教至此成为世界性的宗教。

相关链接

相传东汉时期的明帝，夜梦金人，即梦到了佛，于是派人到天竺寻访佛法。后来天竺僧人用白马驮着佛经来到洛阳，随后就在洛阳城外修建白马寺，藏经译经，这是中国最早正式建立的佛教寺院。同一时期，在中国的新疆一带，也有佛教从印度传入，从此开始了佛教入华与佛教华化，以佛教文化交流为中心中外文化大融合的时期。

河南洛阳白马寺为中国第一古刹，是佛教传入中国后兴建的
第一座寺院，创建于公元68年，至今已有近两千年的历史。

讲佛教传入中国，就不能不提到我国高僧历经千辛万苦到印度求学、取经传法的事迹。从两汉之际经魏晋南北朝、隋唐五代，乃至更远，一直有中国的僧侣出国求法、传法。他们不为名利，长途跋涉，历经千难万险，是因为不满足于当时佛教经典的翻译状况，而去寻求佛经梵本，解答佛法疑难，实现崇佛理想。由于这些高僧令人崇敬的努力，才使得印度佛教在中国扎下根来。由于大规模的取经求法，也导致了历时最久的大规模的文化输入活动，这在中国历史上是少见的。

相关链接

东晋僧人法显，以 60 岁的高龄，从长安出发，历时 6 年才到达印度中部，在那里求学 6 年，后经狮子国（锡兰）回国，历经 14 年，游历三十余国。这中间，他的同伴有的半途而返，有的受冻而死，只有他孑然一人，冒着九死一生的危险，去时曾沿着以死人枯骨为标志的沙碛和不见人烟的荒漠行走，回来在海上还遭遇暴风雨和其他意想不到的困难。最终，法显首次把律藏传入中国，还撰写了《佛国记》一书，详述西行求法的经历。这是中国古代以亲身经历介绍印度等国情况的第一部旅行记，有很高的地理、历史和文化价值。

佛教传入中国后，一开始并不适应中国社会，中国社会也不了解佛教。从汉至三国，佛教发展缓慢，主要在上层人士中传播，没有能够广泛普及于民间。一些专事译经事业的高僧，虽然把印度的佛教学说原原本本介绍到中国，但往往过于拘泥印度的经义，不大考虑中国的实际，因而传播效果不佳，所创教派也逐渐衰落。

佛教后来之所以能在中国传播，是外来文化与中国传统文化既相碰撞又相融合的结果。这种融合从两汉即已开始，历经三国、两晋，到隋唐时臻于成熟。佛教作为外来文化刚传入中国时，其概念、语言比较难懂，为了解决传播的困难，当时一些佛教学者用中国传统文化中的名词、概念，去解释和比附佛教的经义（这也被称为"格义"），使人易于理解。这是佛教中国化的初级的也是形式化的阶段，这种方法虽然能使佛教的教义通俗化，但往往牵强附会，偏离佛教教义。

魏晋南北朝时期，玄学盛行，客观上推动佛学与玄学融合，佛教的教义也逐渐中国化，史称"玄化"或"佛玄"时期。由于受魏晋玄学的影响，宣传"一切皆空"的佛教"般若"学说得到广泛传播。这标志着佛学由形式上的"化"，进入到内容上"化"的时期。南朝的历代皇帝都崇佛，其中以梁武帝为甚。汉族佛教徒的吃素制度，就是梁武帝规定下来的。由于皇帝崇佛，推动佛教得到了大发展。不但出家僧尼数量大增，而且随着寺庙数量的增多，寺院经济也有了大发展。

隋唐时期，由于统治者的大力扶植，中国佛教进入了发展的鼎盛期和成熟期。这一时期，玄学没落，佛学也不得不改变自己的生存方式，开始和隋唐兴起的新儒学思潮相融合，相继形成了佛教的各个中国化的宗派。尤其是传入中国境内的大乘佛教得到创造性的发扬，成为宗派众多、成就显著的汉传佛教。

玄奘（602—664），唐代高僧，通称三藏法师，唐高祖武德五年（629年）从长安西游，历尽千辛万苦，到达印度，645年回到长安，带回经书657部，十年间与弟子共译出75部1335卷。

相关链接

乘是车子、运载的意思，大乘即大车子，小乘即小车子。它们的喻义是搭乘佛法，离开苦难的此岸，到达快乐的彼岸。之所以称为小乘，是因为小乘的小车子只是用来运载自己（度自己）的，而大乘的车子不但运载自己（度自己），而且还用来运载他人（度他人）。小乘倾向自觉，只求自己觉悟而脱离生死，并无济度众生的意思；大乘则在自觉之外还要觉他，即要救度一切众生而同登彼岸。大乘佛教认为，修行的过程必须是一方面通过思辨、禅修获取无上的智慧；另一方面以利乐众生的慈悲心，做种种助人、度人的善行。菩萨是大乘佛教的理想人格，大乘佛教的修行过程是通过发菩萨心、四弘誓愿、行六度万行，以大乘菩萨的身份行救度众生的事业。

佛学传入中国后，经过曲折的发展和漫长的消化吸收，到了隋唐形成具有中国特色的佛教八宗，即天台宗、华严宗、法相宗、净土宗、密宗、律宗、三论宗和禅宗。其中影响较大的有五宗：天台宗、华严宗、法相宗、净土宗和禅宗。这些中国化的教派，已经和印度的佛教有很大不同，其中禅宗是最典型的中国佛教，也是中国佛教中流传最长、影响最大的宗派。唐代宗派佛教的出现，是佛教中国化成熟的标志。

禅宗的创立者是唐朝中叶的慧能（638—713）。慧能提倡心性本净、佛性本有、直指人心、见性成佛。他有一名偈："菩提本无树，明镜亦非台，佛性常清静，何处惹尘埃。"意思是：心性本净，一切皆空，何有尘埃可染。禅宗是世界佛教史尤其是中国佛教史上的一次重大改革。慧能以后，禅宗广为流传，于唐末五代时达到极盛。禅宗使中国佛教发展到了顶峰，对中国古文化的发展具有重大影响。禅宗强调心性的运用，以明心见性为宗旨，明显是受了儒家学说的影响。

二、佛、佛法、佛经和佛寺

佛教与中华文化的融合，在中国历史上，是历时最长，同时也是融合得最好的一次。究其原因，一方面是因为中华文化自身所具有的兼容并包性；另一方面，也由于佛教文化本身的宗教思想与东方文化的契合。佛教本身是一种宗教，它具有其他宗教所具有的共性，比如对神明的信仰与崇拜，把希望寄托于"来世"或彼岸世界，等等。但佛教在一些方面又不同于其他宗教，它比其他宗教更加注重人自身的修养，推行一种让人们止恶扬善、自净其意的教法，即佛陀的教育。这比较适应于东方特别是儒家修身为本的道德哲学，所以才能在东方得到广泛传播。

相关链接

佛教的"教"，既指一种"宗教"，也指一种"教化"。就佛教对人"教化"的这层含义来说，它属于一种"治心"文化或"修心"文化。这里的"心"指的是人的思想、精神。正所谓："佛说一切法，为治一切心；若无一切心，何用一切法。"在佛教对人的教化中，一切问题（诸如痛苦、烦恼、贪欲、憎恨）的解决，都不是靠改变外部世界和外部环境，而是反求诸己，靠自身的"觉悟"即自己精神、意念的改变来求得问题的解决和人的解脱。当代主张建立人间佛教的星云大师说："皈依佛，就是找到自己心中的佛，点亮心中的灯光，所谓'千年暗室，一灯即明'，心灯一亮，万古晴空。"

什么是"佛"？前已讲过，它是佛陀的简称。"佛"这个字含有多义，核心意义是"智慧"、"觉悟"，由梵文直接翻译应为"智觉"。之所以没有译为"智觉"，是因为中文中没有相当的词汇能够对等地翻译出来。佛教认为佛所含的智慧之义绝不是我们一般所指的智慧，而是对宇宙、人生彻底明了的智慧，是对过去世、现在世、未来世无所不知的智慧。

佛是这样的大智大觉，可谁是这样的佛呢？佛教认为，人们尊称的释迦牟尼就是这样的佛。释迦牟尼是怎样成为这样的佛的呢？他并不是天生的而是由普通人修行而成的。佛教认为，不但释迦牟尼能够修行成佛，任何一个人，只要他按照佛法认真修行，都可以成为佛。佛教认为过去有人成佛，未来也会有人成佛，一切人都有得到觉悟的可能性，所以说"一切众生，皆有佛性，有佛性者，皆得成佛"。当然，要修行成佛也绝不是那么简单的，要经过若干个修行的阶段。在佛教中，即将成佛而尚未成佛的称为"菩萨"，比"菩萨"低一等的称为"罗汉"，它们好像是接受佛陀教育所得到的不同"学位"："罗汉"——学士，"菩萨"——硕士，"佛"是最高学位——博士。中国人最熟悉的观世音菩萨、文殊菩萨、弥勒菩萨、普贤菩萨、地藏菩萨等，便是等觉位的大菩萨。

修行成佛是佛教徒的最高理想。要修行成佛就要有一定的方法，遵守一定的规矩。这种修行的规矩和方法，称为佛法。如同世间一切事情要讲究法治、法律，讲求方法一样，佛教为导众生成佛，也需要一定的教法，即佛法。佛法包括各种教义及教义所表达的佛教真理。佛所得之法，即缘起之道理及法界之真理，比如慈悲、忍耐、结缘、信心、智慧等，都是佛法。又佛所知之法，即一切法，以及佛所具足之种种功德，均称佛法。佛教把弘扬佛法叫作弘法。弘法不仅指讲法，做好自己，身体力行，能为他人修行榜样，也是弘法。

佛法既然是规矩，就要有标准。这标准就在佛的经典即佛经里，佛经就是修行的标准。用佛法的标准来对照，如果我们的想法、看法和经典一样，那就是对的；如果和经典不一样，那就是错的，就要赶紧修正过来。佛教导人在生活中要求心地清净，如果一天到晚生烦恼，那就是错误，所以经典就是修正人们思想、见解、行为的标准。佛教的经典很多，其中主要的有《般若波罗蜜多心经》（简称《心经》）、《金刚般若波罗蜜经》（简称《金刚经》）、《大方广佛华严经》（简称《华严经》）、《阿弥陀经》、《无量寿经》等。其中，《心经》很短，只有数百字，但佛理讲得很深，也较易读。念经、诵经、抄经等都是佛教修行的重要方法，佛教徒在寺庙里要早晚诵经。诵经指的是朗读或背诵宗教经文。佛教认为，念经能够开发自己的真心本性，并认为，诵经要做到口念心行。正所谓："口念心行，自心是经，口念心不行，喊破喉咙也枉然。"如果能够依佛所指而行，在此过程中，自性光明会一点一点开启，这就是佛教讲的读经的意义。

佛教传入中国后，"寺"随之出现。公元1世纪东汉明帝时，西域高僧迦摄摩腾和竺法兰应邀来到洛阳，最初是住在中国专门接待外国使节和贵宾的官署"鸿胪寺"。后来为供养这两位高僧，安置佛像经典和长期居住，就另外建造了一所住处，同时用他们驮运经卷的白马，为新居"寺"命名为"白马寺"。这就是我国最早建立的第一座佛寺。从此原作为官署名称的"寺"，也就成为中国佛教寺宇的专称，而在"寺"前加以庙名，逐渐成为惯例。

佛寺是佛教徒布教的场所，它的主要功能是供佛像、做法事，以及供僧众学习和生活。释迦牟尼在世时，禁止信徒为自己造像。但这一规矩在释迦牟尼去世后逐渐遭到破坏。后来，拜佛、供佛之风大兴，信徒们大造特造起各式佛像来。有佛像就需要有地方安置，佛寺、佛殿就兴盛起来。中国人沿用了中国传统的平面布局的院落式建筑修建佛寺，使中国化的佛教在建筑形式上也具有中国特点，体现出中国人从内容到形式消化外来文化的极强能力。

释迦牟尼在世时，佛教弘法，如同中国的孔子，也是周游列国，以到处游走的方式讲经说法。有了佛寺之后，佛教徒就可以在佛殿中讲经说法了，佛教的教育教学开始重视音乐、美术、雕塑、建筑，以佛寺为依托，朝艺术教育这个方向发展。高大的佛教殿堂、恢宏的佛教神像、精致的佛教绘画、优雅的佛教音乐、多彩的佛教宝塔等，成了佛寺不可缺少的基本要素，使人一进佛寺就情不自禁地肃然起敬，被其强大的气势所感染。因此，佛寺又是一所学校，是以佛教艺术熏陶、感染人，促使人学习佛法、修心向善、皈依佛门的学校。

相关链接

一进入佛教寺院，第一个建筑物就是天王殿，也就是护法神，天王殿里面供的俗称"四大金刚"，实际上就是四大天王。天王殿当中是弥勒菩萨，面对着门口，一进门就看到弥勒菩萨，弥勒菩萨旁边是四大天王。弥勒菩萨满面笑容，肚皮很大，表量大容人，要能笑面迎人，才具有入佛门的资格。佛门早在两千多年前就提倡人的肚量要大，能包容一切，它代表"生平等心，成喜悦相"；它代表入佛门的第一个要求，也就是要具此态度才能进入佛门。

天王殿再往里走是正殿，俗称大殿，正名大雄宝殿，是供奉佛教缔造者"佛"，即释迦牟尼的大殿。"大雄"是对佛的道德法力的尊称，指佛有非凡法力，能伏四魔。供奉的主要佛像称为主尊或本尊。供一位主尊的，一般供奉的是佛教缔造者释迦牟尼的像，旁边一般由两弟子、两菩萨并侍。供三尊佛为主尊的，称为"三佛同堂"。三佛有"横三世佛"（这里的"三世"指空间上同时存在的东、中、西三个世界）和"竖三世佛"（这里的"三世"指前世、今世、来世时间上相连，因果轮回的世界）。还有供五位主尊和七位主尊的不等。

三、佛教对中国文化的影响

佛教对中华文化的影响，广泛而且深远。在历史上，它对中国的哲学、文学、艺术、民俗及大众观念等都发生过重大的影响。这种影响的深刻性，是别的外来文化不能企及的。一直到现在，佛教和佛教文化的影响，在中国大地上依然随处可见。

佛教对中国观念文化的影响。 在中国人的观念中到处可见佛教的影响，这从老百姓的日常用语上就能体现出来。人们常说的如觉悟、世界、实际、相对、绝对、今世、来世、报应、清规戒律、一尘不染、三生有幸，以及"善有善报、恶有恶报"、"苦海无边、回头是岸"等，都是来自佛教用语。这些语汇已经成为中国语言不可缺少的组成部分。佛教对中国人观念影响最为深远的是大慈大悲和因果轮回。在中国封建社会，常年的战乱和灾荒不断，使老百姓深感现实的苦痛与危难。而佛教为人们树立了大慈大悲的救世主，宣传佛的威力无边，能把人从现世危难中解救出来，这对于无力反抗又要寻求精神慰藉和精神解脱的人来说，提供了一大法宝。

佛教对中国小说文学的影响。 佛教的佛经有极强的文学性，特别是其中的幻想性和夸张性手法，对中国文学产生了很大的影响。在佛教的大乘佛经里，存在着"上天下地毫无拘束的幻想力"，正是这种"幻想力"使中国的评书、戏曲、文学深受其影响，由此才会有《西游记》、《封神演义》这类神怪小说的产生。尤其是《西游记》，直接以唐僧西天取经的佛教故事为题材，同时又把神怪小说的幻想性和夸张性发挥到极致，成为家喻户晓的经典作品。在其他中国古典文学名著当中，也处处可见佛教思想的影响。

佛教对中国艺术的影响。 佛教对中国艺术的影响广泛存在于音乐、绘画、雕塑、建筑等多方面。其中，尤其具有中国特色的是寺塔艺术和佛窟艺术。佛教建筑离不开塔，塔本来是保存佛舍利的地方，相当于佛或高僧的坟。因佛舍利是象征佛祖化身的圣物，放置这种圣物的塔也就有了神圣的意味，并成为寺庙建筑的中心。中国古代把寺院称为"浮屠祠"，"浮屠"即是"塔"的音译。我国现存的佛塔，有木塔、砖塔、石塔、铜塔、铁塔和琉璃塔，塔的高矮、结构、风格也各不相同，充分体现了中国佛教建筑的艺术匠心。佛教的传入，还带来了石窟艺术的兴起，云冈、龙门、敦煌三大石窟是中国石窟艺术的代表。除此以外，大大小小的石窟和石刻遍布全国。在山上凿洞雕佛，本是出于宗教的动机，所费人力、物力、财力巨大，伤的都是老百姓的财。但同时，由于历代艺术家和能工巧匠的智慧与努力，也才得以在中国大地上形成了如此灿烂辉煌的石窟、石刻的艺术杰作，成为具有世界历史意义的艺术宝藏。

佛教对中国民风习俗的影响。 佛教在中国民间的最大影响，莫过于因果报应、轮回转生、修行成佛等一套说教。这些说教对人们的心理造成巨大冲击，并逐渐形

　　龙门石窟是中国石刻艺术宝库之一，南北长达 1 公里，今存有窟龛 2345 个，造像 10 万余尊，碑刻题记 2800 余品。图为龙门石窟奉先寺中的佛像，是龙门石窟中规模最大、艺术最为精湛的一组摩崖型群雕。

成庙神膜拜和超度亡灵的信仰民俗。由于相信灵魂不灭、崇信佛的法力以及对鬼神的敬畏等因素，人们逢年过节或有诸如迁宅、开业等大事，都要到佛寺去烧香拜佛、供奉果品、许愿还愿、祈祷祈福。由于受轮回转世观念的支配，民间还广泛存在人死后请僧人念经、祈求超度的习俗，有的还举行水陆法会（又称水陆道场或水陆斋仪），以追悼亡灵。

第二节　道教与中国的仙文化

　　与佛教不同，道教是土生土长的中国本土宗教。道教以其鲜明的中国特色长久作用于民族文化心理、风俗习惯、科学技术以及社会、政治、经济生活的方方面面，与佛教、儒教一起共同支撑起中华文化的精神大厦。

一、中国的本土宗教

　　要想了解道教，首先要弄清道家与道教的区别与联系。道家并不就是道教，东汉以前，中国有道家而无道教。道家是起源于我国春秋时期的一种学术思想和学术派别，以《道德经》的作者老子为代表。因其核心范畴是"道"，故而称为道家。道家学说经先秦到西汉，综合吸收阴阳、儒、墨、名、法形成所谓新道家学说，即主张虚静无为的黄老之学。而道教的产生要晚得多，它是一种宗教形态、宗教信仰。道教既然是宗教，就必然具有一般宗教的特征，如道教有自己信奉的神，有自己的教义、教规，有自己的宗教行为、宗教仪式和宗教场所等。这些都是作为学术派别的道家所没有的。

道家与道教虽有明显的区别，但二者也有难以分割的联系。简单地说，就是道教以道家的思想作为自己的精神源泉，道教的基本信仰是"道"，道教把道家的"道"神化，并把道家思想的代表人物尊奉为自己宗教中最高的神——太上老君。道教奉老子为教主，以《道德经》为课诵的主要经典。可以说，如果没有道家思想的支撑，也就不会有中国道教的存在。道家对于道教的重要性，由此可见一斑。

道教组织的开创一般认为是在东汉末年，五斗米教和太平道教是道教实体出现的标志。东汉人张陵（即张道陵）在四川据《太平经》作道书24篇，创立道教。因入道须交五斗米，故号称"五斗米教"。

两晋南北朝是道教的发展时期。东晋时期，道教开始有了较大的发展，建立了较为固定的教会组织，同时教义也有较大发展。葛洪创立了道教的理论体系，他主张外儒内道，在用道术养生、修炼的同时，把儒家纲常名教思想吸收到道教教义当中，创立了道教的丹鼎一系，成了贵族的金丹道。北魏道士寇谦之改革"五斗米教"，创立"北天师道"，道教于是在北魏盛行。南朝道士陆修静主张佛道双修，认为道教与佛教殊途一致，建立了"南天师道"。南北天师道的形成，标志着道教摆脱了原始的形态，并基本完成了道教官方化的转变，从此道教得到统治阶级的信奉和支持，开始进入繁荣期。

二、神仙、修炼、道术和道观

道教文化是一种神仙文化，神仙思想是道教的核心思想，它所信仰和崇拜的神仙，实际上就是支配着人们日常生活的外部力量在人们头脑中的虚幻反映。

神仙本见于中国古代幻想中的神话传说，《庄子》中曾经描写过"不食五谷，餐风饮露，乘云气，御飞龙，而游乎四海之外"逍遥自在的所谓神仙。道教继承和发展了古代的神仙思想，把"长生不死"、"肉体成仙"作为道教追求的最高目的。"死"是人生的大问题，几乎所有的宗教都要提出"关于人死后如何"的大问题。然而道教所要讨论的是"人如何不死"的问题，这和其他宗教讲的"灵魂不死"有重大区别。佛教讲人的肉身会死，但人的灵魂不死，让人寄托于灵魂的转世再生。道教不满足于精神不死，而且要人的肉身也要长生不死，这是道教与其他宗教的根本不同。

道教对人可以长生不死的信仰，迎合了封建统治者的愿望。历代封建统治者都企图永世享乐，长生不死，万寿无疆。为了迎合这种妄想，战国时代的方士，把渤海上经常出现的"海市蜃楼"的幻影加以神话和宗教化，编造出"神山"、"仙药"

　　八仙过海的故事在民间脍炙人口，所谓的八仙，在道教中是八位由传说中的历史人物修炼成的神仙。八仙没有可怕的鬼神形象，而是具有浓厚的人情味。

的故事：据说海上有蓬莱、方丈、瀛洲三座神山，许多神仙住在那里，如能乘船到达神山，就能见到仙人，求得长生不死之药。历史上迷信神仙的秦始皇曾多次派方士去海上求仙。道教就是把神仙思想、道家学说、方士之术以及民间巫术综合起来，理论化、宗教化的产物。

　　道教修行的最高理想是得道成仙，认为人只要返本还源，与道合一，就能成为灵魂常在、肉体永生的神仙。怎样才能返本还源，与道合一，即得道呢？就要进行自身的修炼。道教修炼的方法，主要分为外炼与内修，也就是通常所说的外丹和内丹。

相关链接

　　外丹就是把一些矿物质如丹砂、雄黄、雌黄、磁石之类放在炉鼎之中烧炼，经过若干次的化学反应，据说可以炼成"金丹"。金丹又称"还丹"，只要服用少量的"九转还丹"就能成仙，长生不死。但是这些矿物质往往含有剧毒，许多迷信神仙的人，日日夜夜苦炼金丹，炼成服用不但不能延年益寿，反而中毒身死。所以古人说："服食求神仙，多为药所误。"古代许多皇帝因迷信神仙，结果服丹而死。像唐太宗那样的开明君主，都因服所谓仙丹而中毒丧命，年仅51岁。

　　道教所说的内丹，是指以自己的身体为炉鼎，以身体中的精气为药物，以神为运用，靠自己的修炼使精、气、神聚凝不散而成为所谓的"长生不老药"。内丹家以精、气、神为"三宝"，三者的统一体是"形"，即人体。其中，神为主宰，气为动力，精为基础。这三者"顺行生人，逆行成仙"，由此形成了道教的精、气、神理论。炼内丹当然不能使人长生不死，更不能成为神仙。但内丹学说在理论上能够贯通起来，首尾一致，自圆其说。

　　道教为了使人相信人能成仙，不但有内丹和外丹这样的修炼方法，而且经过历代道士的修习钻研，还形成了丰富复杂、奥秘无穷的道教方术或称法术、道术、仙术。道教贵术、重术，可以说无术不行。道教的道术庞杂混乱，除了内丹、外丹，还有占卜、符箓、祈禳、禁咒、辟谷、房中、仙药、服气等。

　　对于道教方术，我们要采取辩证分析和科学批判的态度。像其中的命、相、卜，显然属于唯心主义和迷信范畴，但尽管如此，其中所讲的一些方法在心理学上也还是具有一定的积极意义。而如"山术"中的食疗、筑基、玄典、拳法等，"医术"中的方剂、针灸、灵治等方式，尽管从道教的初衷讲，是为了所谓的"得道成仙"，但这些方法如果运用得好，虽然"成仙"是不可能的，但对强体健身、治疗疾病还是能够起到积极的作用的。

　　道教的活动场所最初称为仙馆，后来取观星望气之意，改称为"观"。由于道教与我国的传统文化关系密切，反映在道观建筑上，比佛教寺院更具有民族风格和民俗特色。从总体上讲，道观的布局吸收了我国古代的阴阳五行学说，根据八卦离南坎北、天南地北之方位，以子午线为中轴，坐南朝北，讲究对称，两侧日东月西，取坎离对称之意。其选址重视风水，以便"聚气迎神"。

　　我国现存有1500余座道观，这些道观不仅是道教信徒进行日常宗教活动的地方，而且具有很高的文化价值，反映了中国悠久的历史和文化，同时也是中国著名的旅游胜地。1983年国务院确定21座道教宫观为道教的全国重点宫观。其中有北京的白云观，江西龙虎山的上清宫与天师府，湖北武当山的紫霄宫与太和宫，四川青城山的常道观与祖师殿，四川成都的青羊宫，沈阳的太清宫，河南登封的中岳庙等。

　　道教讲成仙，而据说神仙多在天上，道教的"神职人员"——道士为了修炼、"迎仙"和成仙，就要接近天上的神仙，因而多住在高高的"仙山"上。因此，有不少道教的宫观建在峰峦险峻、云雾缭绕、松生鹤翔，充满神秘气氛的高山上。在湖北省丹江口市有一座道教名山叫五当山。道教传说，真武大帝曾在此修炼成仙，武当之名就是因"非真武不足以当之"而得名。该山的道教因奉敬真武大帝而被称为"武当派"。

北京的白云观是道教全真道派的三大祖庭之一，号称道教"天下第一丛林"。

武当山高峰林立，主峰"天柱峰"海拔1612米。作为道教名山，武当山上有大量道教建筑，主要包括太和宫、南岩宫、紫霄宫、遇真宫四座宫殿，玉虚宫、五龙宫两座宫殿遗址，以及各类庵堂祠庙等共200余处。

三、道教与中国文化

宗教是人们对世界的颠倒的认识，但在宗教的母体中又会孕育和发展出许多对自然、社会、人生有积极意义的东西，各国宗教在其发展中都是如此，中国的道教也不例外。道教对中国文化有多方面深远的影响。鲁迅曾说："中国根柢全在道教……以此读史，有多种问题可以迎刃而解。"

道教与中国古代的科学技术。 道教是中国古代科学技术借以生长的大本营。炼丹术，其目的是荒谬的，但炼丹的实践又可以看作是中国古代的科学实验。外丹术的发展，推进了古代化学和医药学的研究，这是炼丹术在科学上的贡献。许多道教徒如葛洪、陶弘景、孙思邈等，都是著名的医药学家。两晋以后，道士采用炼丹方法通过化学变化制作的膏剂大量出现，以后遂成为中医外科的主药。现今广泛使用的红升丹、白降丹等，皆由道教医家所传秘法演化而来。孙思邈精于医药，后世尊为"药王"。孙思邈"以为人命至贵，有贵千金"，所以他著的书叫《千金方》。他的"内伏硫黄法"是最早的火药发明。

道教与中国古代的医学养生。 道教把内丹术作为超尘脱俗、长生不老的途径，有很多神秘和迷信的成分。比如把运气时腹部的热感，入境时躯体的飘浮感，看作是体内"起火"、烧炼成"丹"而产生的"羽化成仙"的先兆。这无疑是荒谬的。但内丹学通过对人体气、气化、气血、经络等变化规律的研究，丰富了中国传统医学和养生术。其中，导引行气治疗法是道教重要的养生术。导引就是"导气令和，引体令柔"。这是使肢体运动与呼吸调息相配合，把体操、按摩与气功结合起来的健身运动。行气又称吐纳、胎息，就是今天的气功。胎息又叫"长息"，是腹式的深呼吸，息气深入丹田，如婴儿在胎胞之中呼吸，所以叫"胎息"。这些方法从今天气功的角度看，都是有健身效果的。除此以外，道教倡导的服食辟谷、养气健身以及房中术等，只要祛除其神秘、迷信的糟粕，也都有可贵的合理之处。

道教与中国古代的文学艺术。 道教的神仙文化对中国文学艺术的影响十分深远。唐代大诗人李白深受道家和道教思想的影响，他的不少作品充满了神仙思想和飘逸之情。在戏剧和小说方面，以道教故事为题材的甚多。以道教为题材的神魔小说，最著名的是《封神演义》。以神仙为题材的戏剧被称为"道剧"。元杂剧作家马致远，是道剧的代表作家。经过改编的《八仙庆寿》在民间广泛流传，受到人们的喜爱。道教影响到中国的文人画，东晋画家顾恺之是文人佛、道画的开创者。他把佛、道所强调的意念作用融入绘画之中，重在传神。顾恺之的道画，以云龙为主，这是附会老子是龙的说法，以后，云龙遂成为中国画的特色之一。唐以前，中国画以线条为主，吴道子把印度的凹凸法渗入人物画中，并吸取道教思想，所画人物衣带宽博，飘飘欲仙，故称"吴带当风"，使中国画别开生面。当代画家张大千早年曾久居四川青城山，所绘王母、麻姑等道画，刻石于山，是现存文人道画的珍品。

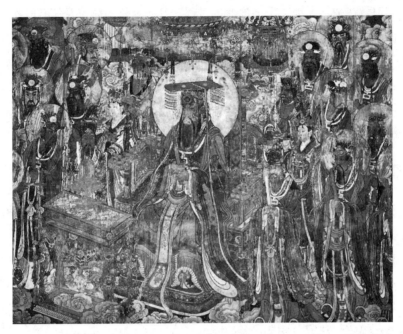

山西永乐宫壁画是我国现存最宏伟的道教壁画，体现了古代艺术的
卓越成就，是可与敦煌壁画相媲美的我国古代的杰出宗教壁画。

道教与民风民俗。道教在社会涵盖面上，既包括上层士大夫，也在下层民众中广泛流行。在教团组织上，道教分为上层神仙道教和下层符水道教两大层次。神仙道教以长生、修仙为主，主要在皇帝、士大夫中间活动；符水道教以治病祛祸为务，适应下层劳苦大众的需要。道教尊奉的神，相当一部分来源于我国古代原始宗教对自然鬼神的崇拜和民间信仰的神祇。有人统计，在我国民间流行的与道教信仰有关的各种神灵约有三百种。比如，关公是历史上的著名武将，道教把他进行神话加工，成了道教中的"伏魔大帝"、"荡魔真君"。供奉关公的关公庙，过去在我国城乡，其数量之多，设置之广，可以堪称庙宇之最了。在道教的民俗神中，还有像俗称"天妃娘娘"的"妈祖"神、俗称泰山娘娘的"碧霞元君"、俗称灶王爷的"灶君"、俗称赵公元帅的"财神"，以及保卫城市安全的"城隍"神、保卫居家安全的"门神"等。另外，我国的许多民间节日（如元宵节、清明节、端午节等）最初都来自道教信仰，还有像贴门神、放爆竹等习俗，大都起源于道教故事，或者与道教信仰有关。

第三节　儒释道三教合流

　　佛教和道教在中华大地上发展演变的过程，其实就是与儒家及儒教既相抵牾又相融合的过程，而儒家思想的发展演变也离不开佛教与道教。自从汉朝以后在中华大地上就开演了儒释道三教的"三国演义"，时而佛教占上风，时而道教占上风，时而儒教占上风。但在激烈的相互竞争和争夺中，各教又不断发现对方的长处和彼此之间的共同点，其结果是形成了中华文化中特有的儒释道三教鼎立和三教融合的统一。

　　要讲清儒释道的三教合流，先要讲一讲中国所特有的儒教。

一、从儒学到儒教

　　儒教和儒学有密切的关系，但儒学并不等于儒教。儒教是在我国封建社会通过把儒学神圣化、宗教化而产生的一种特殊国教。

　　儒学在先秦时期只是"学"而不是"教"。儒家学说产生于我国的春秋时期。那时，奴隶制逐渐解体，封建制逐渐形成。受社会大变革的影响，人们的思想空前活跃，出现了"百家争鸣"的空前繁荣的文化气象。"百家"当中，影响较大的有道家、儒家、墨家、法家、阴阳家等。

　　"儒"最初指的是冠婚丧祭时的司仪。儒家的创始人孔子是我国第一个开创"学在民间"的老师。当时，随着周王室的衰微，"学在官府"的局面维持不下去了，"天子失官，学在四夷"已是大势所趋。在这样的历史条件下，孔子作为平民阶级的代表，提出了"有教无类"的主张，使大批新兴地主、商人和农家子弟也有了受教育的机会。孔子非常重视对人民的"教化"，在更多的场合，孔子是以教育家而非哲人或政治家的面貌出现，后世的"儒者"也往往成为"学人"、"教师"的代名词。"儒"成了有一定文化修养的人所从事的一种职业，"儒雅"成了他们的气质和特征。

　　孔子最重要的著作《论语》是孔子和他弟子的"讲习录"，即孔子的教育谈话，由他的高足弟子记录和整理出来，传示后人。孔子的儒家学说，以"仁"为思想核心，以"礼"为行为规范，以"义"为价值标准，以"知"（智）为认识手段。孔子开创了儒家学派并初步建立了成体系的儒家思想。在诸子中，孔子创立的儒家，以重血亲人伦、重现世事功、重实用理性、重道德修养的醇厚之风，独树一帜，成为时代的"显学"。不过应当指出，孔子在世时，他的学说并没有受到统治阶级的欢迎。孔子带着他的学生四处游说，宣传他的思想和政治主张，却到处遭到冷遇。到秦始皇时期，因秦朝重视法家，"焚书坑儒"，使儒家学说遭到沉重打击。

儒学成为国教是从汉朝开始。在经过汉初几代统治者尊崇"黄老之学"、"无为而治"之后，汉武帝为了加强中央集权统治，采纳儒者董仲舒的建议，实行"罢黜百家、独尊儒术"的政策。儒者董仲舒适应新的历史条件，对先秦儒家的思想进行了新的解说。他的"独尊儒术"，本质上是对先秦儒学理论的创造，其结果是儒学的经学化和神圣化。这是儒学转变为儒教的开端。

"经"这个名词，本来不专指儒家经典。在先秦，各家有各家的"经"，都可以使用"经"的称呼。到汉武帝"罢黜百家、独尊儒术"之后，"经"这个名词才专指儒家经典。《诗》《书》《礼》《易》《春秋》被并称为"五经"，研究这"五经"的学说就被称为"经学"。汉武帝"以经取士"，读书人要做官，唯有读经、攻经这一条路可走。于是经学大振，经学弟子大增，经学化了的儒学取得了"定于一尊"的显赫地位。经学由此成了儒学的新形态，也成了两汉至明清间神学化了的官方哲学。

儒学的经学化，使儒学的典籍成了统治阶级的"圣经"，儒学经典后来也由"五经"逐渐扩展成"十三经"。不仅如此，原本世俗的儒学经典被阴阳化、神秘化，还被抬到了宗教化的极峰。两汉儒学的核心是董仲舒的"天人感应"学说（认为天有意志，天意和人事既相互对应又相互感应），在其发展中表现出日益严重的神学倾向，最后逐渐推演为所谓的谶纬神学，堕落为完全的神秘主义。孔子也由思想家、教育家摇身一变而成为"通天教主"，这时的孔子已被抬为"至圣先师"，对他只许顶礼膜拜，不许分析批评，否则就是离经叛道，为天理不容。这时，儒学已真正变成了"儒教"。有了儒教之后，儒学就成了官学、神学，并在儒教的母体和大旗下发展，儒学和儒教就难解难分了。

儒教的再一次振兴是在唐朝。唐朝尊孔子为先圣，颜回为先师，设有太学，同时设有书、算二学，都设有"博士"，诸生能通一大经以上的，就能当上官吏。朝廷对儒术的大力倡导，造成"学者慕响，儒教聿兴"的局面。

韩愈提出"道统"说，集中表达了儒学的正统意识，他首次把君主与孔孟在学术传承上衔接起来，完成了政治家与思想家的合一。由此，儒家的起源在时间上早于佛教和道教，儒学不再是孔子个人创立的学说，而是有一个与宗教一样的神传"谱系"。这就不但从法理上确立了儒学在华夏的正统地位，而且使儒学进一步儒教化了。

宋明理学使儒学成为中国的纲常名教。本来儒家思想重现世、重人伦，轻宇宙本体。理学吸收佛道的形而上学性，在不失儒学基本内核的前提下，提出以"理"为最高范畴的儒学本体论，这是对儒家学说的创造性发展。同时，在儒家经典上，宋明理学不再以汉代的"五经"为载体，转而重新注释"四书五经"，并且以"四书"为理学的思想载体。朱熹是宋明理学的代表人物，他的代表性著作是《四书集注》。从朱熹开始，"四书"超越"五经"成为主要的儒学经典。

理学的发展适应了统治阶级的需要，得到宋以后统治者的大力提倡，成为南宋以后长期居于统治地位的官方哲学。朱熹认为"三纲"（君为臣纲、父为子纲、夫为妻纲）、"五常"（仁、义、礼、智、信）都是"理"的体现，并依"存天理，灭人欲"而主张"革尽人欲，复尽天理"。这些思想主张被封建统治阶级利用，成为维护其政治统治的工具，读书人考官要以"四书"为主，天下老百姓也都要遵循"三纲五常"、"三从四德"。"理学"发展而演变为统治阶级以强力推行的"礼教"和"纲常名教"，对人们的思想观念及创造性起了极大的压制和束缚作用。特别是封建统治下的妇女，在"饿死事小，失节事大"等封建礼教思想的束缚下，千百年来无数人成为无辜的牺牲品。鲁迅曾以"吃人"二字概括封建礼教的实质，是十分深刻的。

儒学经历代统治阶级用政权的力量改造和推行，发展出我国封建社会中一种特殊的国家宗教——儒教。由于儒教以孔子为先师，也称孔教。儒教以古代官僚机构为组织，以天坛、宗庙、孔庙、泰山为祭祀场所，以郊祀、祀祖、祭社稷、雩祀、释奠礼、五祀为祭祀仪式。儒教使儒学神话，禁锢人们的思想，有其消极的一面；但儒教通过数千年的演变和发展，也使儒家思想在其母体中得到传承、创新和发

曲阜孔庙是第一座祭祀孔子的庙宇，初建于公元前478年，以孔子的故居为庙，以皇宫的规格而建，与孔府、孔林并称"三孔"。

展，使儒家重视社会伦理、注重气节道德、凸显人性、强调人的社会责任感和历史使命的人生价值观得到弘扬，这对塑造中华民族的国民性格，对维护国家统一和社会长治久安起了十分重要的作用。

二、儒释道融合的进程

人们往往把儒教、佛教和道教在思想上的融合，称为"三教合一"。但是所谓"三教合一"，其实并不是三种宗教合为一种宗教，而是指三种教化的渗透、融合。尽管在中国民间也曾出现过要把三教径直合为一教——"三一教"的，但那始终没有成为主流。三教融合自魏晋南北朝时期即已开始，当时就有学者把儒学中的"五常"（仁、义、礼、智、信）与佛教中的"五戒"（不杀生、不偷盗、不邪淫、不妄语、不饮酒）相对应，认为二者有一致性：仁对应不杀生，义对应不偷盗，礼对应不邪淫，信对应不妄语，智对应不饮酒。这种以儒诠佛，以佛注儒的做法，开启了儒释渗透的先声。

佛教在一开始传入中国时就遇到一个如何被人理解和接受的问题，而最有效和便捷的途径就是和中国的本土文化相融合。因此，佛教的传播者在初期采用了以儒家思想和道家思想注释佛教的做法，后来又不断吸收儒学和老学的成分，形成具有浓厚中国本土色彩的佛教宗派。儒家讲现世，佛教讲出世；儒家讲"不孝有三，无后为大"，佛教主张出家修行，不要后代，二者存在很大的冲突。为了解决这个矛盾，佛教采取了吸收儒学中的伦理因素，淡化出世色彩以向世俗靠拢的方法，把"人皆可以为尧舜"的儒家性善论转化为"人人皆可成佛"的佛性论，还出现了专讲孝道的佛经。佛教吸收儒学和老学的结果，是使佛教的外来色彩逐渐淡化，其影响力越来越大。

佛教传入中国后，一开始和道教的竞争、争夺最为激烈，甚至出现了相互诋毁的局面。道教反对佛教，但它的思想体系的严密性远远比不上佛教。因此，道教在排斥佛教的同时，又不得不通过学习佛教来完善自己。一大批道士大量吸收佛教的思想，以充实和调整道教理论。道教原来没有像样的经典，因此，它模仿佛经，摄取佛经的教理，编造道教经典，许多道教经典都是在佛教经典的直接影响下形成的。道教还把佛教的佛性说改造为道性说，在原来追求长生、追求肉体不朽的思想中，加进了追求醒悟、追求内心解脱的内容。

隋唐时期，佛教和道教繁盛，对儒学和儒教冲击很大，儒家的正统地位受到很大挑战。唐朝的韩愈对佛教盛行给社会带来的危害有深刻认识，因此坚决排除佛、老，主张恢复儒家的正统地位。韩愈把儒家的正统地位称之为"道统"，为了恢复儒家的道统，韩愈又不得不学习佛学的"祖论统"。所谓"祖统"，是指佛教中的传承关系。佛教的禅宗，构建了从达摩到慧能的中国禅宗六祖统系，这种祖统论对提高佛教的权威性具有重大作用。韩愈仿照佛教，提出儒家思想的发展也有自己的传承谱系，并在起源上早于佛、老，从而使儒家学说比佛、老两家处于更优越的地位。韩愈这种学习和吸取别人、抬高自己的做法，确实很高明。

宋以后兴起的宋明理学，更是离不开对佛教和道教思想的学习与吸收。宋明理学以儒学为基础，同时吸收佛道的因素，把儒家学说的人道与道家的"太极"和"气"、佛教的精神"本体"等相糅合，统统归结在"理"这个大范畴之下，形成了一个内容丰富、精密、完整而且具有形而上特点的新儒学体系。这是一次以儒家为本位，以儒学观念为取舍标准，同时又汇集儒释道三教思想精华而形成的前所未有的文化大综合。这次大综合的结果是，形成了以朱熹为集大成者的程朱理学和以王阳明为代表的陆王心学。理学和心学的出现使中国的儒学达到新的巅峰，这种新儒学不但对宋以后的中国，而且对东南亚和海外都产生了广泛而深远的影响。

儒释道融合的进程使儒释道三方都得到了各自的发展，结果是在中华大地上出现了三教鼎立、三教共弘的局面。

三、三教鼎立，三教共弘

儒释道是三种宗教，同时也是三种思想体系、三种文化、三种价值观。

儒家所主张的是以"正心、修身"为根本的济世文化。儒家的人生理想是以自我完善为基础，通过治理家庭、国家，直到实现平定天下，也就是"正心、修身、齐家、治国、平天下"。

相关链接

《礼记·大学》中说："古之欲明明德于天下者，先治其国；欲治其国者，先齐其家；欲齐其家者，先修其身；欲修其身者，先正其心……心正而后身修，身修而后家齐，家齐而后国治，国治而后天下平。"其意是说：古代那些要使美德彰明于天下的人，要先治理好国家；要治理好国家的人，要先整顿好自己的家；要整顿好家的人，要先进行自我修养；要进行自我修养的人，要先端正思想……思想端正了，然后自我修养完善；自我修养完善了，然后家庭整顿有序；家庭整顿好了，然后国家安定繁荣；国家安定繁荣了，然后天下平定，充满和谐。

在儒家思想里，正心、修身与治国、平天下有着必然的联系。正心、修身是治国、平天下的起点、前提和必要条件，治国、平天下是正心、修身的目的、归宿和必然结果。可以说，"济世"和"正心"、"修身"有着不可分割的互为因果的关系，从欲"济世"必然推出要先"正心"和"修身"，而只有已经"正心"、"修身"之人，才能担负起"济世"的重任。

因此，在儒家看来，"正心"和"修身"是最为要紧的，也就是要养成"君子"的品行和人格。儒家人格修养的最高境界就是"仁"，而"仁"的基本含义是"忠恕"和"爱人"。孔子说"达则兼济天下，穷则独善其身"，能做到这一点恐怕就可以算是实现了"仁"这种美好道德的境界了。但从孔子的这句话也可以看出另外一层意思，即孔子也承认，不是每个人都能实现"济世"理想（因为需要"达"即当上官这一条件）的，但即使不能"济世"，也要"独善其身"。也就是不能因为实现不了"兼济天下"就放弃"正心"和"修身"。可见，儒家文化作为"济世"文化，它的核心价值观其实是一种驱使人心向善的文化，在儒家"济世"思想中隐藏的是"心性论"的道德内核。"正心"和"修身"在儒家那里是目的，不是手段。

道教在其发展演变中逐渐成为一种以积德行善为修行途径的成仙文化。道家的人生理想是得道成仙。随着道教由初期道教向成熟道教的发展转变，积德行善的道德教化逐渐进入道教教义，成为修炼成仙的必要手段和途径。

相关链接

初期道教是由神仙方术而来的，神仙方术讲成仙，道教也讲成仙，但二者还是有一定区别的。神仙方术讲成仙和追求成仙的人是否积德行善没有必然联系。最典型的是信神仙方术的秦始皇，他一方面狂暴地杀人；另一方面又狂热地寻药问仙，追求长生不死。但是道教从初期道教开始，就在宗教中增添了道德文化的因素，这和单纯的神仙方术相比是一大进步。到了成熟道教，通过外丹法外求成仙的成分逐渐减少，道德正身的成分越来越多，积德行善被放到了道教当中越来越重要的位置。在著名道士葛洪的道教理论里，行善和成仙已经必然地联系在一起了。葛洪说："积善事未满，虽服仙药，也无益也。若不服仙药，并行好事，虽未便得仙，也可无卒死之祸矣。"

这样一来，道教就具有宗教信仰和道德教化的双重因素。一方面，道教的最高目的仍然是得道成仙，长生不死。但是人能不能事实上长生不死、羽化登仙，这是谁也无法证实的，因此，这是"信即是，不信即不是"的宗教信仰的问题。另一方面，道教又强调要达到成仙的目的，必须通过积德行善的途径，必须以积德行善为手段。而积德行善是现世的人生修养、人生精神境界的问题。道教就这样把信仰——道德、目的——手段、彼岸世界——此岸世界这些原本不相干的问题，或者也可以说是把宗教的原本抽象的、子虚乌有的东西，和道德的具体的、行为实践的东西巧妙地联系在一起了。

佛教是以诸恶莫作为主旨的修心文化。佛教给信徒昭示的解脱人间之苦到达极乐彼岸世界的途径，是修行成佛，但不同的佛教宗派有不同的修行方法。前已讲过佛教有小乘和大乘之分，在中国得到大发扬的是大乘而不是小乘，这绝非偶然。有学者指出，小乘之所以"不很受中国人的欢迎，究其原因，主要在于它的动机和结果上，因为它的自度动机和仅能成罗汉的修行结果和中国传统文化的观点尤其儒家的'仁'的理念相冲突。和小乘佛教相比，大乘佛教在中国的影响较大，较受中国人的欢迎"。

可见，佛教在中国立足成为"三教鼎立"中的一足，最主要的不是因为它讲什么佛不佛，而是因为它（严格意义讲并不是印度佛教的全部，而只是以大乘佛教为代表的其中一个流派）主动适应中国文化，同时中国文化也选择和接纳了它。因此，才使它成了中国文化的一个重要组成部分，也就是才有了中国佛教。中国佛教作为一种教化所弘扬的主要内容是什么呢？就是和儒家"济世"文化有异曲同工之妙的"救世"文化。

佛教里有一首非常著名的偈语："诸恶莫作，众善奉行。自净其意，是诸佛教。"这是佛教的一条根本戒律，它是让人从心地上既要做自我改造和自我修养的功夫，也要慈悲为怀、方便利他，从而实现利己和利他的统一。本来，佛教让人信佛，是为了驱除苦难，它所顺应的是人人都有的避苦求乐的心理。这些个人痛苦、烦恼等"心"的问题，在现代科学看来，是属于心理学的范畴。而佛教讲的个人修行的方法如禅定等，也确实有现代心理治疗的色彩。但如果仅仅如此，那还不是佛教，佛教特别是中国佛教所弘扬的是止恶扬善的道德行为，是把个人的"修心"和对他人的"行善"有机地结合起来。如果说"修心"是为了成佛，是出世；那么，"行善"则是为了"度人"，是入世。所以，中国佛教既是出世的，也是入世的，是以出世的精神做入世的事业。也就是说，佛教文化是要人们在心地上对他人真正地充满善意、充满友爱，这是"自净其意"的真实含义，也是"诸佛"所做的教化，即"是诸佛教"。慈悲的精神是佛教文化的命脉，佛教文化的这种精神是超越了宗教的，它对于提高人的精神境界，培养健康的社会风尚至今仍有积极的意义。

综上所述，为什么三教会融合，真正的原因是因为三教殊途同归、流别而源同。用一句话来概括，就是"三教虽殊，同归于善"。儒家讲治理国家的人必须先"正心"和"修身"，否则国家是治理不好的；道家讲想修炼成仙的人必须积德行善，否则无法成仙；佛教讲想修行成佛的人必须具有大慈大悲的菩萨心，否则就无法自度。尽管三教的最终指向不同：儒家——济世、道家——成仙、佛教——成佛，但有一点却无不同，即都是直指人心，注重人生修养，注重施善爱人。三教所弘扬的这种精神文化对社会的稳定、和谐具有巨大的积极作用，历代统治者也正是看到了三教对人民的这种教化作用，所以才允许并推动三教共存，让三教差异互补，由此才形成了以儒济世、以道养生、以佛修心，三教鼎立、三教共弘的局面。

三教鼎立、三教共弘体现了中华文化开放包容的胸怀，促进了不同文化的共存、争鸣、交流和融合，历史证明对中华民族的发展起到了积极的作用。

体验课堂

活动设计

主题：佛教对本地民风民俗的影响

形式：社会考察

内容：考察本地的佛教寺庙和庙会活动，了解当地人对佛教的认识和态度，特别是到寺庙烧香祈福人们的动机和心理，分析宗教文化对当地社会的影响。

互动交流

1. 各抒己见

（1）当前各地出现的"造佛热"有哪些可取之处，又有哪些不可取之处？

（2）佛教的善恶观念对你个人的思想和生活有何影响？用你身边的事例说明为什么"从善如登，从恶如崩"。

2. 阅读思考

请到书店或网上搜集介绍中国儒家思想和佛教思想的初级读物，介绍给大家。并将中国传统的儒家思想和大乘佛教"救度他人"的观念加以比较，分析佛教的"菩萨"和儒家的"君子"有何相同和不同。

3. 网上冲浪

请在网上找寻一些中国儒释道三教的生动事迹和故事，解释说明"以儒济世、以道养生、以佛修心"的含义。

第四章

笔墨的意境：中国书法、绘画

中国传统文化中有"据于德，依于仁，游于艺"的思想，正是因为这一思想，使得书法和绘画进入了文人的视野。从此以后，就注定了书画已不是单纯的技术性创作，而是技术性创作和精神性创造的融合。中国传统书画最大的魅力就在于它的神气、意境、气语和笔墨。它反映了中国历史文化的积淀，反映了中华民族的世界观。书画的作者们把看世界的方法、态度，乃至价值判断都融入其作品中。正因为充满了文化意境，所以有人说中国的书画是"艺术中的艺术"。

本章知识目标

了解中国书法与绘画的基本特点和发展进程，了解中国书法、绘画名家及其主要作品，理解中国书法与绘画的文人精神与文化内涵。

本章能力目标

学习临摹中国名家书法，学习鉴赏中国名家书画，体会中国书画的美感与意境。

本章素质目标

通过学习中国书画艺术，具备一定的书画修养，陶冶文化情怀。

情境导入

2010 年，中国上海成功举办了举世瞩目的世博会，圆了中华民族的百年梦想。让人印象最深刻的就是红色的中国馆，飞檐斗拱，气势宏伟，尽显中国传统文化特色。游人步入馆内，第一眼见到的是一幅大型电子投影的《清明上河图》，此图乃"镇馆之宝"，图中的人物、景物栩栩如生。这是现代科技与千古名画的完美结合，是人类智慧的闪光，让人大开眼界。馆内还有一幅静态的《清明上河图》，两者一动一静，极显情趣。动态投影展现的是北宋大画家张择端的真本，静态的则是展现明代大画家仇英的仿本，相得宜彰。或许人们要问：世博会上，中国馆为什么情有独钟选《清明上河图》作为"镇馆之宝"呢？原因恐怕在于：《清明上河图》是一幅千古名画，而且画上有很多古代书法家的题诗，可谓是中国书画文化最典型的代表，淋漓尽致地彰显了中华民族的文化底蕴和艺术成就。

中国传统书法、绘画是中国文化的一座精神圣殿，当我们走进这座圣殿时，不仅仅要用眼去欣赏，更要用心去感悟。因为归根结底，中国传统书画是古人用"心"凝聚而成的。

第一节　笔墨情志，书画同源

唐代画家、书法家张彦远在《历代名画记》中这样写道："颉有四目，仰观垂象。因俪鸟龟之迹，遂定书字之形……是时也，书画同体而未分，象制肇始而犹略。无以传其意，故有书；无以见其形，故有画。"意思是说：黄帝时期的史官仓颉有四只眼睛，仰观天文，俯瞰自然现象。因看到鸟飞的样子和龟壳的纹路后，于是创造了汉字之形。这就是我们今天所说的象形字，它其实更像是画，不像字。所以，当时是书画同体而未分，一个文字既是传达意思的，又是一幅画。我们都知道，汉字始终在不断简化和发展，渐渐地也就失去了画的形式，可正是因为有象形的汉字，才有书画同源，才有中国传统的书画艺术。

原则	举例								释义
象形	人	女	子	口	鼻	目	(手)	止(足)	人体或一部全部
	马	虎	犬	象	鹿	羊	虫	龟	动物正像或旁像
	日	月	雨	(电)申	山	水	禾	木	自然物体符号
	壶	鬲	弓	矢	丝	册	卜	兆	人工器物符号

　　象形文字是用文字的线条或笔画，把要表达物体的外形特征具体地勾画出来。中国的象形文字是华夏民族智慧的结晶，例如上面的文字，仅凭字形就基本能猜出它是什么字。

一、笔墨与汉字的结合——中国书法艺术

　　书法是书写汉字的艺术，汉字是书法的根。有学者认为，书法这称谓就是特指中国汉字的书写艺术。那么，书法为什么产生在中国，而没有在其他国家呢？这有两方面的原因。

　　一方面，书法的产生与汉字本身有关。

　　（1）汉字基本是方的，真草隶篆大致如此，字的宽度大体相等，这样既便于横式排列，也便于纵式排列。纵式排列从上至下书写，有利于书法的气韵贯通。

　　（2）汉字笔画纵横交错，相互穿插，为字的造型美提供了不可或缺的条件。

　　（3）汉字结构复杂，形态生动。汉字是由三百多个不同的组成部分构成的，有左右结构、左中右结构、上下结构、上中下结构、半包结构、全包结构、品字或倒品字结构等多种组合形式。汉字笔画多寡对比强烈，如"鑫"字24画，"一"字只有1画，这有利使字的大小、长短发生变化，使书法作品产生有疏有密、错落有致、形态各异的美。汉字还有为数众多的异体字，为艺术的变化提供了便利条件，比如左右结构的"鹅"字，出于美感的考虑就可以写成上下结构。

　　（4）汉字一字多体。汉字有真草隶篆，每种书体都还可以细分成若干种，这为书法家选择艺术表现形式提供了方便的条件。表现古朴可以选择篆书；表现庄重可

以选择楷书；表现厚重可以选择隶书；表现奔放可以选择草书；表现活泼可以选择行书。最值得一提的就是草书，由于它结构简单，笔画连绵，所以最有利于抒发书写者的情感。

另一方面，书法的产生与中国特有的书写工具笔墨有关。

毛笔是书法艺术的基本工具，倘若没有毛笔，对书法艺术来说那将是不可思议的。而毛笔的功能又必须通过墨来体现，只有用墨才能留下毛笔所运行的痕迹。可以这样说，书法实际上是一门笔墨艺术。在中国古代关于书法的文章中，常以"翰墨"代表书法艺术及其作品。"翰"本指坚硬的羽毛，古代用来写字，故引申为毛笔。"翰墨"即笔墨，笔墨即书法艺术。

相关链接

　　春秋战国时对笔的叫法各地不一，有"笔"、"聿"、"拂"等多种名称。直到秦实行"书同文，车同轨"，才统一称作"笔"。相传，秦将蒙恬曾在善琏村取羊毫制笔，在当地被人们奉为"笔祖"。又据说，蒙恬的夫人卜香莲也精通制笔技艺，被供为"笔娘娘"。到了汉代，笔已比较考究，路扈是当时的制笔高手。汉代制笔头的原料除了兔毛之外，还有羊毛、鹿毛、狸毛、狼毛等，硬毫软毫并用。同时，笔管的质地和装饰也丰富起来。

中国古人发明的毛笔"实是天地之伟器"。它的特点决定了中国书画的特性。明人屠隆说："制笔之法，以尖、齐、圆、健为四德。""尖、齐、圆、健"这四个字可谓是一支好毛笔的四"德"。

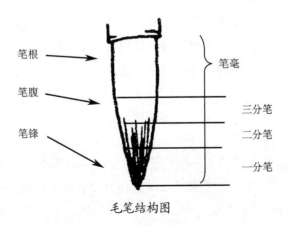

毛笔结构图

尖——指笔锋尖。只有笔锋尖，才既可以写细的笔画，又能写粗的笔画。因为笔锋尖，则锋可藏可露；若笔锋不尖，就是秃笔。

齐——指笔锋铺开时笔毛是齐平的。齐就使笔锋点画圆融，假如毛笔被虫咬掉一些，就不齐了，而是成为破锋。

圆——毛笔的毛为圆锥形，所以毛笔又称"毛锥"。刷子、油画笔是扁方的，因此其线条笔触就是扁的。善于用毛笔者，其线条点画有立体感，即使"细如丝发亦圆"，八面使转自如，这就是圆的优越性。

健——指笔锋的弹性。善于用笔者就是借笔锋运转之势，或顿挫，或乘势导之，表现节奏，表现张力，使点画线条成为运动痕迹，富有生命感与运动感。

相关链接

毛 锥 子

五代时期重武轻文，后汉名将史弘肇一次在宴会上说："安朝廷定祸乱，有长枪大剑就足够了，至于什么毛锥子（毛笔，引申为知识分子）又有什么用！"在场的一位知识分子马上反唇相讥："仅有长枪大剑，没有毛锥子，你的军饷从哪里来？"（军饷必须要有书面登记）

说完笔，再来说墨。墨产生于西周宣王时期，"邢夷始制墨，字从黑土，煤烟所成，土之类也"。关于墨的产生，有这样一个传说：一天，邢夷在溪边洗手，看见水中漂浮着一块松炭，随手捡起，手上染了黑的颜色。他很是诧异，取回家中，捣碎成灰，用水和之并不凝结，随手用粥饭之类的黏性物搅拌后效果很好，从此就有搓成扁形或者圆形的块状。这就是墨的产生。

东周时期，墨已经被广泛用于文字书写。人工墨因质量优于天然墨而逐渐被认知和推广。秦汉时期，松烟墨成为书法家们的最爱。到了魏晋时期，松烟墨的生产已走向全面成熟。隋唐时，一种被称为"易墨"的墨一枝独秀。宋元时代，"徽墨"又代之而起。明清时期，中国墨更是突飞猛进，最引人注目的就是不用研磨又有同等效果的墨汁的诞生。

相关链接

中国古代书法家和画家不但喜欢墨、懂墨，有人还亲自实践制墨。我们最熟知的书法家、画家兼皇帝宋徽宗就曾制作过墨，由于他制作的墨配料昂贵、制作方法独特，别人难以仿制，所以被称为"墨妖"，价格奇贵无比，50克墨价值黄金500克。

有了笔墨，又有了独特的方块字，中国书法的产生也就水到渠成了。书法的萌芽时期发生在殷商至汉末三国，当时文字经历了甲骨文、古文（金文）、大篆（籀文）、小篆、隶书（八分）、草书、行书、楷书等阶段，缓慢却不停滞地向前发展。之后终于步入书法的明朗时期——两晋南北朝至隋唐，这一时期书法的主流风格是由篆隶趋于简易的草行和楷书。大书法家王羲之的出现使书法艺术大放异彩，他的艺术成就传至唐朝备受推崇。同时，唐代一群书法家如雨后春笋，蜂拥而出，如欧阳询、颜真卿、柳公权等大名家。唐朝对中国传统书法文化的贡献是书法理论的更加精密和完善。如孙过庭的《书谱》，张怀瓘的《书断》、《书仪》以及张彦远的《法书要录》，都被后人奉为准则，对后世书论的创作产生了深远影响。五代、宋、辽、金、元的书法是对晋、唐时期书法的追述与继承，这一时期由于战乱和政局不稳，呈现出另类的局面。书法家转向以书法抒发个人的情感和意趣，出现了北宋的"宋四家"，元代的赵孟頫等名家。书法理论也获得了发展，出现了如《书史》、《宣和书谱》、《翰墨志》、《广川书跋》、《法书考》、《翰林要诀》等理论著作，这给当时及后世书法家的艺术创作提供了参考文样和理论指导。明清时期是对中国书法的一个大总结，这一时期，"帖学"、"碑学"大盛，书法理论比前代更有成就，《书筏》、《艺舟双楫》、《书概》、《广艺舟双楫》等理论著作纷纷面世。

中国的书法和绘画作品，至迟从魏晋以来一直被历代宫廷和民间作为艺术品珍藏起来，成为人们的精神食粮。

汉字的书写对中国人来说，能够表达许多不能够用语言表达的、往往较字面意义更为丰富的东西，所以才会说，一篇文章要很多字表达意思，而书法呢，一个字就能见到书写者的内心，且只有闭目深视的默契，而非言传才能领会。这种强烈的象征意义和神秘主义，到了传统文人那里就成了一种个人修为和品行的见证和表征。既然书法能够"一字见心"，而儒家道统又特别注重个人的修为与品性，甚至修为与品性是为官、为士的必然要求，那么书法自然而然也就成为一门艺术。

二、书法与绘画——同源异流

秦代李斯写了一篇叫《用笔法》的文章，宣称书法的微妙之处，在于取自然万物，源于自然的美感。他在讨论书法用笔时说："先急回，回疾下，如鹰望鹏逝，信之自然，不得重改。送脚，若游鱼得水；舞笔，如景山兴云。或卷或舒，乍轻乍重。善深思之，理当自见矣。"所谓鹰望鹏逝、游鱼得水、景山兴云、或卷或舒，都是一幅幅美妙的山水画面，而书法正是从这样的画面中寻找灵感。这样的创作态度，无疑也将绘画与书法的精神界限模糊了。于是，绘画和书法这两者在画家和书法家的内心世界和行为理念中，得到了和谐的统一。这就是中国古代文人所主张的"书画同源"。

之所以说书画同源，主要有以下几方面的依据。

二者同"起"源。中国最古老的文字甲骨文就是从最原始的图画发展成的一种具有高度概括力的记事符号，所以在商周时代流传下来的甲骨文和金文中，我们不难发现其中保存有大量的图画文字。这些字除了包括象形与指事两种功能之外，更具有一定的绘画因素。这些图画文字随着人们对自身和客观事物的观察能力、思维能力和表现能力的发展，逐渐由图案化的形象符号演变为由线条构成的文字，并在此基础上产生了神奇瑰丽的书法艺术。由此观之，图画与文字作为先祖们记事的工具，自是拥有相同的起源；而分别以图画和文字为基础而产生的中国绘画与书法艺术，必然也有相同的起源了。

二者同"形"源。书法与绘画在表现形式方面，尤其是在笔墨运用上具有共通的规律性。书法的用笔是中国画造型的语言，离开了书法的用笔，就很难言中国画。于是，中国画本身就带有强烈的书法趣味，国画的线条、墨韵，处处都透出抽象之美，流露出独立的审美价值。反过来，中国书法也总是表现出画作中的那种气势、韵律和画面感。

二者同"神"源。无论是中国书法还是绘画，其在艺术上的表现不仅在于形式的美，更在于其蕴含的抒情的艺术意境。也就是说，书画同源之"源"，不仅停留于表面的表现形式、笔墨运用上的同源性，而是深入到书法与绘画艺术的神髓之中，具有相同的神髓、意境之源。举个简单的例子，画家观嘉陵江，则见其波涌涛起，写其状貌，追其神髓；书家怀素夜闻嘉陵江涛声，则于状貌之外，得其体势。一画一书，虽表现手法不同，其意却都是表现嘉陵江的壮美，也即二者追求的物之神髓相同。

二者同"心"源。文字、图画都不仅仅是记录的工具，更是人们表达思想、直抒胸臆的桥梁，宣泄感情的工具。书法与绘画艺术因为其作者的感情投入，具有更高一层次的艺术价值，它们不再是死的作品，而成为其作者活的人生写照，成为了有"心"之物。"扬州八怪"之一的郑板桥（郑燮）画竹，除了尽现竹清冷、含蕴的神髓之美，也赋予其笔下的竹以一颗"心"，将自己的品性与竹子重叠在了一起。其书写的"难得糊涂"四字，也同样将人生之感悟融入其中，所以才成为中国书法的名篇。民谚说，字如其人，画如其人，人的品性会融入其书画作品之中，书法与绘画艺术也因其作者而有了各自的品格。故此，书画同源，源自人心。

相关链接

柳公权与"诚悬笔谏"

　　大书法家柳公权因为书法好而被唐穆宗从地方调到中央，担任皇帝秘书。一次，皇帝问柳公权用笔的方法。柳公权回答说："心正了笔才能正，笔正之后才能谈笔法。"当时皇帝疏于政务，柳公权这样回答是为了劝谏皇帝要勤政。柳公权字诚悬，其以书法劝谏皇帝的故事，被称为"诚悬笔谏"。

三、气势、意态、韵律——中国书法大观

中国书法有三个特点：气势、意态和韵律。不论是篆书、隶书、楷书、行书还是草书，都贵在气势、意态和韵律。

1. 气势

中国书法的气势美由笔势、体势、行气、章法所构成。一般来说，篆书、隶书、楷书势从内出，盘纡于虚，为无形之使转；草书势从外出，盘纡于实，为有形之使转；而行书则介于两者之间，虚实并见，锋势时藏时露，体势时斜时正。

"势"在书法艺术中有三个重要作用：一能产生笔力，力必须以气为凭借，有气自然有力；二使点画妥帖，心随笔运，取象不惑；三使血脉流通，精神贯串，意境活泼。有气势的作品能将全幅字贯注成一片段，从而表现出一种精气凝结的意境。所以说："作字之道，点如珠，画如玉，体如鹰，势如龙，四者缺一不可。""点如珠"喻其圆润；"画如玉"喻其洁净；"体如鹰"喻其沉雄；"势如龙"喻其气势。龙者，静则潜伏于深渊之内，动则腾飞于九霄之上，乘云驾雾，卷风舒雨，变化无常。故凡得势者，泼墨则有风舒云卷之势；得气者，下笔便有运行成风之趣。

这种纵横挥洒、磅礴酣畅的气概，是一个书者圆熟的笔墨技巧和深厚的功力产生的综合效果，同时也体现出高度的艺术修养和才华。没有气势的作品滞钝而没有精神，字字僵化而没有生命力。所以，力量的充溢是书法艺术的物质基础。

相 关 链 接

张旭《古诗四帖》

张旭的书法以草书成就最高，史称"草圣"。张旭是一位纯粹的艺术家，他把满腔情感倾注在点画之间，旁若无人，如醉如痴，如癫如狂。唐代韩愈的《送高闲上人序》中评价道："往时张旭善草书，不治他技。喜怒窘穷，忧悲、愉佚、怨恨、思慕、酣醉、无聊、不平，有动于心，必于草书焉发之。观于物，见山水崖谷，鸟兽虫鱼，草木之花实，日月列星，风雨水火，雷霆霹雳，歌舞战斗，天地事物之变，可喜可愕，一寓于书。故旭之书，变动犹鬼神，不可端倪，以此终其身而名后世。"

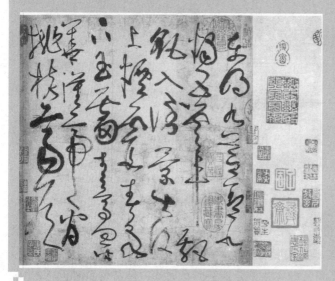

张旭草书《古诗四帖》，以五色彩笺纸草书古诗四首。该作品通篇气势磅礴，布局大开大合，落笔千钧，狂而不怪，气势奔放纵逸。

2. 意态

孙过庭在《书谱》里写道："羲之写《乐毅》则情多怫郁，书《画赞》则意涉瑰奇，《黄庭经》则怡怿虚无，《太师箴》又纵横争折。暨乎兰亭兴集，思逸神超，私门诫誓，情拘志惨，所谓涉乐方笑，言哀已叹。"这段话说的就是书法的意境。

意态在字外。我们说一个女子婀娜多姿、喜怒哀乐皆率真或婉转，这说的就是美女的意态。所谓意态，包括体态和神态两部分，两者都可以在书法作品中心神领会。

一幅好的书法，其结构的安排最见书写者的匠心——有的精心安排，字体严谨，堪称佳妙；有的妙手偶得，自然天成，出人意表。总的来说，都是字的体势生动，字的神态动人。字的体势和神态都是字的结构的表现。字的结构又是点画的组合，正如建筑设计，由构件组合成许多不同的空间。字也是这样，它由实的线索和布白相互映衬，虚实相生、主次疏密对比、笔势呼应顾盼，构成了书法作品独特的意态美。

在中国书法历史上，篆书既有整齐停匀之美，又要婉转曼妙；隶书既有雄健厚重之美，又有跌宕飞动之势；楷书既有精严庄重之美，又要神采焕发；行草既有流畅飞动之美，又要遒劲有力。无论是书写节奏还是书写结构，都能表现出独特的意态美。所以，欣赏中国书法，必须懂得欣赏字的体态和神态所表现的独特韵味。

相关链接

王羲之的《兰亭集序》

《兰亭集序》是晋代书法家王羲之的代表作，被艺术史家誉为"天下第一行书"。此书法影响古今中外对汉字书法之美的欣赏。宋代大文豪苏轼有一首讨论书法的诗，认为好的书法应该是"端庄杂流丽，刚健含婀娜"。意思是说：要把端庄刚健的阳刚之美和流丽婀娜的阴柔之美结合起来，文质兼备。这个标准简直就是以《兰亭集序》为参照来设定的。评论家说，《兰亭集序》蕴含了书法美的各个要素，无美不臻，无善不备，后代的书法家都能从这里摄取营养，获得启发。

《兰亭集序》历来被认为是经典杰作，其书法飘逸流畅，如行云流水而又笔力雄健。全文共计324字，凡是重复的字都各不相同，特别是其中的21个"之"字，各具风韵，无一雷同。

3. 韵律

古代许多骚人墨客从不同角度阐释了书法韵律的内涵："喜则气和而字舒，怒则气粗而字险，哀则气郁而字敛，乐则气平而字丽。情有重轻，则字之舒敛险丽亦有浅深，变化无穷。"颜真卿的《祭侄稿》就是抒情作品的典范，他以情感为主笔墨，直抒胸臆，把感受到的痛苦、悲愤，倾泻于笔端，读之感人肺腑。司空图说："近而不浮，远而不尽，然后可以言韵外之致耳。"这句话指出了书法韵律的层次性。羊欣《采古来能书人名》曰："（王献之）骨势不及父，而媚趣过之。"欧阳询《用笔论》曰："用笔之趣，信然可珍，窃谓合乎古道。"这都指出了书法韵律的品味性。这些性质正与音乐的韵律相吻合。

书法的线条、结构、墨色等方面是构成书法艺术美学的原理。一幅作品，从上到下，从左到右都传送韵律的信息，线条的飞舞、跳跃，墨色的变化都影响到韵律。作品中的神韵、墨韵，促人深思、遐想。

相关链接

苏轼的《寒食诗帖》

《寒食诗》是苏轼被贬黄州第三年的寒食节所发出的人生之叹，诗写得苍凉多情，表达了苏轼此时惆怅孤独的心情。《寒食诗帖》正是在这种心情和境况下有感而书的。历代鉴赏家均对该帖推崇备至，称这是一篇旷世神品。南宋初年，张浩的侄孙张演在诗稿后另纸题跋中说："老仙（指苏轼）文笔高妙，灿若霄汉、云霞之丽，山谷（指黄庭坚）又发扬蹈厉之，可谓绝代之珍矣。"《寒食诗帖》彰显动势，洋溢着起伏的情绪，通篇起伏跌宕，迅疾而稳健，痛快淋漓，一气呵成。

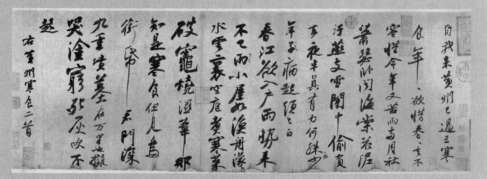

苏轼将诗句心境情感的变化，寓于点画线条的变化中，或正锋，或侧锋，转换多变，顺手断连，浑然天成。其结字亦奇，或大或小，或疏或密，有轻有重，有宽有窄，参差错落，恣肆奇崛，变化万千。

第二节　外师造化，中得心源

"外师造化，中得心源"是中国艺术理论的重要命题，它是由水墨画的创始人之一、唐代画家张璪提出的。这八个字一直以来有各种各样的解释，约定俗成的说法是这样的："造化"是指大自然，"心源"指的是内心的感悟，意指画家应以大自然为师，再结合内心的感悟，才能创作出好的作品。这一理论源头实际上也为张璪之后的中国绘画奠定了理论基础。此后，文人绘画的"传神论"也被提了出来，并发展出中国绘画不重形似重神似、以形写神、神形兼备等艺术理念，影响了之后千年的绘画发展。

一、浓淡湿枯，墨出五彩

写字，要通八法，这是中国书法的讲究。作画呢？要通墨韵，墨出五彩。这让人莫名其妙，人人都知道中国的墨只有一种颜色，那就是黑，怎么可能出来五种色彩呢？

实际上，墨出五彩的色彩指的是墨的浓淡，而不是颜色。国画对用墨非常讲究，一滴墨汁依赖水分的调和，能够产生干、湿、浓、淡许多变化，表现出极为丰富的层次和鲜明的节奏。墨的这一特征就是国画技法术语中所说的墨分五彩。至于是哪五彩，历来说法不一。

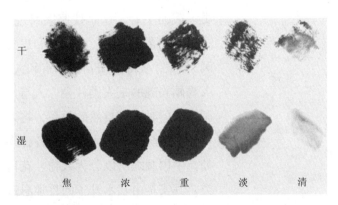

所谓"墨分五彩"，有人说是指焦、浓、重、淡、清，也有人说是指浓、淡、干、湿、黑，还有别的说法。说法虽不同，实质都是在说墨色的丰富变化。

中国历史上那些高明的画家，利用墨色的丰富变化，描绘了物象的阴阳明暗、凹凸远近，表现出或秀润或稚拙的笔墨情趣。

单从技法而言，墨分五彩的关键其实就是用水，笔头含水的多少直接决定了墨

清末书画家吴昌硕所画的《墨荷图》，是巧妙运用墨色变化的典型例子：荷叶具枯湿浓淡的变化时，趁湿勾勒叶筋，不同层次的墨色自然交融，相得益彰；又用清淡之墨勾出怒放的花朵，极为娇艳，与前者相映成趣；再以含淡墨之笔蘸上浓墨，绘出簇簇幼叶。

色的浓淡层次和干湿变化。

墨分五彩的巅峰状态是"积墨"与"破墨"。

"积墨"指的是山水画中用墨由淡到浓的层层渲染。中国古代的画家们画山水并非是一次画完，而是画了一层又一层，先用淡墨，逐渐加深，一块山石的轮廓总要画个六七层才算完。这样画出来的山石、树木，厚重而且滋润。

"破墨"是唐代画家兼诗人王维的最爱，其方法是趁第一层墨色没有干透之时，再加上第二层墨色。所谓"浓墨破淡墨"，就是先画淡墨，然后再加上浓墨；所谓"淡墨破浓墨"，就是先画浓墨，然后再在上面加淡墨。这种方法可以让浓淡不同的两种墨色互相渗透，晕化在一起，达到滋润、灵动的效果。

二、山水、花鸟、人物——中国画三门

中国画主要分为人物、花鸟、山水这几大类。表面上看，这是按照题材进行划分。其实，这是在用艺术表现一种观念和思想。所谓"中国画三门"，实际上概括了宇宙和人生的三个方面：人物画表现的是人类社会、人与人的关系；山水画表现的是人与自然的关系，将人与自然融为一体；花鸟画则表现大自然的各种生命与人和谐相处。中国画之所以分为人物、花鸟、山水这几大类，其实是由艺术升华的哲学思考，三者之合构成了宇宙的整体，相得益彰。

1. 人物画

人物画的出现要远早于山水画与花鸟画。据记载，商周时期，已经有人物壁画。东晋时的顾恺之专攻人物画，是我国画史上第一个明确提出

"以形写神"主张的人。唐代画家阎立本也擅长人物画，他最有名气的人物画就是《步辇图》。另外大名鼎鼎的吴道子、韩幹等，也都是人物画高手。人物画大体分为道释画、仕女画、肖像画、风俗画、历史故事画等。画家们对人物画的基本要求是，人物个性刻画得要逼真传神，气韵生动，形神兼备。其传神之法，常把对人物性格的表现，寓于环境、气氛、身段和动态的渲染之中。因此，中国画论上又称人物画为"传神"，这类的杰作车载斗量，如东晋顾恺之的《洛神赋图》卷，唐代韩滉的《文苑图》，五代南唐顾闳中的《韩熙载夜宴图》，北宋李公麟的《维摩诘像》，南宋李唐的《采薇图》、梁楷的《李白行吟图》，元代王绎的《杨竹西小像》，明代仇英的《列女图》卷、曾鲸的《侯峒嶒像》，清代任伯年的《高邕之像》，以及现代徐悲鸿的《泰戈尔像》等。

阎立本的《步辇图》属历史人物画，描绘了唐太宗在众侍女的簇拥下端坐在步辇车上，接见松赞干布派来的迎亲使者的场面。画家依靠神情举止、容貌服饰，生动地刻画了不同人物的身份和精神气质。

2. 山水画

山水画，顾名思义是以描写山川自然景色为主体的绘画。魏晋南北朝就已展露，但仍附属于人物画，作为背景的居多。隋唐之后，山水画独立发展。这一时期最有代表性的就是王维的水墨山水画。五代、北宋之后，山水画大兴，如荆浩、米芾、米友仁的水墨山水，王希孟、赵伯驹的青绿山水，南北竞辉达到高峰，从此成为中国画领域的一大画科。到了元代，山水画趋向写意，以虚代实，侧重笔墨神韵，开创新风。

　　米芾《春山瑞松图》描绘的是云烟涌动的山林景色。画中山石树木的造型秀雅温和，松树姿态宛然，山石青翠柔丽，再加"米点"，使景物开阔、平静而凄迷，显示出春日润湿而有生趣的意境。

　　明代及近代，山水画继续发展，董其昌及清初"四王"为山水画走向绘画理论及绘画手法的程式化作出了重大贡献。山水画能脱离人物画自立门户，有一个非常重要的原因，那就是画家们的借景抒情。清代恽寿平《瓯香馆画跋》中说："春山如笑，夏山如怒，秋山如妆，冬山如睡"，这些四季的神态、表情，都是"天"与"人"的融合统一，是人化的自然。明代莫士龙在《画说》中说："画之道，所谓宇宙在乎手者。"清代邹一桂在《小山画谱》中写道："今以万物为师，以生机为运，见一花一萼，谛视而熟察之，以得其所以然，则韵致丰彩，自然生动，而造物在我矣。"

3. 花鸟画

　　东晋画家顾恺之说："绘画，人最难，次山水，次狗马（在传统绘画中，"狗马"属于花鸟范畴）。"这句话透露了两个信息：第一，花鸟画的创作相对较容易；第二，花鸟画和人物画、山水画共同构成了中国画三门，三者虽然在画技难度上有高低之分，但在艺术欣赏上却是平分秋色。

魏晋南北朝之前，花鸟画一直是以图案纹饰的方式出现在陶器、铜器之上。那时候的花草、禽鸟和一些动物具有神秘的意义，有着复杂的社会意蕴。魏晋南北朝时，一批专门画花鸟的画家出现，并且带来了大放异彩的作品，如顾恺之的《凫雁水鸟图》、史道硕的《鹅图》、陆探微的《半鹅图》、顾景秀的《蝉雀图》、袁倩的《苍梧图》、丁光的《蝉雀图》、萧绎的《鹿图》。这说明此时的花鸟画已经有了一定的规模。此时期的花鸟画较多的是画一些禽鸟和动物，因为它们往往和神话有一定的联系，有的甚至是神话中的主角，如为王母捣药的玉兔、太阳中的金乌、月宫中的蟾蜍，以及代表四个方位的青龙、白虎、朱雀、玄武等。

到了唐代，花鸟画真正独立，属于花鸟范畴的鞍马在这一时期已经有了较高的艺术成就。现在所能见到的韩干的《照夜白》、韩滉的《五牛图》以及传为戴嵩的《半牛图》等，都表明了这一题材所具有的较高的艺术水准。杜甫赞赏画家薛稷的画说："薛公十一鹤，皆写青田真。画色久欲尽，苍然犹出尘。低昂各有意，磊落如长人。"

《五牛图》卷是少数几件唐代传世纸绢画作品真迹之一，也是现存最古的纸本中国画，因而受到广泛重视，堪称"镇国之宝"。上图为《五牛图》的部分。

在中国古代绘画史上，无论是人物画、山水画还是花鸟画，正如杜甫的诗所说的那样"低昂各有意"，它们都是中国传统文化的一个高深莫测的意境，而这一意境的产生正是中国古代画家们胸中抱有的一个思想：无论画什么，必须形神兼备。

三、以形写神，形神兼备

"以形写神、形神兼备"是传统国画艺术的基本造型法则，更是绘画理论与实践的永恒话题和基本追求。所谓"形"，是指客观事物可视之形态、形象、形状、形体。比如我们看到的一朵花、一只鸟、一座山。所谓"神"，就是事物的内涵、精神气质和气韵。能否把"形神"的关系处理好，做到形神兼备，是中国画特别是人物画创作的关键。

荀子说"形具而神生"，虽然并非专指绘画，但却给中国古代的画家们提了

中 / 国 / 传 / 统 / 文 / 化

个醒。古代画家们清醒地意识到：不能顾了形似，失去了神似；应该力求神似。宋代苏轼的论画诗"论画以形似，见与儿童邻。赋诗必此诗，定知非诗人"，正是表达了这个意思。

中国古代著名画家、南北朝时期的张僧繇曾画了四条龙在寺壁上，四条龙没有画上眼睛，他常对人说，"点睛即飞去"。大家都认为他吹牛，非要他为龙画上眼睛。张画家被迫无奈只好画上，但只点了两条龙的眼睛。他刚点完，一声霹雳，两龙破壁乘云腾去上天，另外二龙未点睛，所以没有飞走。这个故事虽然有点夸张，却说明了这样一个事实：形神兼备才是最好的画作。

清代朱耷的《双鸟图》中，鸟的异样神情，让我们一眼就能看出作者愤世嫉俗和桀骜不驯的心态。

相关链接

"传　神"

"传神"的提出者是东晋大画家顾恺之。《世说新语》中有这样一则记载："顾长庚画人，或数年不点目睛，人问其故，顾曰：'四体研媸本无关妙处，传神写照正在阿堵中。'"阿堵就是眼睛，可见顾恺之对画睛的重视。从此，"传神论"成为古代画史、画论中被提到最多的美学术语之一。

顾恺之在总结前人艺术理论的基础上，首先创立了"以形写神"的论点，重视处理好人和自然环境的关系，并从"以形传神"和"迁想妙得"两个方面揭示了形和神的内涵。接下来，历代画家也都相继提出了"传神写照"、"形似神似"等观点。特别是南齐的谢赫，在总结吸取顾恺之画论的基础上，于《古画品录》中系统地提出了"六法"的中国画造型理论，即：气韵生动，经营位置，骨法用笔，应物象形，随类赋彩，传移摹写。这"六法"成为中国人物画造型艺术的现实主义创作法则。山水画和花鸟画，甚至很多石窟庙宇也受之影响，都提出了"传神"的法则。"传神"便成了中国画追求的最高标准。

写形是为了传神，形可在"似与不似之间"，"以形写神"的终极目的是"达意"和"传神"。

宋人邓椿在《画继杂说》中把"传神"作为绘画的主要法门："画之为用大矣，盈天地之间者万物，悉皆含毫运思，曲尽其态，而所以能曲尽者，止一法耳。一者，何也？曰：'传神而已矣。'"这段话可以看作是中国传统画家们的艺术追求，也是中国画能成为人类艺术瑰宝的根本原因。

第三节 以形写神，境生象外

唐代刘禹锡在《董氏武陵集记》中提出了中国画论关于意境论的一个重要观点：境生于象外。境离不开象，又不等于象，而是超越于画中物象之外的深层意蕴。对中国画稍有了解的人就知道，意境是中国传统绘画和绘画艺术创作的一个核心问题，它是中国画艺术的灵魂，历来被艺术家视为最高的美学追求。中国绘画不仅要求形似，且要求神似，更进一步是要在形神兼备、情景交融的基础上追求有"象外之象"的意境美。

一、中国画——文人画

所谓"文人画"，顾名思义，就是古代文人（即士大夫们）所绘的画作。当然，并非任何一个文人所绘的都属于"文人画"，它必须符合以下三个特点。

第一，绘画者必须学养深厚。封建士大夫既是经科举制度层层选拔上来的，那么文才必须是为官的基础。要想胸有韬略，腹中需垒起万卷诗书。这样的人画出画来，不叫"文人画"，也会文气十足。

第二，画作必须言之有物。古时的文人画不是急匆匆画出来立马就要卖掉的，而是兴之所至，信笔拈来，承载的是亦忧亦乐，表达的是真性真情。

第三，格调必须高雅。翰墨丹青古来即称"雅好"，"雅"人之"好"的标尺就是格调。这和画家的人品有一定的关系，但不是全部，更重要的是画家接受的教育和所处的环境。对格调的赏析与赏析者的品位有极大的关系，即俗语所说"好画还需识者看"。也就是说，之所以称为文人画，必须要有和文人同等格调的人来欣赏。

从这三个特点中我们可以得到下面的结论：文人画是画中带有文人情趣，画外流露着浓厚人文思想的绘画。学养和格调既依托于笔墨表达，又游离于笔墨之外，功夫要在画内看，在画外寻。这就是中国古人所说的"境生象外"。它不与中国画三门——山水、花鸟、人物并列，也不在技法上与工、写有所区分，它是中国绘画大范围中的山水、花鸟、人物的一个交集。

相关链接

　　中国画大致包括下面几种：建筑及器物装饰绘画（如文明最初的一些陶器绘画和各种建筑物的装饰绘画）；宗教绘画（如敦煌壁画、永乐宫壁画和后来的一些专门的佛教画和道教画等）；职业画家绘画（如自秦汉到清的宫廷画家作品，其作品山水、人物、花鸟无不包括）；文人画（主要指发端于北宋，盛行于元明清的以笔墨宣纸进行的写意绘画作品）；民间绘画。

　　文人画的作者们大都是愤世嫉俗的雅士，从王维到苏东坡，从黄公望到倪瓒、徐文长，从石涛到扬州八怪，他们借笔墨宣泄心中的牢骚，借山水、花鸟做不求形式的自由写意，表现在绘画中是一种高傲的、不食人间烟火的超凡脱俗的气质。他们玩赏山水，迷恋花卉，陶冶性情，发展到极端就是做隐士或居士，甚至有人还出家为僧。他们在画中追求意境，在笔墨中追求情趣。他们把诗、书、画熔于一炉，在逸笔草草、不求形似、聊以自娱的写意宗旨下，缔造了文人画的传奇。

　　苏东坡的《潇湘竹石图》是文人画的典型代表。整幅画的内容非常简单，一片土坡，两块怪石，幼竹冲破巨石的重压，昂扬着向上的生命激情，反映了苏东坡对于险恶逆境的抗争与不屈。

　　中国传统绘画理论认为，不管画人物，画山水，还是画花鸟，一件自成风格的作品总是要以笔墨、图式和章法表达意象或意境。其中的笔墨，包括既要精熟地运用这一历代积淀而成的艺术语言方式，又要有所发展、有所增益地形成个性化的笔墨话语。其中的意象或意境，包括灌注了审美评价与审美理想的人物画，也涵盖了情景交融、意在画外的山水、花鸟画，都在题材的选择和意象、意境的创造中融入了画家的精神指向和理想诉求。其中的图式，总是以对应客观物象为前提，可以"应物象形"，可以"不似之似"，也可以"妙在似与不似之间"。

今天，我们欣赏文人画时就会发现，文人画的图式、笔墨和布局，是直观可视的第一个层面，其第二个层面则是通过想象、联想映现出的意象与意境，最后一个层面则是画家在意象、意境中自觉不自觉地表现出的与观者交流的精神境界和艺术格调。

中国文人画最深层的追求是：第一人品；第二思想；第三才情；第四学问。鲁迅曾一针见血地指出："美术家固然须有精熟的技工，但尤须有进步的思想与高尚的人格。他的制作表面上是一张画或一个雕像，其实是他的思想与人格的表现。"

二、意境与格调

苏东坡在《书摩诘（王维）蓝田烟雨诗》中这样说道："味摩诘之诗，诗中有画；观摩诘之画，画中有诗。"在这段最为有名的论述中，对于文人画理论有重要意义的就是"画中有诗"这四个字。所谓"画中有诗"，就是明确提出文人画应当超乎绘画之上，在所描绘的有形之物内蕴含更为丰富的无形的内容；就是明确提出绘画与诗歌一样，不仅要"状难写之景如在目前"，而且还要"含不尽之意见于言外"。这也是文人画重意境、重格调、重学养的发端。

中国文人画的意境与格调大致有以下几种。

第一，虚幻。中国古代佛道的"空幻"思想为文人画注入了"虚幻"的元素。文人画的作者们认为，宇宙是一个气场，生生不息，变化无穷，一切都处于变化之中。我们所能感知到的，是虚幻的事实，是人类根据已经得知的知识做出的一种判断。只有充分意识到世界的"虚幻性"，才有可能了解世界的"实体性"。正是这种绘画思想，所以才产生了画外之境的格调。

第二，拙丑。美与丑，巧与拙，是谁界定的？当然是人为划分的，是人所认定的。中国文人意识到了这一点，因而对美的质疑、对巧的质疑、对拙的追求、对丑的追求，一直是中国传统美学中非常重要的内容。前面提到的苏东坡的怪石丑竹就是这一格调的代表。

第三，寂寞。中国文人无论在朝在野，在心灵上往往是孤独寂寞的。艺术上的寂寞是一种空灵悠远、静穆幽深的境界。恽南田说："寂寞无可奈何之境，最宜入想。"他非常推崇倪瓒的画，认为他的画"真寂寞之境，再着一点便俗"。

第四，荒寒。中国文人画中多寒林图、寒松图、寒江图，多雪景、硬石、枯

有人评论倪瓒的《虞山林壑图》说，画中的寂寞之境已经到了"水不流，花不开"的境界，展现在他笔下的是一个近乎不动声色的寂寞世界。寂寞到极致，让人感觉到宇宙的本原，倪瓒所要表达的是超越尘世、超越世俗的理想境界。

树、寒鸦、野鹤，主要是为了表现萧疏宁静、空灵幽远的意蕴。唐代王维、张璪善画寒林图，开创了用水墨表现寂寥、荒寒境界的先河，荆浩、关仝、董源、巨然，善画野林、古寺、幽人逸士，进一步开拓了荒寒的画境。李成把荒寒和平远融为一体，极大地丰富了荒寒的美感。不独山水，在梅兰竹菊等文人画常用题材中，荒寒之境也成为一种广泛的追求。这与文人独立孤傲、旷远放逸的襟怀是相通的，与空、虚、寂、静的禅的境界是相通的。

第五，淡雅。云清风淡，是文人心仪的境界。《宣和画谱》云："绘事之求形似，舍丹青朱黄铅粉则失之，是岂知画之贵乎有笔，不在夫丹青朱黄铅粉之工也。故有以淡墨挥扫，整整斜斜，不专于形似，而独得于象外者，往往不出于画家，而多出于词人墨卿之所作。"这段话清楚地讲明了画工画和文人画的一个重要区别：文人画不求形似，而求"象外之意"，所以可以"淡墨挥扫"；而画工为了形似，只能在丹青朱黄铅粉色彩上下笨功夫。

三、境生象外，遗貌取神

如果说"境生象外"还在同时注重"象"和"境"的话，那么"遗貌取神"就是彻底放弃了"象"和"貌"，一心一意要表达"境界"、"格调"、"神韵"了。这个神韵其实指的就是心灵之境。文人画家们认为，画家和世界的关系不是站在世界的对岸来看待世界、欣赏世界、描绘世界，而是回到世界里，把自己看成世界的一分子，世界的一切都与自己的生命密切相关。由此就产生了心灵的感悟，产生了对世界的独特体验，这便是心灵的境界、生命的境界。画家所画的已不是

元代黄公望《富春山居图》，以浙江富春江为背景，全图用墨淡雅，深得文人画淡雅之格调精髓。

眼睛看到的景物，而是在瞬间生命体验中有所"发现"。心灵之境，是绘画艺术的最高境界。

元代盛懋《秋江待渡图》，以两段式深远构图法，画近树繁茂，远山起伏，中间澄江如练，芦雁惊飞，风吹树杪，一派清秋气氛。岸上一年老儒者携书童坐地待渡，秋水望穿，而客船才刚刚驶离对岸。卷后，诗人自题七言绝句：山色空蒙翠欲流，长江浸彻一天秋。茅茨落日寒烟外，久立行人待渡舟。

心灵之境自然是以心为主，文人画"遗貌取神"的一个主要特点就是声东击西。看似画的是鸟，其实是在"画"人性；看似画的是竹，其实是在"画"人品。

东晋顾恺之的《女史箴图》，画面上一女子在对镜梳妆，暗喻人每天要检点自己的道德行为。宋徽宗的《芙蓉锦鸡图》，画面上是一只今天不多见的锦鸡，它有五种美德，人应该学习这些美德。

明代沈周《庐山高图》，以庐山的崇高雄伟形象地隐喻他老师的高尚品德，传达出对老师的崇敬之情。

元代倪瓒《六君子图》，表面看是树，实际上是想通过伫立于水边的六棵树，比喻远离世俗的"六君子"。

这就是中国画，尤其是文人画所谓的"境生象外，遗貌取神"。在此时，画作本身的内容已不是重点，真正的重点是画作内容透露出的境界、格调和伟大的心灵。

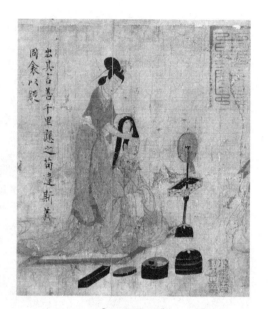

《女史箴图》

《秋江待渡图》

《芙蓉锦鸡图》

《庐山高图》

《六君子图》

　　傅抱石在论《中国绘画之精神》中说："中国人如果永远不放弃书法和山水画，中国人的胸襟永远是阔大的。"黄宾虹也说："画家千古以业，画目常变，而精神不变。"这精神里富含有中国传统文化的气质，有境界、有格调，有心灵的本真，有中华民族的世界观。

体验课堂

活动设计

主题：了解中国毛笔，体验中国书法

形式：动手实践

内容：购买毛笔、宣纸和字帖，在老师指导下，临摹名家书法，体会书法的美感和意境。

互动交流

1. 各抒己见

书法字体有行书、草书、隶书、篆书和楷书五种，每种都有其代表作。请根据具体作品，谈谈你对不同字体特点及其所表达的气势、意态和韵律的理解。

2. 阅读思考

阅读冯骥才的《文人画宣言》，根据文人画经典作品，思考画作所表现的意境与思想追求。

3. 网上冲浪

宋代文豪苏轼称赞王维"诗中有画，画中有诗"。明朝画家项圣谟则说："读王维的诗，诗中的画面仿佛就在眼前。"上网查找中国历史上诗画俱佳的代表人物（不少于三人），根据他们的作品，归纳出其所体现的"诗中有画，画中有诗"的意蕴。

第五章

诗的国度：中国诗词、歌赋

　　中国是诗的国度，中华诗词歌赋是民族文化的瑰宝。尤其是唐诗宋词，所取得的辉煌成就，不仅是中国文学史上不可逾越的两座高峰，也是世界文学史上的千古奇观。实际上，无论是诗词还是歌赋，它们的主题都是共同的，那就是讴歌祖国山河，赞美民族英雄，抒发诗人的崇高理想。在漫长的历史中，诗词歌赋潜移默化，对于中国人的价值取向、行为方式、审美情趣以及思维方式都产生了深远的影响。三千年的中华诗歌史，也是三千多年中华民族的社会史、文化史和心灵史。研读诗词歌赋，就是在认识中华历史，了解中华文化，领悟民族精神。

本章知识目标

了解中国诗词歌赋的发展历程及其特点，了解中国诗词歌赋所体现的人文精神、道德情操与艺术魅力。

本章能力目标

能诵读《诗经》、汉赋、唐诗、宋词的主要经典篇章，理解作品意思，体验作品思想，能够背诵你喜爱的古诗古文。

本章素质目标

深刻领悟中国诗词歌赋中的文化和道德精髓，用诗词歌赋中的人文精神提高个人素养。

情境导入

菊　花　歌

（用来喝酒时唱的）

在人类的世界造一间屋子，

不听马和车的噪音，

怎么做到这样？

当心冷淡的时候，地方就安静了。

我在东边的栅栏下拢菊花，

安静地看着南边的山。

山上的空气在黄昏时是美好的，

鸟们成群结队地回到巢中。

在所有这些事物中有真正的意义，

可是当我想要表达它的时候，却忘了词。

这是西方人英译的一首中国诗歌，有谁能知道它是谁的作品，诗歌名叫什么？

它的作者是陶渊明，名叫《饮酒二十首之五》，全文如下：

结庐在人境，而无车马喧。

问君何能尔？心远地自偏。

采菊东篱下，悠然见南山。

山气日夕佳，飞鸟相与还。

此中有真意，欲辨已忘言。

通过对比可知，中国的诗歌用另外的语言表达出来之后就神韵全失。这就是中国的诗歌，它永远属于汉语世界。

第一节　不学诗，无以言

很久以前的一天，孔子的儿子孔鲤恭敬地走过孔子身边，孔子叫住他："学诗了吗？"孔鲤问："是《诗经》吗？"孔子点头。孔鲤摇头："没有。"孔子语重心长地说："赶紧学去，不学诗，就无法表达。"（不学诗，无以言）孔子的叮嘱告诉我们这样一个信息：在那个年代，诗，无论于个人和社会都是相当重要的。对个人，它是人格修养的必修课；对社会，它是人际沟通、社会交往乃至成就事业的重要媒介。其实不仅仅是孔子时代，在整个中国古代，诗歌的重要性都是不言而喻的。

一、从"兴观群怨"到"诗文取仕"

在进入诗歌的文化意蕴之前，有必要了解诗歌的来龙去脉。诗歌的起源应该是最为古老的，它应该是伴随人类的劳动实践产生的。《淮南子·道应训》记载："今夫举大木者，前呼'邪许'，后亦应之，此举重劝力之歌也。"这种劳动中的呼号，就具备了诗歌的抒情性、韵律性等基本特征，可以看作是诗歌的萌芽。作为中国诗歌起源的书面证明，《诗经》当仁不让。它是我们最早的诗歌总集，里面收集了大量的百姓所作的诗歌。《诗经》在北方是至尊，楚辞则在南方称雄。楚辞的代表人物是屈原，他的作品突破了《诗经》的一些形式限制，完美体现了南方语言的特点，汪洋恣睢。

相关链接

《诗经》名句

关关雎鸠，在河之洲，窈窕淑女，君子好逑。——《诗经·周南·关雎》
所谓伊人，在水一方。——《诗经·国风·秦风·蒹葭》
昔我往矣，杨柳依依。今我来思，雨雪霏霏。——《诗经·小雅·采薇》
死生契阔，与子成说。执子之手，与子偕老。——《诗经·邶风·击鼓》
知我者谓我心忧，不知我者谓我何求！——《诗经·国风·王风·黍离》

楚 辞 名 句

长太息以掩涕兮，哀民生之多艰。——屈原《离骚》
翻译：我长叹一声啊，止不住那眼泪流了下来，我是在哀叹那人民的生活是多么的艰难！

亦余心之所善兮，虽九死其犹未悔。——屈原《离骚》
翻译：只要合乎我心中美好的理想，纵然死掉九回我也不会懊丧。

路漫漫其修远兮，吾将上下而求索。——屈原《离骚》
翻译：在追寻真理（真知）方面，前方的道路还很漫长，但我将百折不挠，不遗余力地（上天下地）去追求和探索。

世溷浊而不清：蝉翼为重，千钧为轻；黄钟毁弃，瓦釜雷鸣；谗人高张，贤士无名。——屈原《卜居》
翻译：（现实）世界混浊不清：蝉翼被认为重，千钧被认为轻；黄钟被毁坏丢弃，瓦锅被认为可以发出雷鸣（般的声音）；谗言献媚的人位高名显，贤能的人士默默无闻。

举世皆浊我独清，众人皆醉我独醒。——屈原《渔父》

翻译：世人都被污染，唯独我一人清净；众人都已醉倒，唯独我一人清醒。

悲哉秋之为气也！萧瑟兮草木摇落而变衰。——宋玉《九辩》

翻译：秋天的气息是多么的让人感到悲戚啊！萧瑟的景啊，草木荒的荒、落的落，一片衰败景象。

其曲弥高，其和弥寡。——宋玉《宋玉对楚王问》

翻译：谁唱的歌曲愈高雅，能跟着唱的人就越少。

进入汉代，产生了新的文学体裁：一是汉赋；二是乐府诗。汉赋是在汉代涌现出的一种有韵的散文，其特点是散韵结合，专事铺叙。从形式上看，汉赋"铺采摛文"（意指铺陈文采）；从内容上说，汉赋则侧重"体物写志"（指描述事物，抒发情志）。两汉时期，汉赋有四大家之说，分别是司马相如、扬雄、班固和张衡。赋是汉代最流行的文体，在两汉 400 年间，一般文人多致力于这种文体的写作，因而盛极一时，后世往往把它看成是汉代文学的代表。

乐府诗是为了配音乐演唱的，相当于现代社会的歌词。这种乐府诗称为"曲"、"辞"、"歌"、"行"等。魏晋时期，以建安文学为代表的诗歌作品吸收了乐府诗的营养，为后来的格律更严谨的近体诗奠定了基础。到了唐代，中国诗歌出现了四句的绝句和八句的律诗。绝句与律诗押平声韵，每句的平仄、对仗都有规定。绝句的规定稍微松一些。另外，在宋代达到顶峰的词也是诗歌的一种重要形式。词的格式要依从一些固定的词牌，以便于配以乐曲演唱。

相关链接

汉乐府名句

少壮不努力，老大徒伤悲。——汉乐府古辞《长歌行》

瓜田不纳履，李下不正冠。——汉乐府民歌《君子行》

上邪！我欲与君相知，长命无绝衰。山无陵，江水为竭，冬雷震震，夏雨雪，天地合，乃敢与君绝。——汉乐府民歌《上邪》

孔雀东南飞，五里一徘徊。——汉乐府《孔雀东南飞》

唐诗和宋词是中国诗歌史的两个高峰。有人形容那时的诗坛和词坛,恰如"众星罗秋旻",给人美不胜收之感。唐诗的代表人物李白、杜甫、白居易等,宋词的代表人物苏轼、辛弃疾、李清照等,几乎是家喻户晓的。现在流传下来的唐诗有近五万首,宋词有近两万首,这都是中国传统文化的瑰宝。自元代开始,中国诗歌的黄金时期逐渐过去,文学创作的重心逐渐转移到戏曲、小说等其他体裁。但是,诗歌不仅依然独立存在,而且还进入了这些新兴的文学体裁,甚至构成了中国戏剧、小说的一大特点。

相关链接

宋词的豪放派和婉约派

宋词是继唐诗之后的又一种文学体裁,基本分为豪放派、婉约派两大类。豪放派的特点是创作视野较为广阔,气象恢宏雄放,代表人物有辛弃疾、苏轼、陆游等人,代表作有苏轼的《念奴娇·赤壁怀古》(大江东去)、《江城子·密州出猎》(老夫聊发少年狂)、辛弃疾的《永遇乐·京口北固亭怀古》(千古江山)等。婉约派的特点主要是内容侧重儿女风情,结构深细缜密,重视音律谐婉,语言圆润,清新绮丽,具有一种柔婉之美。婉约派的代表人物有柳永、李清照、李煜等,代表作有柳永的《雨霖铃》(寒蝉凄切)、李清照的《如梦令》(常记溪亭日暮)、李煜的《虞美人》(春花秋月何时了)。

在中国文学的长河中,诗是主流。诗不但在中国文学中占有重要地位,而且具有重要的社会文化功能。中国诗歌的功能,用孔子的话来说就是:可以兴、观、群、怨。

可以兴,指诗歌的教化功能。诗歌可以使读者受到启发,产生联想,从而"感发兴起"。

可以观,即可以从诗歌中看见得失,可以从中观社会风俗的盛衰。观到民风,就可以知政事得失。

可以群,是说明诗歌能起到鼓舞人心、催人上进、增强民族凝聚力的作用。一个国家,一个单位乃至一个家庭都需要有一种向心力,而诗歌无疑为增强这种向心力提供了思想保障。

可以怨,指诗歌可以有宣泄大众不满情绪,以利当政者补察的功能。中国历史上那些讽刺诗歌就是这一功能的代表。

兴、观、群、怨这四种传统诗歌的作用是相辅相成的，任何一首好的诗歌，无不是各种社会作用相统一的佳作。比如陆游的《示儿》诗"死去元知万事空，但悲不见九州同；王师北定中原日，家祭无忘告乃翁"，既是一首爱国主义的战斗檄文，又处处散发着对南宋小朝廷偏安一隅、不思进取的不满，所以才久经传唱，历久弥新。

中国传统诗歌不仅自身发展至唐代达到高峰，而且其社会功能也在此时被推向极致。影响我国一千多年历史的以诗文取仕的科举制度，就是确立于这一时期。宋人严羽在《沧浪诗话》中说："唐以诗取士，故多专门之学，我朝之诗所以不及也。"在这里，严羽已触及以诗赋取士与唐诗繁荣的关系。事实上，也正是初唐诗歌的兴盛、初唐诗人的辈出，才引发唐廷对进士科内容进行改革，使诗赋成为进士科（常科）的一项主要内容，从而进一步促进了唐诗的繁荣。

由于寒门士子可以经诗赋考试而进士登科入仕，而男丁一旦入仕，还可免除赋役，这样，诗赋便自然与功名利禄联系起来，从而使得天下仕子，尤其是广大庶族寒士，都倾心于诗歌学习与钻研，并乐此不疲。高适、孟郊、张籍、韩愈、李商隐、聂夷中等大诗人都是少时家境贫寒，全靠私塾、家教以及自学而成才。诗赋取士也造就了像贺知章、张九龄、王维、韩愈、白居易、柳宗元、刘禹锡等一代名相、名臣和杰出思想家。

相关链接

长安米贵，居大不易

白居易年轻时到长安参加科举考试，有人把他推荐给主考官顾况，顾况见多了这样想一举成名的人，所以轻蔑地对白居易说，"长安米贵，居大不易"。白居易拿出自己写的诗呈给顾老爷看，其中有两句"野火烧不尽，春风吹又生"。顾况马上叫道，"居之易也"。白居易就凭这首诗获得功名。

二、兼济天下：爱国、忠君的价值取向

北宋范仲淹写过这样一句诗：居庙堂之高则忧其民，处江湖之远则忧其君。单凭字面意思，我们可能会觉得范仲淹是个焦虑症患者，因为他在什么位置都心事重重。实际上，这正是中国古代诗人高尚的"兼济天下"的爱国思想。

中国古代有一大批爱国诗人和诗歌。鲍照《代出自蓟北门行》的"时危见臣节，世乱识忠良。投躯报明主，身死为国殇"；杜甫《蜀相》的"三顾频烦天下计，

两朝开济老臣心。出师未捷身先死，长使英雄泪满襟"；韩愈《左迁至蓝关示侄孙湘》的"欲为圣明除弊事，肯将衰朽惜残年"；陆游《长歌行》的"国仇未报壮士老，匣中宝剑夜有声。何当凯旋宴将士，三更雪压飞狐城"；辛弃疾《破阵子》的"了却君王天下事，赢得生前身后名，可怜白发生"；文天祥《扬子江》的"臣心一片磁针石，不指南方不肯休"，都在向我们陈述深切的拳拳爱国之心和殷殷报国之情。尤其是宋代李纲的《病牛》：

> 耕犁千亩实千箱，力尽筋疲谁复伤？
>
> 但得众生皆得饱，不辞羸病卧残阳。

诗人以病牛自喻，感叹人生经历的坎坷，表达了甘心为众生而献身的决心，以及老骥伏枥、矢志不渝的精神。岳飞的《满江红》更是激荡着爱国主义豪情壮志的千古名篇："壮志饥餐胡虏肉，笑谈渴饮匈奴血。待从头，收拾旧山河，朝天阙"。感情慷慨激昂，音调高亢，爱国英雄形象呼之欲出。

中国古代诗歌的爱国主义精神有其鲜明的特点。当时士大夫阶层的爱国思想感情只能与忠君思想感情并存，爱国、强国的理想与抱负只能通过忠君来实现，因为当时的"国"是帝王的家天下。而当诗人所遇君王昏庸腐朽时，就会使其爱国精神蒙上一层浓重的悲剧色彩。

在历史上，《离骚》尤其赢得了中国文人的心，原因就在于它表现了知识阶层传统的人格典范、价值观念和行为规范。屈原为理想而顽强奋斗的精神，"虽九死其犹未悔"，表现得十分突出，"兼济"之志，彰明较著。当奋斗失败、理想受挫之时，诗人便准备"退将复修吾初服"。这不是消极的退避，而是以退为进，因为他已明白表示"虽体解吾犹未变兮，岂余心之可惩？"即使到了理想彻底破灭的最后时刻，诗人也没有屈服，而是以卓然独立于流俗之外的行动，向"党人"和"群小"发出最后的抗议："鸷鸟之不群兮，自前世而固然。何方圆之能周兮，夫孰异道而相安？屈心而抑志兮，忍尤而攘诟。伏清白以死直兮，固前圣之所厚。"

这样坚贞的气节，这样高尚的情操，构成了中国古代文人的理想人格，足以供后世之人赞美与效仿。同时，这种"怨而不怒"、"哀而不伤"的思想情绪，这种"不合作"（最多不过"自沉"，但绝不造反）的抗议方式，又是统治者所能容忍的。既不同流合污，又不犯上作乱，以"独善"求"兼济"，这是封建社会中士大夫阶层所能达到的最高境界。作为这一境界的化身，诗人便与诗作一起，成了后世文人的楷模。

总之，中国古代诗歌中的忠君爱国思想是特定历史条件下的、具有积极意义的、普遍性的文化心理，尽管带有一定的局限性，但瑕不掩瑜，其积极意义应该肯定。更何况，它是我们今天爱国主义思想的文化源头，是我们民族文化传统的宝贵精神财富，我们应该取其菁华，发扬光大。

三、独善其身：气节、修养的人格表露

如果不能兼济天下，那就独善其身，这是儒家思想进退自如的表现。中国古代诗人们的独善其身，"善"的就是气节和修养。

南北朝时期的诗人鲍照甘于贫穷，因为"自古圣贤尽贫贱，何况我辈孤且直"。晋朝陶渊明更是为了节操和修养大发豪言：我岂能为五斗米折腰？唐朝的李白冲天豪情道：安能摧眉折腰事权贵，使我不得开心颜。由此可见，中国古代诗人们都是安贫乐道的君子。

当然，无论是鲍照还是陶渊明、李白，他们保持气节的最坏结果只是生活水准下降，生命还没有受到威胁。那么，中国古代诗人们如何看待面对生死考验时的气节呢？

西汉人苏武以使者身份出使匈奴被扣，匈奴威逼利诱要他投降，他严词拒绝。匈奴人将他扔到天寒地冻的贝加尔湖放羊，一放就是19年，苏武毫不屈服，成为中国气节的代表人物。宋人苏轼写诗高度评价他这种气节：苏卿别驾复西挥，气压匈奴守帝威。持节云中怀汉志，牧羊北海望鸿归。三更泪湿鸳鸯枕，数岁风寒襟褛衣。一片丹心垂万史，空留世代叹唏嘘。

苏武牧羊图，由著名画家傅抱石创作。图画定格在汉朝将领前来迎接苏武归国的一幕。此图作于抗战晚期，画家借助苏武的故事表达了威武不屈的民族气节和抗战必胜的信心，其意深远。

气节不但表现为临危不惧的品格，而且表现为百折不挠的意志。清代大儒顾炎武在他的《精卫》诗中写道：

> 万事有不平，尔何空自苦；
>
> 长将一寸身，衔木到终古？
>
> 我愿平东海，身沉心不改；
>
> 大海无平期，我心无绝时。
>
> 呜呼！君不见，
>
> 西山衔木众鸟多，鹊来燕去自成窠。

诗人借用精卫填海的神话，将精卫鸟写成了复仇鸟，并以精卫自比，表示东海不平，此心不改，以抒发其抗清复国至死不休的决心；同时，也对那些苟且偷生，只知道自营巢穴而降清、仕清的人表示鄙视。

第二节　情与理合：中国古代诗歌的文化精神

一个不争的事实是，中国古代诗歌重在抒发诗人的情志，虽然一直存在着"诗言志"与"诗缘情"的争论，但是"情与理合"始终都是中国古代诗歌创作者们为诗为词的基本宗旨。直白而言，诗歌对诗人们来说之所以是重要的，是因为它是抒情言志、表达思想最好的，也是他们最擅长的、最得心应手的工具。

一、关心社稷、忧国忧民的社会责任感

食　糟　民

（宋）欧阳修

田家种糯官酿酒，榷利秋毫升与斗；

酒沽得钱糟弃物，大屋经年堆欲朽。

酒醅瀺灂如沸汤，东风吹来酒瓮香；

累累罂与瓶，惟恐不得尝。

官沽味醲村酒薄，日饮官酒诚可乐；

不见田中种糯人，釜无糜粥度冬春，

还来就官买糟食，官吏散糟以为德。

嗟彼官吏者，其职称长民，

> 衣食不蚕耕，所学义与仁。
>
> 仁当养人义适宜，言可闻达力可施。
>
> 上不能宽国之利，下不能饱民之饥；
>
> 我饮酒，尔食糟，
>
> 尔虽不我责，我责何由逃！

本诗作于北宋仁宗皇祐初年（1050年左右），当时酒由官卖，各州、乡设酒务部门，官方酿酒，原料是农民上缴的米、麦等，酒价颇高。穷僻的县、镇、乡村有时候也允许农民自己酿，但是要纳税。诗人从具体处着眼，从酒的专卖这一个小问题入手，折射出整个朝廷施政方针的严重缺陷和不足，以及给民众带来的痛苦。同时，也对实行政令的官吏们学的讲的是仁义道德，实际上却腐败渎职的表里不一加以揭示，为政策制定者和实施者都没能尽力使国家富强、人民安居乐业而感到痛心。

荔枝叹

（宋）苏轼

> 十里一置飞尘灰，五里一堠兵火催。
>
> 颠坑仆谷相枕藉，知是荔枝龙眼来。
>
> 飞车跨山鹘横海，风枝露叶如新采。
>
> 宫中美人一破颜，惊尘溅血流千载。
>
> 永元荔枝来交州，天宝岁贡取之涪。
>
> 至今欲食林甫肉，无人举觞酹伯游。
>
> 我愿天公怜赤子，莫生尤物为疮痏。
>
> 雨顺风调百谷登，民不饥寒为上瑞。
>
> 君不见溪边粟粒芽，前丁后蔡相笼加。
>
> 争新买宠各出意，今年斗品充官茶。
>
> 吾君所乏岂此物，致养口体何陋耶！
>
> 洛阳相君忠孝家，可怜亦进姚黄花。

本诗作于宋哲宗赵煦绍圣二年（1095年），哲宗骄奢淫逸，官吏们谄媚奉迎，每年征索广东荔枝、福建茶叶和洛阳牡丹等名贵特产，苏轼当时贬官到广东惠州（治所在今广东惠阳市），有机会吃到了荔枝，感于当时各地的名产反而增加了民众负担和痛苦的现状，作下了此诗。在诗中，他深刻揭示并谴责了最高统治者的穷奢极欲、官员们的献媚争宠，以及他们给民众所带来的苦难，对民众表示深切的同情。诗中前十二句写汉唐贡荔枝之扰民，然后以四句作议论，贯通前后；然后由古及今，感叹不但前代弊政未革，又复花样翻新，虽忠孝贤臣也有贡茶、贡花之事，可见这项弊政有增无减。诗篇虽是叹古，实则讽今。虽没有谈及贡茶、贡花的扰民，但其实已在不言之中了。

无论是欧阳修《食糟民》中的"上不能宽国之利，下不能饱民之饥；我饮酒，尔食糟，尔虽不我责，我责何由逃"，还是苏轼《荔枝叹》中的"我愿天公怜赤子，莫生尤物为疮痏。雨顺风调百谷登，民不饥寒为上瑞"，我们在其中感受最明显的莫过于诗人关心社稷、忧国忧民的强烈的社会责任感。

二、同情人民疾苦的思想倾向

既然有关心社稷、忧国忧民的社会责任感，就必有同情人民疾苦的思想倾向。谈这一倾向，就不能不谈杜甫。

杜甫是唐代最伟大的诗人之一，以其独特的"沉郁顿挫"诗风深刻地揭示了人民生活的艰难与痛苦，反映了安史之乱后唐朝社会的急剧变化。《茅屋为秋风所破歌》中的"安得广厦千万间，大庇天下寒士俱欢颜，风雨不动安如山？呜呼！何时眼前突兀见此屋，吾庐独破受冻死亦足"，几乎让人心碎。

和杜甫比肩的唐朝诗人白居易生活于中唐时期，由于安史之乱极大地削弱了国家和人民的元气，使得社会矛盾日益尖锐，人民生活苦不堪言。诗人倾向于儒家入世思想和民本观念，并以此作为自己诗歌创作的宗旨，他说"仆志在兼济，行在独善，奉而始终之则为道，言而发明之则为诗"，正是这一审美理想支配了他的创作方向，也支配了他对人的知觉与体验。

在"文章合为时而著，歌诗合为事而作"口号的规范下，诗人的眼睛始终向着人民，向着人民的疾苦之状。"救济人病，裨补时阙"是白居易的创作目的；"惟歌生民病"、"但伤民病痛"是白居易的创作中心。在这种审美意识的支配下，白居易对人民的"病容"、"病态"、"病苦"总是有着十分清晰的知觉，十分强烈的感受。

最被我们所知的就是那首《卖炭翁》："卖炭

杜甫，唐代伟大的现实主义诗人，被后人称为"诗圣"。杜甫的许多作品都是反映当时的民生疾苦和政治动乱，揭露统治者的丑恶行径。

翁，伐薪烧炭南山中。满面尘灰烟火色，两鬓苍苍十指黑。卖炭得钱何所营？身上衣裳口中食。可怜身上衣正单，心忧炭贱愿天寒。夜来城外一尺雪，晓驾炭车辗冰辙。牛困人饥日已高，市南门外泥中歇。翩翩两骑来是谁？黄衣使者白衫儿。手把文书口称敕，回车叱牛牵向北。一车炭，千余斤，宫使驱将惜不得。半匹红绡一丈绫，系向牛头充炭直。"白居易在这首诗的最后自注"苦宫市也"。这也透露出诗的用意：一是指百姓苦于宫市的巧取豪夺；二是指宦官的恶行败坏了宫市之名，毁了皇家的声誉。既为民生叫屈，又为皇上担忧。"宫"指皇宫，"市"是买的意思。自唐德宗贞元（785—805）末年起，宫中日用所需，不再经官府承办，由太监直接向民间"采购"，谓之"宫市"。太监常率爪牙在长安东市、西市和热闹街坊，以低价强购货物，甚至不给分文，还勒索进奉的"门户钱"及"脚价钱"，百姓痛不欲生。

不得不提的另一位唐朝诗人李绅，因写下"谁知盘中餐，粒粒皆辛苦"的诗句而被我们所知。《全唐诗》中只录了他的诗四首，但有两首广为传颂，甚至成为启蒙儿童学诗的首选作品。这就是《悯农》二首，一首是："锄禾日当午，汗滴禾下土。谁知盘中餐，粒粒皆辛苦。"另一首诗同情人民疾苦的思想倾向更为彻底："春种一粒粟，秋收万颗子。四海无闲田，农夫犹饿死。""春种一粒粟，秋收万颗子"，春种秋收的景象大概是人人习见，众人皆知的，然而往往难以像诗人那样去联系社会、阶级而思考一些问题。诗人却想到了，他从"四海无闲田"的大丰收景象里看到"农夫犹饿死"的残酷现实。这一"反转"异常惊人醒目，自然使人印象深刻。

晚唐诗人聂夷中出身贫寒，所以对民间疾苦有深切的了解和体会，他的诗大多数都是反映民间疾苦、关注民生的。其代表作《咏田家》："二月卖新丝，五月粜新谷。医得眼前疮，剜却心头肉。我愿君王心，化作光明烛，不照绮罗宴，只照逃亡屋。"从诗中可以看到，诗人不是一般的感叹百姓的苦痛，不是一般的呼吁，而是直截了当地向封建当局提出：你的阳光、你的恩泽不要总照着富人，而要全部洒到、照到那些生活无着、流离失所的穷人身上，因为他们更需要。

在中国历史上用诗歌反映人民劳作的辛苦、生活的痛苦，关注民生的诗人很多，这类诗歌则更多。中国的知识分子们就这样将"关注民生"的思想和理念，用诗歌这种文学形式，用诗歌的思维方式和语言一代代传承下来。

三、热爱和平、反对不义战争的重要内容

中华民族是热爱和平的民族，坚决反对那些不义的战争，这一思想在诗歌上表现得十分突出。

唐王朝虽然是强盛的王朝，但诗人们仍然认为有些战争不必要发生。边塞诗人高适就在他的诗作中嘲讽统治者的好大喜功和穷兵黩武。《燕歌行》中的名句"战士军前半死生，美人帐下犹歌舞"，形象地抨击了将帅的腐败无能和不恤士卒，同时也对长期苦战沙场的广大士兵寄予了深切的同情，对战士浴血奋战而忘我的崇高精神给予了高度赞扬。南宋刘克庄《军中乐》中的"更阑酒醒山月落，彩缣百段支女乐。谁知营中血战人，无钱得合金疮药"；杜甫《兵车行》中的"边庭流血成海水，武皇开边意未已……君不见青海头，古来白骨无人收。新鬼烦冤旧鬼哭，天阴雨湿声啾啾"，都是大家非常熟悉的诗句，异曲同工地表现了热爱和平、反对不义战争的主题。

最值得一提的是唐代诗人李颀的《古从军行》：

> 白日登山望烽火，黄昏饮马傍交河。
>
> 行人刁斗风沙暗，公主琵琶幽怨多。
>
> 野云万里无城郭，雨雪纷纷连大漠。
>
> 胡雁哀鸣夜夜飞，胡儿眼泪双双落。
>
> 闻道玉门犹被遮，应将性命逐轻车。
>
> 年年战骨埋荒外，空见蒲桃入汉家。

本诗大概作于唐玄宗执政后期，借汉武帝遮断玉门关的旧事，借汉说唐，针砭唐王朝开边远征的政事，讽刺了唐玄宗好大喜功、穷兵黩武、不顾将士生死，抒写了征戍生活的悲苦。本诗写得思想深刻，感情沉痛，尤其最后两句，对比鲜明，笔端富于情感。诗中善用叠字，增强了诗的乐府风味。典故的运用，也增大了诗的容量，使诗更加含蓄、深刻。尤其是诗人没有为狭隘的民族偏见所局限，对不义战争给边疆少数民族人民带来的不幸也表示了深刻的同情。

热爱和平、反对不义战争不代表反对战争，尤其是正义的战争。中国古代诗人们的诗歌都是反对侵略，但不反对正义战争的。唐朝诗人王昌龄的《出塞》"秦时明月汉时关，万里长征人未还。但使龙城飞将在，不教胡马度阴山"歌颂的就是西汉反击匈奴的正义战争。唐朝诗人王翰的《凉州词二首·其一》"葡萄美酒夜光杯，欲饮琵琶马上催。醉卧沙场君莫笑，古来征战几人回"歌颂的就是为了正义之战纵然战死沙场也值得的无畏精神。乐府诗《木兰诗》通过讲述一个叫木兰的女孩女扮男装，替父从军，在战场上建立功勋的故事，热情赞扬了木兰勇敢善良的品质、保家卫国的热情和英勇无畏的精神。

四、尊师重教、尊老爱幼的一贯特色

尊师重教，爱惜人才是儒家思想的一贯特色，也是中国诗歌经常表达的一种情怀。清代龚自珍在《己亥杂诗（之一百二十五）》中写道：

> 九州生气恃风雷，
>
> 万马齐喑究可哀。
>
> 我劝天公重抖擞，
>
> 不拘一格降人才。

诗人那种对人才的期盼之情溢于言表。这首诗写于道光十九年（1839 年），诗人从北京辞官返乡，途经镇江，应道士的要求作下此诗。在诗中，诗人就眼前赛神会的玉皇等形象，巧妙地联系到"天公"、"风雷"进行构思，抨击了清王朝统治下人们的思想十分压抑，社会一片死寂的"万马齐喑"的现实。作者呼唤巨大的社会变革风雷的到来，期待着生气勃勃的新局面的出现。新局面是不可能自动出现的，它要依靠多种多样的人才去破坏旧世界，缔造新世界，因而提出了"不拘一格"的人才选拔标准。

此外，尊老爱老助老也是中华民族的传统美德。在流传下来的经典的咏老诗中，最杰出的当属曹操的传世名作《龟虽寿》：

> 神龟虽寿，犹有竟时。
>
> 腾蛇乘雾，终为土灰。
>
> 老骥伏枥，志在千里。
>
> 烈士暮年，壮心不已。
>
> 盈缩之期，不但在天。
>
> 养怡之福，可得永年。
>
> 幸甚至哉，歌以咏志。

曹操写此诗时是 207 年，当时他已五十开外。古人能活到五十岁已属不易，曹操此时已到老年，写《龟虽寿》正好符合他的年龄与心境。

诗的前四句说明了天下万物生老病死的自然规律，接下来四句表达了这个一代枭雄老当益壮、永不言败的雄心和抱负。下面四句"盈缩之期，不但在天。养怡之福，可得永年"准确地表述了不能听天由命、尽可能延长自己生命的强烈求生欲望。综观全诗，能让人感受到一种激荡人心的力量。曹操在老年犹能保持如此旺盛的进取精神和乐观态度，实在难能可贵！

尊老自然就要爱幼，所以爱幼也是中国传统文化的重要内容，而且至今已经内化成了中华民族乃至整个东方文明的典型美德。

最有代表性的诗作莫过于孟郊的《游子吟》：

> 慈母手中线，游子身上衣。
>
> 临行密密缝，意恐迟迟归。
>
> 谁言寸草心，报得三春晖。

全诗用缝衣送别这一富有典型意义的事件，以白描的手法书写了慈母对游子的深情，热情地歌颂了伟大的母爱，拨动了儿女报答慈母养育之恩的心弦，艺术地体现了传统伦理的孝道。而蒋士铨《岁暮到家》中的"见面怜清瘦，呼儿问苦辛。低徊愧人子，不敢叹风尘"，更是将母亲的动作与儿子的心理进行对比刻画，使母慈子孝的人伦精神表现得那样有情有义，生动感人。

综上所述，中国古代诗歌全面、典型、深刻地表现了中华民族传统的思想感情和价值观念的主要方面，同时又是那个时代社会心理与诗人内心世界同声相应、同气相求的深层共鸣的产物，它们是个人的，也是民族的、时代的和人民的。

第三节　思与境谐：中国古代诗歌的文化旨趣

所谓"思与境谐"，就是情景交融。其中的"谐"是和谐共存的意思，也就是情思意绪与客观外物和谐统一为一个富有诗意的整体。只有情和景同在，才能构成意境，因"思与境谐"的诗歌特点，引出了下面三个中国古代诗歌的文化旨趣。

一、文质彬彬的诗意追求

孔子曰："质胜文则野，文胜质则史，文质彬彬，然后君子。"在中国传统的文艺思想中，强调内容与形式的和谐统一是一个重要原则。作为这一原则的体现，中国古代诗歌不但具有表现君子之德的思想内容，而且具有表现君子风范的艺术形式。"质而无文，其行不远矣。""质"是"缘情"与"言志"的思想内容，"文"是"缘情"与"言志"的表现形式。诗歌与论文不同，它是诗人情怀的自然流露，是"情"、"志"内容与诗化形式的个性化、形象性的统一。

相关链接

诗　　眼

　　诗眼是诗歌中最能开拓意旨和表现力最强的关键词句。它的意义并不仅仅是使所描述的事物具有"动态"，而是要使这些意象具有"特殊的动感"。例如，"池塘生春草"的"生"字算不得诗眼，而"绿阴生昼静"的"生"字才算诗眼。"池塘生春草"的"生"字对于"池塘"与"春草"之间的意义连缀太直接了，它只不过是一种普通的自然现象，所以读者一带而过，而"绿阴生昼静"的"生"字对于"绿阴"与"昼静"之间的意义连缀却是间接的，这种"生"乃是一种心理现象，是诗人特殊的感觉，你得仔细体验一下绿树成荫下一个人的感觉，才能领会到夏日午间的树阴中那种静谧与安宁——甚至还有凉爽带来的恬淡。

　　我们不妨以朱熹的《观书有感》为例，具体分析一下中国古代诗歌文质彬彬的君子风范。朱熹的《观书有感》写道：

<blockquote>
半亩方塘一鉴开，天光云影共徘徊。
问渠哪得清如许，为有源头活水来。
</blockquote>

　　南溪书院内的方塘为朱熹幼年读书处，《观书有感》中的"半亩方塘"即指此处。明弘治年间，知县方溥把半亩方塘扩大浚深，并建亭于塘上，通以石桥，取名"活水亭"。

　　此诗题为《观书有感》，全篇写景、议景，却无一字"关书"。但细读再三，便又觉无一字"不关书"。诗人"言在此而意在彼"，用的是托物言志的比兴之法。诗的前两句"半亩方塘一鉴开，天光云影共徘徊"，描写的是一幅池塘景色、庄园风光：清澈平静的池塘水波不兴，像一面硕大无朋的铜镜倒映出蓝天白云，光彩流动。而诗人的本意并不在这明媚清澈的湖光山色之间，他是借此暗喻抒发自己的读书感受。朱熹是我国历史上仅次于孔孟的儒学思想家，又是重要的教育家。他治学施教五十余年，十分懂得读书的重要，更十分强调读书的方法。他认为，"为学之道，莫先于穷理；穷理之要，必在于读书；读书之法，莫贵于循序而致精；而致精之本，而又在于居敬而持志"。读书的目的在于穷理，而读书穷理要有一个过程，不是一蹴而就的。这中间最重要的是循序渐进，熟读精思；此外还要"更就自己身心上存养玩索"，心思神悟，方能学成有望。可见读书是很苦的。但只要方法得当，持之以恒，就会苦尽甘来，"胸中豁然以明，"说不尽的清朗之意透彻心脾。此时，这"豁然以明"的心境是宁静安逸的，因为它正体验着大彻大悟后精神上的充分满足，犹如一泓池水，这彻悟的心灵因其静而格外清明。在它面前，天光云影，大千世界，清晰可鉴，毫厘不爽。诗人明写湖塘之美，隐喻读书心得，设喻贴切，自然天成。

与寻常绝句相同，诗人于第三句发问转折，然后自答其问。"问渠哪得清如许，为有源头活水来"这两句的议论，从字面上看仍是针对上两句的写景而发的，即解释造成这一景观的原因。即使是在这一层意思上，这一联也颇富哲理。朱熹的哲学观点虽属唯心一派，却是很讲运动变化的。在他看来，一切事物要保持其新鲜旺盛的生命力，都离不开运动。试想，一潭死水，不流不动，平静倒是平静，但不用许久，即便不干涸也会污秽腐臭，哪里还会清亮澄澈，天光可鉴呢？所以，正是那不息不绝的源头活水，才使这方塘池水清澈如斯。当然，诗人的议论主要是针对"观书"而不是针对"观景"而发的。读书穷理而终于达到"胸中豁然以明"的境界，在朱熹看来关键在于通过苦读，积思了悟。一旦悟道，便如寻得了源头活水，顿时渠盈池满，风光迥异了。悟与未悟，大不相同。未悟则百思不得其解，得悟则一通百通。朱熹在《观书有感》之二中形象地描绘了悟道前后的感受：

> 昨夜江边春水生，艨艟巨舰一毛轻。
>
> 向来枉费推移力，此日中流自在行。

了然事物的真谛之后，再来观察种种现象，自然格外分明醒目，这就是读书而有所得之后所产生的那种宁静清醒的心理感受。

宋人多以议论为诗，后人颇多微词。但以诗议论并不自宋人始，而且诗中也并非不可以有议论，只是不可以"诗徒议论"罢了。诗的议论如同诗的描写一样，要严守诗的规律：要含蓄，要含不尽之意见于言外；要感人，"使味之者无极，闻之者动心"。（钟嵘语）此诗的议论，耐人寻味。朱熹的《观书有感》言在景，意在志；言与意各自独立而又环环相扣，比喻如此自然而不雕琢，联系如此紧密而不牵强；写景形象生动，议论深入浅出；不设一典，不使一事，深刻的哲理、真切的体验全以自然直白的寻常语言出之，可谓难得；以"文质彬彬的君子风范"来评价，当不是溢美之词。

二、不著一字、尽得风流的意境之美

"文质彬彬"所强调的其实是文学艺术的一般规律，若论及诗歌尤其是中国古代诗歌的特殊规律与要求，当属中国古代文论的意境理论。

中国古代诗歌的文学形象是意境。意境是我国古典文论独创的一个概念，是华夏抒情文学尤其是诗歌的审美理想的集中体现，是诗歌塑造艺术形象的独特方式。"意境"的概念最早在刘勰《文心雕龙》和钟嵘的《诗品》中已见端倪，盛唐以后，开始全面形成。相传王昌龄提出了"物境"、"情境"和"意境"；诗僧皎然又把意境的研究推进了一步，提出"缘境不尽曰情"、"文外之旨"、"取境"等重要命题；中唐之后，刘禹锡提出了"境生象外"的观点；晚唐司空图加以生发，提出"象外之象，景外之景"和"韵外之致"、"味外之旨"、"不著一字，尽得风流"等观点。至此，意境的基本内容和理论框架已经确立。此后，意境的理论逐渐成了我国诗学、画论、书论的中心范畴，历代都有学者对它作补充和发挥。清末王国维是意境论的集大成者，他在《人间词话》中提出了意境的分类方法："有我之境，有无我之境……有我之境，以我观物，故物皆着我之色彩。无我之境，以物观物，故不知何者为我，何者为物。""有我之境"就是感情比较直露、倾向比较鲜明的意境；"无我之境"就是情感比较含蓄、倾向不明显的意境。

相关链接

一字之师

唐时有个叫齐己的诗人，某年冬天，他在雪后原野上看到傲雪开放的梅花，于是诗兴大发创作一首《早梅》诗，咏诵在冬天里早开的梅花。诗中有两句：前村深雪里，昨夜数枝开。

他的朋友诗人郑谷看到这两句诗后，认为诗的意境未出。于是反复思考推敲，将这两句诗改为：前村深雪里，昨夜一枝开。因为他认为既然数枝梅花都开了，就不能算是早梅了。

郑谷的这一改动，虽然只是将"数"字改为"一"字，只有一字之改，但却使《早梅》更贴合题意了，诗的意境也更完美了。齐己对郑谷的这一改动非常佩服，当时即称郑谷为自己的"一字师"。

　　总的说来，意境是指抒情作品（主要是诗歌）中呈现的那种情景交融、虚实相生的形象及其引发的审美想象空间。它包含着情与景的两大要素和一个审美想象的空间。所谓的"境"，包括两部分内容，即"象"和"象外之象"。

　　诗人在创作之初，先选取与诗人内心情感相对应的物象，然后在构思物化的过程中，或将景中藏情，或将情中见景，或者情景并茂，总之是情景交融地抒发胸臆，并使之虚实相生，韵味无穷。例如李商隐的《无题》中有"春蚕到死丝方尽，蜡炬成灰泪始干"的诗句，作者以春蚕吐丝到死方尽，蜡炬燃烧成灰烛泪才干，比喻恋爱当中的人只为付出不求回报、相思之情绵绵不绝的强烈情感，以诸多情景物象叠加、组合，引发人们进行想象，仔细体会当中隐含的深厚情意，留下无穷的回味空间。"春蚕"、"蜡炬"是作者头脑中的"物象"，这些物象承载了作者的情感便为"意象"，由于它可以引发无限的想象空间，即可成为"意境"。读者阅读作品，先看到的是"春蚕"和"蜡炬"这样实实在在的"物境"，然后体会到作者在字里行间渗透的情感是为"情境"，而读者在此提示下又因各自的生活经验和知识结构的不同联想、想象出丰富的"象外之象，景外之景"，这便是"意境"。

　　诗歌运用意境塑造艺术的形象使之含蓄隽永，韵致无穷，这是它最突出的审美特征。例如相传为李白所作的《忆秦娥》：

　　　　箫声咽，秦娥梦断秦楼月。
　　　　秦楼月，年年柳色，灞陵伤别。
　　　　乐游原上清秋节，咸阳古道音尘绝。
　　　　音尘绝，西风残照，汉家陵阙。

　　这首词气势宏大，意境苍凉沉郁，在过往与眼前的对比中慨叹世事沧桑、社稷飘零，情韵极为丰富。历史与现实，神话与人世，眼见的与遐想的，清丽的与苍凉的，哀婉的与悲壮的，忧伤的与焦虑的，柔情的与思考的，对比又烘衬，箫声衬柳色，晚霞伴西风，尤其最后两句，更是大家气象，备受古往今来读者的赞赏，但谁也说不尽其中蕴含的情韵。

　　诗歌的形制，篇幅最为短小，文字最为洗练。究其原因，过去人们往往用"反映生活的概括性"来归结；但真正的因由还在于诗歌抒情的本质与造境的特征。

李白，唐代伟大的浪漫主义诗人，被誉为"诗仙"。《忆秦娥》一词，意境开阔，气韵沉雄，又带有悲凉之气，很具李白作品的"气象"。

首先，诗人的情感是靠意境来抒发的，而意境的创设是靠意象的连缀而成的，而不是靠详尽的叙述和细致的描写。例如陈子昂《登幽州台歌》中的"前不见古人，后不见来者"，虽有时间跨度，但这是造境，而不是叙述。诗人用短短10个字，创设了数千年的历史空间，后句的一个"念"字为全诗之"眼"，但如果没有首句创设的历史空间之境，那任凭他如何去"念"，也难抒这"天地悠悠"的感慨之情，更不会有"怆然涕下"的孤独之感。

其次，在诗歌的结构创设中，诗人遵循的是情感与想象的逻辑，故显示出从叙事、描写角度看来的跳跃性。但以造境抒情的角度来看，其实是十分严整缜密的。例如白居易《卖炭翁》中的"可怜身上衣正单，心忧炭贱愿天寒"，诗中没有具体写卖炭翁的"衣"如何"单"，也没有写他"心"如何"愿"。因为对于造境来说，关键是要创设一个"身"与"心"、"内"与"外"对比鲜明的"情境"，最终写出百姓"感宫市"之"苦"，和诗人"苦宫市"之情。因此，"衣正单"与"愿天寒"已经足够缜密了，再多就是冗余，就会丧失意境的审美张力。

诗歌的跳跃性可以使它超越时间的樊篱、空间的鸿沟，从这一端一跃而到另一端，或由过去一跃而到未来，其间只是被感情的线索维系着。诗歌在动作、形象、图景之间的这种跳跃结构方式，以断续表现连贯，以局部概括整体，给读者留下了开阔的想象领域，从而能够满足其无限的阐释愿望。

三、别材别趣的诗性才具

中国古代诗歌的意境创造对诗人作为创作主体——诗人的诗性才具提出了特殊要求。在中国古代诗歌理论史上较早地深入讨论这一问题并对后世产生重要影响的是宋代的严羽和他的"别材别趣"说。

严羽是南宋人，字仪卿，自号沧浪逋客，为人狂放不羁。其所著的《沧浪诗话》是关于诗的理论批评著作，分为诗辨、诗体、诗法、诗评和考证五部分，其精华在于"诗辨"，而诗辨主旨又在于以禅喻诗。对此，严羽自诩道："仆之《诗辨》，乃断千百年公案，诚惊世绝俗之谈，至当归一之论。其间说江西诗病，真取心肝刽子手。以禅喻诗，莫此亲切，是自家实证实悟者，是自家闭门凿破此片田地，即非傍人篱壁、拾人涕唾得来者。李、杜复生，不易吾言矣。"这个自诩有点儿过了。

以禅喻诗已是宋人的习俗，如苏轼就屡有尝试。然而，严羽的以禅喻诗确实也有前人未及之处，这主要表现在严羽于倡导妙悟、兴趣的同时，强调了艺术思维的两个基本特征，即"别材"与"别趣"。《诗辨》五说："夫诗有别材，非关书也；诗有别趣，非关理也。"古汉语中"材""才"相通，所谓"别材"，是指诗人能够感受以致创造出具有特殊情趣韵味的特殊才能，并非读了许多书，有了学问便可作出好诗。所谓"别趣"，是指诗人的性情融注于诗歌形象整体之中所形成的情趣韵味，它与为文之"理趣"不同，诗歌所把握表达更重要的是"情趣"。

　　但是严羽并不排斥学与理，他说："然非多读书、多穷理，则不能极其至。"诗创作的别材、别趣是建立在诗人的认识能力、知识结构、生活阅历的基础之上的，关键是要摆正二者的位置，处理好二者的关系。他在《诗评》中说："诗有词理意兴。南朝人尚词而病于理；本朝人尚理而病于意兴；唐人尚意兴而理在其中；汉魏之诗，词理意兴，无迹可求。"意兴即意境，严羽推崇的是汉魏盛唐理趣皆无痕迹的神韵。严羽的"别材"与"别趣"，提出了区分诗与非诗、文学与非文学、创作才能和研究才能的界限，是其高出前人之处。然而，他以禅相喻，又显眩迷。他对宋诗议论化、才学化的针砭，虽嫌矫枉过正，却也不失为补偏救弊之论。他对后世诗论影响很大，争议也颇多。

体验课堂

活动设计

活动主题：了解中国诗词歌赋

活动形式：经典诵读

活动内容：每个学生从中国诗词歌赋中挑选一篇自己最喜爱的篇章，有声有色地将其诵读出来，老师为其打分。

互动交流

1. 各抒己见

过去在学习中国古代诗文时强调朗诵和背诵，现在强调素质教育，反对死记硬背。请对是否应该朗诵和背诵中国诗词歌赋发表你的看法。

2. 阅读思考

自选一篇诗歌，以此为例分析中国古典文学作品所体现的道德情操与人文精神。

3. 网上冲浪

到网上寻找各种题材的诗词歌赋和诗人的生平及逸事，深刻理解诗词歌赋对中国文化的影响。

第六章

典雅的追求：中国音乐、舞蹈、戏曲

在"礼乐之邦"的中国，无论音乐、舞蹈还是戏曲，都统摄在传统的礼乐观念下。"立于礼，成于乐"、礼乐相济的主导思想渗透在这三大表演艺术的方方面面。体现在表演艺术中，中国的音乐、舞蹈和戏曲都强调直觉，重视体验，坚持虚与实、形与神、有限与无限相统一的诗化原则，追求"天人合一"，雅正庄重又不失灵动优美的"典雅"境界；注重审美，讲究心灵体验，以典雅的艺术来净化受众的感情，陶冶人们的情操，最终达至一种圆融和谐、清逸高尚的精神品格。

本章知识目标

了解中国古代音乐、舞蹈和戏曲的基本特征和历史，了解中华民族丰富的艺术文化遗产。

本章能力目标

能说出几种中国古代音乐、舞蹈、戏曲的代表作品，分析其艺术特点和所表达的情感、思想。

本章素质目标

培养对中国古代音乐、舞蹈、戏曲的欣赏能力，培养对中国传统乐器以及中国传统戏剧、舞蹈的爱好。

情境导入

公元前 500 年，鲁国国君和齐国国君在夹谷（山东新泰）举行和平会议，孔子以鲁国礼仪专家身份出席。会议结束后，齐国国君搞了一场歌舞晚会，在戏曲节目中，齐国的演员们演出了一个少数民族的歌舞。孔子根据《周礼》指责齐国不该表演这样的节目，而应该表演传统的宫廷舞。齐国马上更换为宫廷舞，但却是宫廷中平时演出的轻松喜剧，舞蹈"不正经"，音乐也"不正经"，孔子大怒，立即命令鲁国的卫士把那些演员驱逐出去。事后，儒家门徒评价孔子这一行为时说，孔夫子知礼知乐，真是圣人。今天的我们很难理解孔子的这一行为，不过这正是中国古代音乐、舞蹈、戏曲所遵循的准则：立于礼，成于乐。

第一节　黄钟大吕

中国传统音乐的历史源远流长。据考古发现，原始社会的新石器时代，就已经有了音乐，其后又经历了三个发展阶段：第一阶段是以钟磬乐为代表的先秦乐舞；第二阶段是以歌舞大曲为代表的中古伎乐；第三阶段则是以戏曲音乐为代表的近世俗乐。

中国传统音乐文化融合了儒释道的精华，在内质上表现为一种"天人合一"的审美境界，充满对自然、生命的感悟、体会，强调隽永的韵味；注重通过有限的自然形态来传达无限的生命意蕴，在虚实相生、有无统一、形神兼备、情景交融的基础上追求形外之神、实中之虚、象外之象、景外之景和言外之意。在艺术形式上，崇尚中和、典雅之美，节奏舒缓，轻悠——"乐而不淫，哀而不伤"，将生命沉浸于美与仁相统一的无限境界之中。孔子主张"兴于诗、立于礼、成于乐"，好的音乐既能够教化人心，塑造符合儒家道德规范的"仁人"；又能起到"移风易俗"，促进人与社会和谐的作用。

一、钟磬齐鸣的西周雅乐

所谓西周雅乐，就是西周贵族在祭祀天地、神灵、祖先等典礼中所演奏的音乐。西周雅乐在前代礼仪乐舞基础上发展完善，其主要内容是带有史诗性质的古典乐舞，是由舞蹈、歌唱、器乐结合而成的歌、乐、舞"三位一体"的原始乐舞。

雅乐分为文舞、武舞两种。文以昭德，武以象功，借以表现一个国家的文化和武力，此后历代相传。如国家以揖让得天下，先演文舞；若以征伐得天下，先演武舞。周代的雅乐到了秦代只留传舜乐"大韶"和周乐"大武"。汉魏以后又有大的改革。每逢改换朝代，乐舞都不相沿袭，但师法周代所制定的乐舞制度的精神，却是千年一贯。唐代以武力得天下，故先奏武舞"神功破阵乐"，次奏文舞"功成庆善乐"。

相关链接

《论语·述而》说："子在齐闻'韶'，三月不知肉味。"又曰："不图为乐之至于斯也。"意思是：孔子在齐国欣赏过"六代乐舞"的舜乐"大韶"之后，有很长时间尝不出肉的滋味，他说："想不到'韶'乐的美达到了这样迷人的地步。"

无论是文舞还是武舞，都有一套严整的程式规范：乐舞的前进和后退都像军队一般整齐，合乎规范且富有气势；开始时演奏抒情的曲调，至高潮节奏加快，结束高潮以打击乐器"相"为标志，控制速度用打击乐器"雅"来掌握。

有音乐，就必然要有乐器，周代的青铜文明已达到高峰，所以乐器都是青铜所铸，编钟是其中的典型。

编钟是由若干个甬钟和钮钟依照一定的音列组合而成的，甬钟侧悬，钮钟直悬。其组合方式大致有两种：一为音阶（或调式）组合；二是十二律组合法。编钟

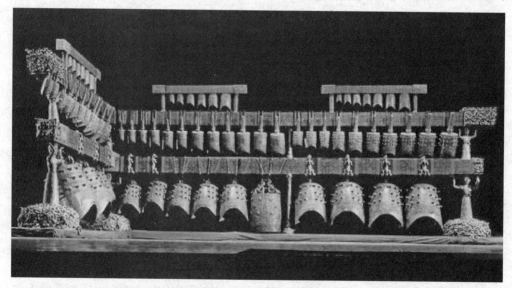

编钟是古代大型打击乐器，兴起于西周，用青铜铸成，由大小不同的扁圆钟按音调高低次序排列。因每个钟音调不同，按音谱敲打，可演奏出美妙的乐曲。

用以合乐，是周代礼制的产物。

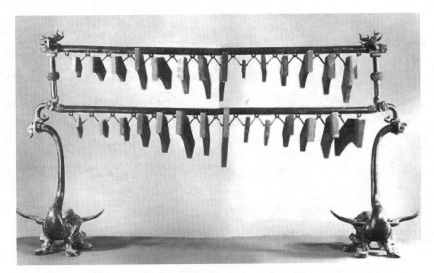

磬是用用玉、石或金属制成的曲尺形的打击乐器；编磬是把若干只
音调高低不同的磬排成一组，悬挂在木架上。

与编钟一起组成礼乐重器的是编磬。和编钟相比，编磬在形制上有所改进，提高了稳定性，更便于演奏，制作也更加精细。

钟、磬等乐器在当时的音乐文化中占据着重要地位。编磬与编钟密切配合，可在同一调高上进行合奏或同时转调演奏，其音响效应"近之则钟声亮，远之则磬音彰"。"金石之声"、"钟鼓之乐"在肃穆的宫廷演奏中，展示的不仅是"乐"的形象，更是"礼"和周文化的象征。

___相关链接___

八　音

周代的乐器制作已趋于成熟，出现了用金、石、土、革、丝、木、匏（páo）、竹八种材料制作的各类乐器，统称为"八音"。

雅乐在当时的统治者看来是治理国家不可缺少的手段，周人相当关注音乐教育，用雅乐来配合道德方面的宣导，以和平中正为原则，以庄重肃穆为标准，利用音乐的美感作用，端正社会风气，使整个社会达到和谐一致。"六代之乐"用于祭祀天地山川、日月星辰、列祖列宗，歌颂统治者的文德武功，目的是使参加典礼的贵族及其子弟受到伦理教育的感化，造成一种庄严、肃穆、安静、和谐的气氛，以影响身临其境者，进而巩固周王室的阶级统治。

相关链接

周代的流行歌曲——郑卫之音

郑卫之音就是郑、卫两国的民间音乐。它表达感情热烈奔放，常有男女互赠礼物、互诉衷肠的内容，隐隐透出一股浪漫气息，是当时最具影响力的民间世俗流行音乐。《乐记·魏文侯篇》记载了下面这样一件有意思的事。

魏文侯问子夏说："我一本正经地观赏雅乐，可是提不起精神，唯恐会睡着。但是，一见那种被称作'郑卫之声'的新乐，听上几天也不知疲倦。"儒家卫道士们被郑卫之音的流行气歪了鼻子，咒骂魏文侯是亡国之君。

二、恢宏磅礴的歌舞大曲

歌舞大曲是一个音乐术语，指的是一种集器乐、舞蹈、歌曲于一体，含有多段结构的大型乐舞。

中国的歌舞大曲可分为前后两个时期，前一时期包括秦、两汉、三国、晋（公元前221—公元420年）；后一时期为南北朝、隋、唐、五代（公元420—960年）。两个时期的共同特点是：歌舞大曲是音乐的主要形式；区别则是：前一时期以汉族音乐为主，后一时期则有了少数民族音乐的元素。

汉武帝时，乐府曲发展至巅峰。起初，宴会娱乐不过歌童歌女70人演唱，另有乐队伴奏，规模不大。但到后来，参演人数多达800人。乐府搜集的最有名的歌曲形式叫"相和歌"。"相和歌"本是民间的无伴奏"徒歌"，往往一人唱，几人和，在这个基础上加丝类、竹类乐器伴奏，也就是"丝竹更（交替）相和"。

南北朝时期，北中国的政权大都是少数民族所建立，在音乐上，这些少数民族给中国本土音乐带来了异域之风。历经几百年的融合，随着隋唐（公元581—907年）社会的相对稳定，进入到融合、消化、吸收的历史阶段。隋朝和唐朝都把影响较大的少数民族音乐专门分部：隋分立"七部乐"，后增为"九部乐"；唐先立"九部乐"，后增为"十部乐"。

相关链接

唐代大曲的构成部分

（1）散序——节奏自由，器乐独奏、轮奏或合奏；散板散序若干遍，每遍一个曲调。

（2）中序——节奏固定、慢板；歌唱为主，器乐伴奏；有时有舞蹈表演。

（3）破（或舞遍）——以舞蹈为主，节奏变换，由散板而渐快，到极快，全曲推向高潮；后渐渐慢下来，最后煞住。

无论"散序"、"中序"、"破"，所演奏和演唱的曲调都有许多遍，每遍一个曲调。所以，它的规模体制是很大的。

唐代歌舞音乐中最有名的当属"霓裳羽衣曲"，它代表着唐代大曲的最高成就。"霓裳羽衣曲"又叫"霓裳羽衣歌"或"霓裳羽衣舞"，相传是唐玄宗创作的大曲。诗人白居易曾作长诗《霓裳羽衣歌》，描述了该曲的演奏情景：大曲由一段散序开始，没有舞蹈，仅由演奏者用钟、磬、箫、筝、笛交错地演奏，抒情气息浓郁；中序时，舞者翩然起舞，有时像柳枝低垂任风吹拂，有时斜拖裙子袅袅飞去，千变万化，美不胜收；渐渐地，乐声转急，进入"破"；最后乐器长奏一声，舞者缓缓收翅，音乐慢慢终止。以"霓裳羽衣曲"为代表的唐代大曲处处体现着气势宏伟、高贵典雅的气魄，其诗、乐、舞的综合结构实际上体现了一种华夏民族整体的、综合的审美意识，以及中华美学对象外之象、言外之意的不懈追求。

繁荣昌盛的音乐文化彰显着唐朝兼收并蓄、多元融合的大国气象，从宫廷到市井，从中原到边疆，从太宗的"秦王破阵"到玄宗的"霓裳羽衣"，从急骤强烈的跳动到徐歌慢舞的轻盈，绚烂丰富的音乐景观正是那个时代社会氛围和文化心理的写照。

同时，民族大融合带来的新鲜血液与唐人强盛雄健的进取、创新精神，也是促进唐朝音乐大发展的重要原因。唐代人面对六朝江南亡国之乐和西域外来音乐的冲击，一方面充分继承和汲取前代的遗产；另一方面充分吸收西域先进的音乐艺术成果，在音乐的层面使我国封建社会文化朝着东西方文明交融的方向迈出了一大步。

三、风格多样的戏曲音乐

顾名思义，戏曲音乐就是戏曲中的音乐，它由歌唱和器乐伴奏两部分组成。中国戏曲音乐是以群体风格、地方风格、民族风格为特征，所以它才能将各个剧种明显地区别开来。同样一个剧本，可以排成京剧、越剧或豫剧，但只有音乐不能动。在戏曲这个综合艺术的概念中，既重于编导、表演、服装、舞美各艺术门类，又重于手、眼、身、法、步等其他表现手段。可以说，音乐是区别剧种的生命线和识别标志。民间把看戏不叫"看"，而叫"听"，充分说明了音乐在戏曲中的重要性。

戏曲音乐的"歌唱"，从昆腔、高腔、梆子腔、皮黄腔四大声腔形成以来，互相借鉴，互相吸收，从而形成了以京剧、昆曲、豫剧、越剧、黄梅戏、秦腔、川剧、广东粤曲为代表的中国戏曲音乐。尤其是被称为国剧的京剧，它的音乐是吸收了东西南北许多剧种的音乐因素而形成的。比如，西皮源于陕西秦腔，二黄源于江西或湖北的宜黄腔，其中还有四平调、高拨子、南梆子等曲调。

说完戏曲音乐的"歌唱"，再来看戏曲音乐的"伴奏"。每个剧种在初期都有最基本的骨干器乐编制，如京剧三大件（京胡、月琴、京二胡），河北梆子三大件（板胡、梆笛、笙），广东粤曲三架头（高胡、扬琴、秦琴），越剧三大件（主胡、副胡、琵琶）等，这些主奏乐器的乐师与鼓师共同掌握着全剧的伴奏。在这种文、武场的基本组合下，根据剧情与唱腔的需要，后来逐渐加入了唢呐、笙、琵琶、三弦、中阮、大阮、二胡、中胡、大胡（大提琴）、贝斯等乐器，从10多人到20余人不等，逐渐形成了一个中型编制的乐队。

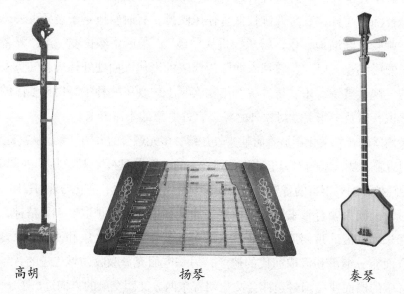

高胡　　　　　　　　　扬琴　　　　　　　　　秦琴

实际上，戏曲音乐就是用音乐的形式来"唱"故事。它在戏曲中的作用表现为以下三个方面。

刻画人物形象。 众所周知，戏曲是通过由演员扮演的人物来表演一定的故事情节，进而通过戏剧人物来表现社会、历史中的人及其命运，因此，以音乐（唱腔和伴奏）作为手段来表现人物，自然就成为戏曲音乐的首要任务。比如在需要表现人物比较复杂的心理活动时，用一段恰当的歌词和动听的曲调，常常会在充分揭示人物内心活动、刻画人物形象的同时，使听众也得到享受。

统一舞台节奏。 在戏曲表演的四种艺术手段"唱、念、做、打"中，靠打击乐伴奏的念白是重中之重，它通过加强念白的节奏感、厘清句读、强调重点词句等方式，使戏曲成为一种节奏鲜明的艺术语言。"做"和"打"更离不开打击乐的伴奏。"做"是演员的舞蹈化表演，但必须依赖于打击乐伴奏以突出其节奏感；至于

"打"，则是各种花样武术动作，演员在台上不能乱打，必须用打击乐来调节甚至控制武打场面的整体节奏。

渲染戏剧气氛。戏曲表演中，主要是通过管弦乐演奏器乐曲牌来渲染戏剧气氛。也就是说，特定的戏剧场面都要由乐队演奏一定的器乐曲牌予以配合，比如"万年欢"用于喜庆场面，"哭皇天"用于祭奠等。这些器乐曲牌一般被称作"场景音乐"，清楚地显示着它们的用途及其在戏曲中的作用。

概而言之，中国之所以有风格多样的戏曲，就是因为有风格多样的戏曲音乐，它与钟磬齐鸣的西周雅乐、恢宏磅礴的歌舞大曲一样，都是中国传统音乐文化的重要组成部分。

第二节　霓　裳　羽　衣

舞蹈是人类最古老的艺术形式之一，是一种以人体动作为"语言"的艺术形式。在中国舞蹈发展历程中，从原始社会到封建社会时期的中国舞蹈，统称为中国古代舞蹈。作为古老文化的多民族国家，中国舞蹈的发展有着悠久的历史，起源于人类社会之初的原始社会，其生成和发展经历了从图腾文化到巫术舞蹈文化、百戏舞蹈文化，再到独立的舞蹈艺术文化几个不同的历史阶段。

一、追寻原始舞蹈的足迹

原始社会，人类还处于低级阶段，没有形成科学的世界观，所以舞蹈还不是有意识的娱乐或艺术创作。原始人的舞蹈带有较强的功利性，可分为两类：一是图腾舞；二是祭祀舞。

1. 图腾舞

原始社会的人们对大自然现象的理解不足而产生畏惧感，逐渐形成了原始的宗教信仰——图腾崇拜。他们把动物、植物或自然物作为图腾，认为图腾能为人赐福或降灾，把图腾奉为祖先和保护神。从出土文物和古代岩画上见到的人面蛇身、鸟身人面、人面兽身的形象，就是氏族图腾的形象。

在中国舞蹈史资料中，纳西族人把东巴舞的起源归功于青蛙。东巴经文中的《舞蹈出处与来历》说："舞蹈的来历是由于看到金色的神蛙的跳跃而受到启发的。"偏远的高山族以百步蛇为图腾，祭器物品中多雕刻有蛇的图案。南方民族中的蛙

沧源崖画产生于新石器时代晚期，是先民们用石制画具及矿物颜料刻画在峭崖石壁上的绘画。这些绘画形象地反映了古代人民的生产劳动、战争场面、宗教祭祀活动及文化生活，其中有着丰富多彩的舞蹈形象。

舞、蛇舞非常普遍，至今都有流传。而在北方民族的民间信仰中，鹿、狼、虎都是神圣的动物。满族供奉虎神，认为虎是萨满信仰中的动物神之首，祭祀虎神可保平安，由此产生了虎神舞。鸟因为会飞，所以也令人向往，鸟的图腾崇拜在中国也非常普遍。朝鲜族的鹤、苗族的鸡、傣族的孔雀、哈萨克族和赫哲族的天鹅等，这些图腾舞蹈一直都在流传。

2. 祭祀舞

祭祀舞起源于原始社会的图腾崇拜舞蹈和巫术仪式舞蹈。在原始宗教中，人们把与自己氏族有密切联系的动物和植物作为自己氏族的族徽或图腾标志，将其奉为自己的祖先或保护神。在图腾崇拜的仪式中，人们用舞蹈颂扬祖先和神明的功绩，以求神明的庇佑。例如，"凤来"、"网罟"是颂扬伏羲发明网罟、教民捕鸟捉兽之功；"充乐"是歌颂女娲教民嫁娶、婚配之绩的舞蹈；"扶犁"、"丰年"则是歌颂神农氏教民播五谷的功绩；等等。

历代统治阶级，为巩固自己的统治地区，常借宗教仪式愚弄人民，标榜自己"真龙天子"的地位。历代的宫廷雅乐都常用于封建帝王祭祖，祭天、地、山、川之神以及佛、道、儒等宗教活动之中。在少数民族宗教活动中，有代表性的古老宗教舞蹈有"东巴教舞蹈"、"喇嘛教舞蹈"、"萨满教舞蹈"、"梅山教舞蹈"（师公舞）等。

传说中，黄帝为中华民族始祖。黄帝氏族以云为图腾，从而产生了以"云门"为名的乐舞，以祭祀黄帝。时至今日，中华民族每年还都会举办各种祭祀黄帝的活动。

相关链接

祭祀舞的代表"日月舞"

"日月舞"是古代畲族人民祭祀始祖盘瓠的一种舞蹈，表现的是盘古开天辟地、造日月照人间的神话。该舞蹈共需男女演员各4人，每人左右两手分执道具日（红）月（白）模型，同声齐唱：左手拿日太阳现，右手拿月照凡间；天上日月车车转，十二时辰分得正。伴着锣鼓钹节拍，两手转动日月模型，左右穿梭，翩翩起舞。

二、中国古代舞蹈的发展历程

中国古代舞蹈有着极为悠久的历史。图腾舞和祭祀舞发展到周代，已具备了作为艺术的舞蹈的架构。

西周时期，统治者加大力度对前代的乐舞加以整理、继承和发展，形成了以汉民族乐舞为主体，包括其他少数民族乐舞的中国乐舞传统，并制定了较系统的乐舞制度，由此而形成的雅乐舞蹈，成为中国艺术文化的一座高峰。不过从一开始，周代统治者们就把艺术和政治捆绑在一起，全力强化乐舞的政治意义和教化作用，把传统乐舞和当时新创制的乐舞加工整理，形成了气势恢宏的"六代乐舞"。

相关链接

六代乐舞

"六代乐舞"继承、整理、发展了从原始时代到西周初年，歌颂那些杰出的氏族或氏族联盟首领的代表性乐舞。"六代乐舞"开中国古代雅乐之先河，代表了古乐舞的正统。"六代乐舞"的内容包括黄帝时代的"云门"（用于祭祀天神）、唐尧时代的"大章"（用于祭祀地神）、虞舜时代的"大韶"（用于祭祀日月星海四方神）、夏禹时代的"大夏"（用于祭祀山川）、商汤时代的"大濩"（用于祭祀先妣）以及周代的"大武"（歌颂周武王伐纣的乐舞，用于祭祀先祖）。前四种属文舞，后两种属武舞，"文以昭德，武以象功"，借以表现一个国家的文化和武力。

"六代乐舞"由大司乐掌管，主要用于教育贵族子弟，一般要到二十岁加冠成为成人时，才能学习。

汉代是中国舞蹈繁荣的时代。周朝雅乐经过儒家的乐舞教育，代代相传。西汉初年，儒术独尊，这些庙堂乐舞更以法定的地位流传下去。与此同时，汉代世俗的乐舞也得到了极大的普及，以至出现了举国上下从君主到臣民，"鸣竽调瑟，郑舞赵讴"的歌舞热潮。

相 关 链 接

"掌上舞者"赵飞燕

秦汉时代，一些著名的皇帝似乎都和舞蹈家有缘。例如，秦始皇的生母是赵国善舞的"邯郸姬"；汉高祖宠爱的戚夫人，会鼓琴，会唱歌，更精于舞蹈，擅长"翘袖折腰之舞"；汉武帝宠爱的李夫人，出身歌舞世家，妙丽善舞。当然，最著名的当属汉成帝和皇后赵飞燕。

传说有一次，赵飞燕在宫中一高榭上迎风舞蹈，若不是被人及时扯住，她几乎要被大风刮去。汉成帝深恐她真的有一天会被风吹走，就特地为她筑了一座七宝避风台。又说，赵飞燕"身轻若燕，能作掌上舞"。汉成帝为她造了一个水晶盘，让宫人托盘，赵飞燕在盘上起舞。赵飞燕还有一项特技，就是会走"踽步"，走起来好像人手执花枝，颤颤悠悠，其他人怎么都学不来。赵飞燕从一个出身卑贱的女子，一跃而成为皇后，凭借的主要是她精美绝伦的舞蹈技艺。从赵飞燕舞艺的记载和传说，可以想见汉朝的舞蹈艺术水平已达到何等高度。

汉代舞蹈受杂技、幻术、角抵、俳优的影响，向高难度发展，丰富了传情达意的手段，扩大了舞蹈的表现力，形成了中国舞蹈技艺并重的特点。张衡《七盘舞赋》中描写的"历七盘而屣蹑"的舞蹈（即"盘鼓舞"），就是一种难度极高的舞蹈。表演时，地上摆好盘和鼓，舞者脚步踏在鼓上或盘上从容起舞。飘舞的长袖，轻盈的步法，应着咚咚的鼓声，构成特殊的舞蹈节奏。

统治者的提倡，使群众歌舞大普及，开创了两汉舞蹈艺术多姿多彩的新局面。此外，两汉时代由于封建制度趋于巩固，经济繁荣，人民生活有了提高，各地乐舞也有了相应发展，著名的歌舞有"东歌"、"东舞"、"赵讴"、"赵舞"、"荆艳"、"楚舞"、"吴歈"、"越吟"、"郑声"、"郑舞"等。

三国两晋南北朝时期，由于少数民族文化的注入，中国舞蹈又有了新的发展。这一时期，胡舞和宗教舞蹈占据了半壁江山，其中最为我们所知的就是敦煌壁画上的飞天舞。

进入唐代，中国舞蹈光芒四射。唐代舞蹈当中，以"十部乐"最为有名。这些

"十部乐"中的"天竺乐"是古印度乐舞。我们在敦煌壁画中看到的那些给佛菩萨看的优美舞蹈，可能就属于"天竺乐"。此图见于敦煌莫高窟112窟，描绘的是伎乐天伴随着仙乐翩翩起舞，举足旋身，使出"反弹琵琶"绝技时的刹那间动势。

乐舞或用于外交，或用于庆典，或用于宴享，有鲜明的礼仪性。国家通过太常寺等乐舞管理机构，把各种乐制和舞制的名称、化妆、曲名、乐器等，都作了整理和规范化。各部乐舞中都包含着制式化了的舞蹈节目。唐朝在宫内设置了内教坊，在京城设立了左右教坊，负责乐舞的训练与演出。唐玄宗还专门为自己设立了"梨园"，专事歌舞的排练和演出。

唐朝人把流传在宫廷、豪门和民间的表演性舞蹈，按其风格特色分为健舞和软舞两大类。一般说来，健舞动作矫健，节奏明快；软舞优美婉柔，节奏舒缓。健舞中，最著名的是从西域传来的"胡旋"、"胡腾"、"柘枝"等；软舞则以"绿腰"、"春莺转"影响最大。

相关链接

舞蹈与外交

唐代的宫廷乐舞中，有不少是作为外交赠品，由外国进献的。比较有影响的是贞元年间的"南诏奉圣乐"和"骠国乐"。

南诏国在今云南大理一带。唐朝初年，南诏和唐王朝关系密切，经常互派使节。唐玄宗时，两国关系紧张，发生过战争。唐德宗贞元九年（公元793年），两国关系又正常化。贞元十六年（公元800年），在剑南节度使韦皋主持下，吸收了南诏和其他兄弟民族的乐舞，编排了大型多段的歌舞"南诏奉圣乐"，到长安献演。唐德宗亲自观看了演出，后来成了宫廷里的保留节目。

这次大规模乐舞献演在国际上产生了重大影响。唐贞元十七年（公元801年），骠国（现在的缅甸）也到唐朝献乐。骠国是佛教国，音乐舞蹈都受印度影响。白居易《骠国乐》诗说："玉螺一吹椎髻耸，铜鼓一击文身踊。珠缨炫转星宿摇，花鬘斗薮龙蛇动。"表演者脸上、身上刺有花纹，头上梳椎髻，佩戴珠缨和花环，敲铜鼓，吹玉螺，舞起来跳跃旋转，像龙蛇飞动。至今，在缅甸民间舞蹈中还能看到这些特点。

三、源远流长的少数民族舞蹈

由于历史文化、地理环境、宗教信仰、生活习俗的不同，我国少数民族民间舞蹈呈现出不同的风格。多彩多姿的中国少数民族民间舞蹈在我国历史文化长河中世代生息演进，流传至今，被誉为"世界宝藏中的瑰丽之花"。

由于中国少数民族众多，所以我们只能以点带面，介绍几种比较有代表性的民族舞。

蒙古族舞蹈在情感、形态、发力中体现的是一种"圆形、圆线、圆韵"的东方思维概念。舞蹈的动作具有柔韧、刚健、剽悍之美的特点，主要为腕、肩、"马步"的动作。舞蹈时，手腕与肩平直，随着音乐节拍上提下压。肩部动作丰富，随着情绪而变化，有"硬肩"、"柔肩"、"笑肩"、"耸肩"、"碎抖肩"等。还有步伐繁多、形象生动的"马步"——模仿马的各种动作。

相关链接

蒙古安代舞

安代舞被称为蒙古族集体舞蹈的活化石。安代舞源于内蒙古科尔沁大草原，盛行在通辽市库伦旗以及辽宁省阜新蒙古族自治县等地，至今已有三百多年历史，是蒙古民族最古老、最独特又极富当代表现力的艺术奇葩。它不仅是蒙古族庆典、聚会、迎送的礼仪性歌舞，也以其特色鲜明的动作形态在中国各族民间舞蹈中独树一帜。

满族舞蹈中，最有名气的就是秧歌舞，又称扭秧歌，类似于今天的广场舞。它由十多人至百人组成，扮成历史故事、神话传说和现实生活中的人物，边舞边走，随着鼓声节奏，善于变换各种队形，舞姿丰富多彩。

维吾尔族舞蹈的体态让人神往，颠而不踔、立腰拔背，具有微颤的动律、多变的舞姿、高超的技巧。其微颤的动律，体现出沙漠上行走的特征；多变的舞姿，在于它广泛吸收西域乐舞的长处；而技巧的运用，则是继承并发展了"胡腾"、"胡旋"、"柘枝"舞中那些跳跃、旋转以及腰部的各种技艺。我们经常看到维吾尔族的两个舞蹈技艺：一是超级快速的旋转；二是左右摆动脖子，这两个技艺堪称双绝。

藏族舞蹈的基本特征是形体美、韵律美。藏族舞蹈非常强调舞蹈时脚、膝、腰、胸、手、肩、头、眼的配合及统一运用。如"热巴舞"等，其上身动作像雄狮，威武雄壮，极富有高原人剽悍壮硕的气质；下身动作则含蓄典雅，给人以健康和优美的感觉。藏族舞蹈里的基本体态有松胯、含胸、垂背、弓腰、前倾。这些形象和高原地区繁重的劳动生活、虔诚的宗教心理及习俗有密切关系。"颤、开、顺、左、舞袖"这五大元素是不同藏舞的共同特点。

孔雀舞通过手的内屈动作和滑翔、旋转、飞跑等舞姿，以及飞跑中腿部的屈伸，细腻地表现孔雀的优美形象。中国把这一舞蹈跳得出神入化的是著名舞蹈家杨丽萍，淋漓尽致地表现了孔雀引颈昂首的静态和细微的动态。

傣族民间舞膝部柔美的起伏，身体和手臂丰富多彩的"三道弯"造型，柔中带刚的动作韵律，小腿的敏捷运用，加上提气、收腹、挺胸和头部、眼神的巧妙配合，使其具有浓郁而独特的民族风格。傣族舞蹈最大的特点就是手的动作丰富，舞姿富于雕塑性，四肢及躯干各关节都要求弯曲，形成特有的"三道弯"、"一顺边"的造型。最具代表性的傣族舞蹈为孔雀舞，概括了傣族舞蹈的风格、韵律、舞姿造型和动作的组合规律，是傣族舞蹈中的精华，反映了傣族人民的民族精神和审美特征。

多彩多姿的中国少数民族舞蹈是我国传统舞蹈艺术的源泉，各个少数民族舞蹈以其绚丽的风采特征，深得我国各族人民和世界各国朋友的喜爱和珍视。

第三节 皮 黄 春 秋

"皮黄"实际上指的是由"西皮"与"二黄"两种腔调组成的音乐素材,这一音乐素材被称为平戏、京戏、国剧。不过在南宋咸淳年间(1265—1274年),"皮黄"成了我国传统戏剧文化的总称。从此后,戏曲这个"舞台小社会,社会大舞台"成了中国人的最爱。戏曲里的好恶倾向来源于整个社会的好恶观,戏曲里的人生观来自整个社会最具代表性的人生观。作为民俗文化的突出代表和统治阶级有力的教化工具,中国戏曲呈现出既俗又雅、既驳杂又统一的复杂面貌,是中华民族文化中一颗不可替代的璀璨明珠。

一、流丽悠远的昆曲

昆曲又称昆剧或昆腔,是出现于明代的一种新型戏剧样式。明朝前期,南戏形成了四大声腔:昆山腔、弋阳腔、海盐腔和余姚腔。昆曲就是在昆山腔的基础上发展而来的,明嘉靖、隆庆年间,以魏良辅为代表的一批民间音乐家汇集南北曲的优长之处,借鉴吸收海盐腔、余姚腔等地方声腔及江南民歌小调,对昆山腔进行了全面而成功的改革,于是,一种不同以往的新腔——"水磨腔"横空出世,它将昆山腔"流丽悠远"的特点发挥到了极致。又因其"转喉押调"、"字正腔圆",在伴奏上增加了笛、箫、笙、琵琶等管弦乐器,使之声调、唱腔更加秀丽抒情,婉转动人。

新昆腔在诞生之初生命力极强,风靡四方,一批曲家竞起效仿,努力学习昆曲的演唱技法,一时出现了"四方歌曲必宗吴门(昆腔)"的可喜局面。随后,在梁辰鱼等音乐家和剧作家的手中,昆腔被搬上舞台。

梁辰鱼的《浣纱记》是首批昆曲演出剧目中最为突出的一个,它将从南戏发展起来的剧作样式传奇与新昆腔结合起来,生动叙述了春秋时期吴越争霸的历史故事,结构完整,情节曲折,人物性格鲜明,昆腔音乐的使用匠心独运,精彩迭出,有许多创造性的音乐段落,很好地加强了演出效果。

《浣纱记》的风靡进一步推动了昆曲的推广和传播。在文人士大夫的推波助澜之下,昆曲逐渐摆脱了南戏声腔的随意性,在艺术上开始形成较为严格的规范,集南北音乐之大成,向雅的方向徐徐前进,成为独树一帜的声腔剧种。明朝万历年间,昆曲被带进北京,并得到统治者的青睐。当时京中士大夫宴集必演昆曲,甚至天启皇帝(朱由校)也会粉墨登场亲身体验。昆曲成为明代各阶层的共同爱好,上自高层统治阶级，下到市井贩夫走卒，全都醉心于这种新兴的艺术形式。

相关链接

昆曲的艺术特点

昆曲的艺术特点主要表现在剧本、音乐、表演三个方面。

（1）昆曲的剧本采用宋、元时代杂剧传奇的结构方式，每出大戏分很多折子，每折戏自成单元，许多单折戏可以独立演出。在文学语言上，昆曲继承了古代诗歌、唐诗、宋词、元曲的优点和长处，采用了长短句的方法，使每句参差错落、疏密相间，把汉语的音乐性发挥得非常充分，通过字调、韵律、句法结构，产生一种刚柔、长短、轻重和谐的艺术效果。

（2）音乐上，昆曲音乐呈曲牌体结构形式，有一千多个曲牌，昆曲的每出戏就是演唱其中的北曲、南曲或南北曲全套的曲子，它的唱腔婉转细腻，吐字讲究，有四声、尖团之分。一支曲子一直唱到底，而且音域非常宽，如女声要真假声结合，难度非常大。

（3）表演上，昆曲的艺术特点可以概括为五个字：慢、小、细、软、雅。

所谓"慢"，是说昆曲的节奏缓慢，轻柔而婉折。

所谓"小"，是说昆曲最宜在家宅的厅堂或花园亭榭上演唱。

所谓"细"，是说昆曲表演十分细腻。

所谓"软"，是指昆戏说的是吴侬软语，唱的是柔婉的"水磨腔"，再加上擅演缠绵悱恻的文戏，自然给人以一种软而香的感觉。

所谓"雅"，是指昆曲高雅、文雅、典雅和清雅的风格。

明清换代之时，由于满人是北方人，不省南曲，顺治皇帝禁止在宴会上演戏，直到康熙年间才取消禁令，大演昆曲。京师的文化条件使昆剧水平大大提高，产生了昆曲佳作《长生殿》和《桃花扇》，标志着新一轮昆曲创作高潮的到来。

相关链接

《长生殿》和《桃花扇》

《长生殿》是洪昇的力作，从立意命笔到最后完成前后花费了十多年，中间曾三易其稿。该剧描写的是唐玄宗李隆基和杨玉环的恋情，结构严谨，情节丰富，引人入胜。作者一方面肯定李隆基与杨玉环生死不渝的感情；另一方面又对他们放纵情欲、骄奢淫逸以致危害社稷的行为采取批判态度。

《桃花扇》则是一部反映南明弘光王朝建立和覆亡经过的历史剧，剧作以明末复社名士侯方域和秦淮名妓李香君的爱情故事为线索，将当时的许多重要人物和重大史实串联在一起。创作者孔尚任一面揭露南明统治集团的腐朽罪恶；一面用饱满的热情塑造了李香君、柳敬亭、苏昆生等坚毅果敢的下层人物。

如果说昆曲在其起源、形成时期更多的是同中国民间艺术紧密联系在一起的话，那么在兴盛发展的过程中，它则与一大批明清时代的文化精英结下了不解之缘。明中叶以后，昆曲的创作演出及欣赏，成为文人士大夫日常生活中不可或缺的重要内容。他们将戏曲当作传播思想的主要手段，在剧作中寄寓深刻的思想内涵，例如汤显祖借《牡丹亭》宣扬以"情"反"理"的个性解放意识。同时，他们也借由昆曲抒发感慨，借戏场来倾吐他们的歌哭笑骂，展现他们那感情色彩极浓的生活理想。

相关链接

汤显祖的《牡丹亭》

《牡丹亭》描写的是杜丽娘与柳梦梅的爱情故事，体现了青年男女对自由爱情生活的追求。杜丽娘系南宋福建南安太守杜宝之女，自幼受到礼教的严格约束。但她是活生生的人，内心蕴藏着青春的活力。她因《诗经》中的《关雎》篇引动情思，为排遣愁闷同丫鬟春香到后花园游赏，更刺激了自己要求身心解放的强烈感情。杜丽娘在游园之后睡去，梦中与少年书生柳梦梅幽会，并接受了他的爱情。可幻梦中的美景，现实里难寻，杜丽娘就此恹恹卧病，自写生像而殁。家人按其遗言将之葬于牡丹亭边的梅树下，并于旁建了一座梅花观。冥司胡判官查明杜丽娘因梦而亡的经过，允许她的魂魄自在游荡。后柳梦梅在前往临安赴试途中借住梅花观，拾得丽娘画像，又与丽娘幽魂相会。柳梦梅在她的指点下掘墓开棺，使杜丽娘死而复生，两人结为夫妇。但此时的杜宝因平贼有功官至平章，拒不承认女儿的婚事。柳梦梅取中状元，在皇帝的干预下，两人终得美满结局。

文人士大夫阶层以自己的文化品格深刻影响了昆曲的审美基调和艺术走向，使昆曲具有超逸的美学品位和精致的艺术格局。昆曲的程式中积存了大量文人文化的审美情趣、审美经验，其中之一就是对"中和"的推崇：昆曲音乐讲究"约之以礼"，从而达到"乐而不淫，哀而不伤"的雅风。此外，昆曲柔婉细腻的风格和流丽悠远的唱腔等艺术特征都与其时的文人精神密不可分。

二、综合成熟的京剧

当昆曲在清朝中期逐渐了无生气时，昆曲之外的戏曲有了出头之日，昆曲的典雅、温柔被那些拥有粗狂格调的戏曲冲击得毫无还手之力。其中，京腔锋芒最盛。1780年，京腔在独霸京城戏曲界多年后第一次遭遇挑战。秦腔艺人魏长生进京，带来了他的成名作《滚楼》。魏长生把秦腔的委婉特点发挥到极致，一时轰动京城。京腔抵挡不住秦腔的进攻，仅一年时间就一败涂地。

五年后的1790年，乾隆皇帝八十大寿，有关部门命令各戏曲团进京给乾隆祝寿，其中来自安徽的戏曲班子用博采众戏曲之长的唱腔和表演，给乾隆留下了深刻的印象，乾隆皇帝允许他们进京。仅一年时间，安徽的几十个戏团进入北京。这就是中国戏曲史上著名的"徽班进京"。

到了嘉庆、道光年间，徽班几乎占据了北京城所有的演出场所，风光无限。与此同时，来自湖北的汉调艺人将楚调也带入北京，搭徽班唱戏，开创了徽、汉合流的总趋势。

在徽调和汉调的基础上，以余三胜、张二奎和程长庚为代表的一批戏曲艺术家在表演的过程中不断地探索、加工，吸收昆腔、京腔（高腔）、梆子等诸腔杂调，逐渐形成了以西皮、二黄为主，兼有昆腔、吹腔、四平调、拨子、罗罗腔等多声腔和谐统一的体系。同时，考虑到观众的需求，艺人们在唱白的字音和声调上，巧妙地将地方字音与北京字音融为一体，使京剧的唱白更具有规范性，听来通俗易懂、生动流畅，富有节奏感和韵律美。这个博采众长而又有十足创新的戏曲就是我们伟大的国剧——京剧。

相关链接

京剧的艺术特点

（1）在唱腔上，京剧吸收了昆曲、梆子腔等多种地方腔调，以二黄、西皮为主要声腔，其吹打曲牌主要来自昆曲。

（2）在乐器上，京剧有单皮鼓、拍板、堂鼓、大堂鼓、大锣、小锣、铙钹、碰钟、云锣、汤锣、京胡、二胡、小三弦、月琴、笙、唢呐、挑子等。

（3）在角色上，京剧最初行当分为生、旦、净、末、丑、副、外、武、杂、

京剧四大名旦合影，从左至右依次为程砚秋、尚小云、梅兰芳、荀慧生。

流十行，不过后来只留下四行：生、旦、净、丑。其各行当都有一套比较严格的表演程式，在唱、念、做、打上各具特色，表现出不同人物的性格特征。

（4）在脸谱上，由于每个历史人物或某一种类型的人物都有一种大概的程式，就如唱歌、奏乐需要按乐谱一样，所以称为"脸谱"。"生"、"旦"面部化妆比较简单，略施脂粉，叫"素面"；而"净"和"丑"化妆起来则非常麻烦，纯是用颜料向脸上泼，再加上图案复杂，演员化妆的时间就要用上几个小时，这两个角色也被称为"花脸"。

（5）在服饰上，京剧的服饰带有强烈的中国特色，可谓极尽烦琐之能事，主要分为大衣、二衣、三衣和云肩四大类。

作为中国戏曲的突出代表，融会各家之长而逐渐成熟起来的京剧具备高度的综合性和程式性。不用灯光布景，在空旷的舞台上，凭借演员的唱念做打舞，便可演绎出时空的瞬息变化，表现出人物的性格特征和感情起伏。一张桌子可以看成是一张床或一座山峰，一根鞭子可以代表一匹马或一头驴；演员做出开门或关门的动作就代表这里有扇门，"三五步走遍天下，六七人百万雄兵"。高度虚拟化的表演能够引发观众的各种想象和意境，这种张扬假定性，不求形似，注重神似，不重写实，讲究写意的艺术手法反映出京剧艺术在处理空间和时间问题上的智慧及灵活性，同时也是中国传统美学注重"神韵"，讲求写意性的又一体现。

京剧在清朝光芒四射，清朝统治者特意挑选民间艺人入内当差，网罗名艺人为教习，并随时点传戏班入宫演戏，无形中构建了一条宫廷与民间戏曲交流的渠道。慈禧太后喜好戏曲，尤嗜京剧。她在观剧时对演员的唱念、做表、服饰、装扮颇多指点，因此艺人在宫中演戏也格外注意，这对京剧唱、念、做、打要求严谨、规矩，以及讲究行头的风尚不无影响。正所谓上行下效，在慈禧等人的影响下，京剧在清代官贵以至百姓中风靡一时，并逐渐向天津、上海、汉口等大城市发展。

相关链接

《同光十三绝》

京剧的形成、发展离不开晚清时期一大批杰出的戏曲表演艺术家，正是他们在表演中的融会贯通、大力创新才促使京剧具有今天综合、成熟的面貌。清光绪年间，晚清画师沈容圃仿照《京腔十三绝》绘制了一幅工笔写生戏画像——《同光十三绝》。画中绘有十三位同治至光绪初期观众公认的名演员，他们都是技艺非凡的表演艺术家，为开创京剧各行当流光溢彩的流派艺术作出了杰出贡献。

沈容圃绘《同光十三绝》

京剧剧目非常丰富，已知有5000多个剧本，其中多数是历史故事。从远古时代的后羿射日、嫦娥奔月，直到清朝的江湖侠义，各朝各代的历史故事在京剧中几乎都有表现。这些剧目大多出自民间，蕴含着人民所追求的理想、道德和情操：有的揭露封建压迫，歌颂人民的反抗精神；有的反对民族侵略，宣扬爱国主义思想；有的歌颂婚姻自主，反抗封建礼教；有的宣扬恶有恶报、善有善报的传统伦理观念。包罗万象的京剧既是中华传统文化的一面镜子，同时也是提高人民精神境界、增强民族凝聚力的重要工具。

三、百花齐放的地方戏

中国因为幅员辽阔，方言歧杂，戏曲的种类很多。遍布广大农村、乡镇的民间艺术，自古以来就是孕育、产生新兴戏曲剧种的沃土。据不完全统计，我国大大小小的地方剧种，大概在三百种以上。其中，京剧、越剧、黄梅戏、评剧和豫剧被称为"中国五大戏曲剧种"。前面已经介绍了京剧，下面依次介绍越剧、黄梅戏、评剧和豫剧。

越剧发源于浙江嵊州，发祥于上海，在发展中汲取了昆曲、话剧、绍剧等特色剧种之大成，经历了由男子越剧到女子越剧为主的历史性演变。越剧长于抒情，以唱为主，声音优美动听，表演真切动人，唯美典雅，极具江南灵秀之气。越剧多以"才子佳人"题材的戏为主，代表作有《梁山伯与祝英台》《红楼梦》《西厢记》等，在国内外都获得巨大声誉，风靡大江南北。

黄梅戏，旧称黄梅调或采茶调，唱腔淳朴流畅，表演质朴细致，以真实活泼的风格著称。清代中叶，在皖、鄂、赣三省交界地区形成了一种民间小戏，其中的一支——大别山采茶调逐渐东移至以安徽省怀宁县为中心的安庆地区，并与当地的民间艺术结合为一种新的戏曲剧种，当时称为怀腔或怀调，这就是早期的黄梅戏。怀调艺人经过长期的实践、探索，吸收了青阳腔和徽调的音乐、表演和剧目，出演"本戏"，使得黄梅

由严凤英、王少舫唱红的《天仙配》于 1954 年在上海首演，凭借独特的风格和精致优美的唱段，征服了不少观众。

戏一步步走向成熟。黄梅戏至今已有两百多年的历史，代表作有《天仙配》《女驸马》《玉堂春》和《牛郎织女》等。

评剧的前身是莲花落，莲花落作为一种民间演唱形式于清代在直隶省和东北地区流传。晚清时，莲花落艺人组班进入唐山、天津等大中城市，他们以落子为基本曲调，借鉴吸收梆子腔及乐亭皮影、大鼓的板式和曲调，创造自己的行当唱腔与唱腔板式，同时革新、创作剧目，编演《花为媒》《珍珠衫》《占花魁》等广受欢迎的剧目，为评剧的崛起奠定了基础。民国初年，女唱手大量涌现，风靡一时。刘翠霞、白玉霜、爱莲君等女演员凭借她们各自的嗓音特点，创造性地形成了各自的唱腔流派与演唱风格，促使"评戏"一词正式诞生。1950 年以后，《小女婿》《刘巧儿》《秦香莲》等剧目在全国产生很大影响，出现了新凤霞、小白玉霜等著名演员。

豫剧是发源于中国河南省的一个戏曲剧种。因其音乐伴奏用枣木梆子打拍，故早期得名河南梆子。豫剧是在继承河南梆子的基础上，通过不断改革和创新发展起来的。豫剧以唱腔铿锵大气、抑扬有度、行腔酣畅、吐字清晰、韵味醇美、生动活

常香玉，著名豫剧表演艺术家，代表作有《花木兰》《拷红》《白蛇传》等。为支援抗美援朝，常香玉用义演收入捐献"香玉剧社号"战斗机，被誉为"爱国艺人"。

泼、有血有肉、善于表达人物内心情感著称，凭借其高度的艺术性而广受各界人士欢迎。著名的豫剧表演艺术家有陈素真、常香玉、崔兰田、马金凤等。

中国艺术的最高审美境界是韵味，韵味也是戏曲音乐的灵魂。无论越剧、评剧、豫剧还是黄梅戏，"唱得是否有韵味"始终是观众评价戏曲演员的主要标准之一，唱得越有韵味，演员就越成功。韵味是道家所倡导的自由精神在戏曲艺术中的张扬，是一种独特的、波动的、耐人寻味的美感。戏曲为了达到各种独特的韵味，调动了所有可变的因素，包括语言的美化、语气的表达、声音感情色彩的变化及在声腔上多种表现方法和技巧的综合运用。

受地域和方言的影响，地方戏曲的韵味风格各不相同：河南话波动幅度大，豫剧不仅旋律波动幅度大，装饰音也花样百出，听起来像滔滔黄河一般波澜起伏；吴语方言婉转柔和，字字紧凑，因此越剧的波动被蕴含在旋律里，起伏不大且频密，像缓缓西湖碧波般微起微落。不同地区的审美经验影响了戏曲音乐的风格色彩，使得地方戏曲各呈独特风姿。南昆曲温文尔雅，适合演文人戏。豫剧粗犷激昂，适合演带武腔的戏。秦腔尖厉，起伏跌宕，适合演凄楚的大悲剧。越剧婉约，适合演才子佳人的爱情剧。

在主题上，戏曲作为乐感文化和娱乐艺术，透射出我国劳动人民坚定不移、不畏艰险的乐观主义精神。同时，地方戏曲由于其本身的成长环境、观众群体，相较于京剧、昆曲等"雅部"，与普通阶层、通俗文艺贴合得更紧。作为一门生产成本较高、社会依赖性强的艺术，戏曲为了生存与发展，必须适应社会各阶层的欣赏趣味，善调众口。地方小戏"泥土气息"浓重，而越剧、评剧等大剧种则发展程度更高，更加雅化、成熟，经过艺术的提炼而呈现出雅俗共赏的面貌。不同种类、不同品格的地方戏曲共同构建了我国戏曲亦雅亦俗、百花齐放的繁荣局面。

体验课堂

🌀 活动设计

主题：了解中国音乐、舞蹈、戏曲

形式：才艺展示

内容：学生通过表演或 PPT 展示的方式，向老师和同学们介绍自己家乡的音乐、舞蹈或戏曲。

🌀 互动交流

1. 各抒己见

（1）中国传统舞蹈和现代流行的蹦迪、广场舞、交谊舞有何不同？

（2）从文化的角度看，西方舞蹈和中国传统舞蹈有何不同？

2. 阅读思考

京剧被称为中国的"国剧"，阅读有关书籍，了解京剧的发展历史，思考京剧之所以被称为国剧的原因。

3. 网上冲浪

在网上搜索中国古典音乐和以古典音乐为底色的现代歌曲来听，感受中国古典音乐中曲和词的魅力。

第七章

东方的智慧：中国医药、养生

　　中医是中国传统医学，是一门研究人体生理、疾病的诊断和防治的科学。在研究方法上，它以整体观、相似观为主导思想，以脏腑经络的生理、病理为基础，以辨证论治为诊疗依据，具有朴素的系统论、控制论、分形论和信息论等内容。如果说，诊断和治疗是中医的形，那么，防范就是它的魂。在"治"和"防"上，中医最重视的是"防"，于是就有了养生。中国医药、养生本是一体，又自成体系，是中国传统文化不可分割的组成部分。

了解中华医学的特点，了解中华医学的贡献和现代意义，熟悉中医养生的理论和方法。

学习并初步掌握一些中医辨症的方法，能对较为简单的寒热、虚实等病症有所识别。

树立中华医学倡导的"未病先治"的观念，具备正确的养生常识，提高自身生理、心理健康水平。

　　司马迁的《史记》中记载说，春秋战国时的名医扁鹊行医来到陕西的虢国，听说虢国太子突然死亡，人们都在为太子办理丧事。扁鹊询问病由后，对太子进行了详细的诊查：看他的脸色，摸他的脉搏，观察到他还有微弱的呼吸，两股内还有体温，断定太子并没有真死。于是，扁鹊拿出诊疗工具——针，刺向太子的百会、合谷、人中等穴位，太子竟然慢慢活了过来。之后，扁鹊又用汤药给他调养了一段时间，终于使太子恢复了健康。虢君对此感激不尽，赞扬扁鹊有起死回生的本领，扁鹊高明的医术便流传开来。

　　其实，扁鹊并不是能使死人复活的神医，他只是把中医理论和技巧（诊断和后期的养生）运用娴熟而已。现在，就让我们走进中医，领略它那别具特色的东方智慧。

第一节　阴阳辨证

　　中医的"阴阳辨证"其实就是把疾病分为两种：一种是阴症；一种是阳症。"阴阳"是概括病症类别的一对纲领，可以从总体上概括整个病情。阴阳同时又是八纲（阴阳、表里、热寒、实虚）的总纲。尽管病症千变万化，但总括起来又不外乎阴症和阳症两大类。体内阳气虚衰、寒邪凝滞的症候，属寒属虚，这是阴症；体内热邪兴盛、阳气亢盛的症候，属热属实，这是阳症。

一、阴阳五行与人体脏腑

　　阴阳五行学说是中医的理论基础，对中医学理论体系的形成和发展有着深刻的影响。中医用阴阳五行说明人体的生理功能和病理变化，并指导临床实践，因而阴阳五行与人体脏腑关系密切。

　　中医学及中国养生保健学说一致认为，人体阴阳失调是各种不适和疾病发生的基本原因之一。阴阳与人体部位的关系如下：人体上部为阳，下部为阴；体表为阳，体内为阴；背部为阳，胸部为阴；四肢外侧为阳，内侧为阴；皮肤为阳，筋骨为阴；胆、小肠、胃、大肠、膀胱、三焦六腑属阳，肝、心、脾、肺、肾五脏属阴。

　　中医认为，人体的健康与否，取决于阴阳是否调和。而阴阳是否调和，又取决于五脏六腑的正常运行，尤其是属阴的五脏。而五脏六腑运行的规则就是五行的相生相克。

按照中国古人的解释，人体的五脏分别归属五行，并且借五行学说来阐明人体脏腑组织之间在生理和病理上的复杂关系，以及人体与外在环境之间的密切关系。五行是相生的，木生火，火生土，土生金，金生水，水生木；五行又是相克的，木克土，土克水，水克火，火克金，金克木。五行学说把自然界及人体五脏配五行，五脏又联系自己所属的五腑、五体、五官等，从而把自然界及机体的各部分连接在一起，形成了中医学以及中国养生保健学说的以五行五脏为中心的体系，体现出人体是一个整体。而且，这个整体是按照五行生克制化规律相互联系和制约的一个有机的、完整的整体。

中医认为，人体五脏分属五行，肺属金，肝属木，肾属水，心属火，脾属土。五行相生相克，五脏也是如此，这为中医治疗、养生奠定了一定的理论基础。

春天属木，主人体肝脏，故春季是护肝的季节。春天一到，大地生机勃勃，人体也气血流畅，全身脏器组织功能易于恢复。此时宜用扶助人体正气之法，清除一冬所纳入的多余物质。春季易受风邪，五行属木，迎风流泪，伤目，口味发酸，易怒伤肝胆，因此在春季宜用清理肝胆火旺的保健品，以养肝、调肝、清除肝火为主，可多饮花茶，辅以增加维生素等营养物质。

夏天属火，主人体心脏，故夏季是护理心脑血管的季节。夏季温热，易受暑邪，耗伤津液，常发汗影响小肠吸收，易使心火上炎，面红耳赤，口舌生疮，因此宜以静养心，适当使用苦味食物来降心火，宜饮用绿茶，使用针对心脑血管的保健用品。

仲夏属土，主人体脾脏，故仲夏是重点调理脾胃的季节。仲夏气候炎热，人体出汗较多，食欲不佳，易伤心脾，一般不宜大补，而宜调节元气，调理脾胃，舒筋活络，保证气血运行通畅。脾胃之气充足，才能身清气爽。仲夏时，应尽量少食或不食生冷，宜饮用绿茶，并可适当增加微量元素（如钙铁锌硒），调节脾胃，有助食欲。

秋季属金，主人体肺脏，故秋季是护理肺脏的季节。秋季气候渐趋凉爽，燥气当令，人多口干咽燥，咳嗽少痰，易伤肺津，宜滋阴润肺。如果经春清、夏调之后，身体运行正常，这时可饮用青茶，补充适当营养，使气血充盈、阳生阴长、形体壮实。秋补重在润燥，最合适的食物是梨、百合、木耳等，还需要补充微量元素（如钙铁锌硒）、维生素，以补充饮食过程中缺乏的维生素、微量元素、酶类等物质，同时又可以补肺、益肝、强肾。

冬季属水，主人体肾脏，故冬季是重点保护肾脏的季节。冬季气候寒冷，体虚不御寒而伤肾；活动量减少，食入量增多，体内容易积存过多脂类物质，冬季气血运行缓慢，机体免疫力下降，心脑血管和呼吸道疾病极易发生，不可掉以轻心。对于疾病要采取预防态度，身体注意保暖，才能保持健康而不受外邪侵害。冬季宜运用清调补的综合协调搭配，如微量元素（如钙铁锌硒）、多种氨基酸、维生素及心脑血管保健用品；要注意御寒防冻，增强体质，保证身体轻松过冬。

在了解了自然界、五行与人体的关系之后，可以预先分析出身体可能发生的疾病；也可以根据季节、邪气、脏腑及口味的变化，随时注意身体改变的预兆。由此可做到未病先调，防患于未然，预防保健，强体健身，延年益寿，这就是我国阴阳五行传统养生保健的独到之处。

二、上火说与虚实辨证

"上火"为民间俗语，又称"热气"，属于中医热症范畴。中医认为，人体阴阳失衡，内火旺盛，就会"上火"。因此所谓的"火"，是形容身体内某些热性的症状，"上火"就是人体阴阳失衡后出现的内热症候，具体症状如眼睛红肿、口角糜烂、尿黄、牙痛、咽喉痛等。"上火"在干燥气候及连绵湿热天气时更易发生。

一般认为，"火"可以分为"实火"和"虚火"两大类，这体现的就是虚实辩证。阳过亢显示为"实火"；阴偏少则显示为"虚火"。更进一步，中医以脏腑将"实火"进行细分，分别有心火、肝火、肺火、胃火等。

心有火，主要表现在舌，舌边尖红或生疮，伴有心烦意乱，失眠或多梦，尿黄或尿有刺痛，大便干燥，口渴。

肝有火，主要表现在眼睛，出现眼干、眼痒、眼屎分泌多，还常见急躁易怒、头晕头痛、口苦口干、失眠做噩梦、尿黄便秘、耳鸣等。

肺有火，主要表现在痰，咳痰黄稠难吐或咳痰带血、气喘、呼吸气粗、口渴、鼻干或有血痂、大便秘结、尿黄。

胃有火，主要表现在牙及牙龈，牙痛、牙龈肿痛、牙根发炎，还伴有口臭、口渴、多食易饥、大便干燥。胃火可常用绿豆熬粥，或饮蜂蜜水、梨汁、甘蔗汁等。

所谓"虚火"，主要有两类：一是指阴虚而导致火旺的现象；二是指气虚和阳虚出现的气虚发热、"真寒假热"现象。阴虚有五脏之阴偏虚与精血津液亏损等不同情况，阴虚则阳气相对偏亢，而非阳气绝对过剩，所以虽然常见火旺征象，实为阴虚所引起。

阴虚造成阳盛的假象而表现出一系列的热象，如生活中容易见到的口燥咽干、咽喉干痛、五心烦热、颧红、盗汗、失眠、舌质红、无苔或少苔、脉细数等，治疗时应以生津养血、滋阴降火为原则。

气虚表现出火旺的现象，中医称之为"气虚发热"，临床可见全身燥热、畏寒怕风、喜热怕冷、身倦无力、气短懒言、自汗不已、尿清大便稀、脉大无力、舌淡苔薄。

阳虚出现火热之症，中医称之为"真寒假热"，如患者有口腔溃疡，但喜欢喝热水，平时手脚凉，怕冷，小便颜色淡，吃泻火药溃疡不愈合，反而加重，这种情况有可能是体内的阳气不足，导致阴火亢盛。

如何区分"实火"和"虚火"呢？有以下三种方法。

（1）看小便。小便颜色黄、气味重，同时舌质红，是"实火"；小便颜色淡、清，说明体内有寒，是"虚火"。

（2）看大便。大便干结、舌质红的为"实火"；大便干结、舌质淡、舌苔白的仍为"虚火"，大便稀软或腹泻说明体内有寒，也是"虚火"。

（3）看发热。如果身体出现发热的症状，体温超过37.5℃时，全身燥热、口渴，这是内热大，是"实火"；发热时手脚冰冷、身体忽冷忽热，不想喝水，是体内有寒，为"虚火"。

所以不论什么人，当感觉身体内有热、燥的时候，先按这几点对照一下，就可知是"实火"还是"虚火"了。如果是"实火"，现在中医最常用的各种清热、解毒、降火的药都是泻火最好的，连吃三天肯定降火。中医虚症与实症的鉴别具体可见表7-1。

表7-1　虚症与实症鉴别表

类别	症状与体征					治则
虚症	面色白、苍白、萎黄无华	神疲乏力	声低懒言	隐痛喜按	舌淡苔白或少苔	脉虚无力	补虚
实症	面红	烦躁谵语	声高气粗	剧痛拒按	舌红苔黄、厚腻	脉实有力	泻实

目前，只是单纯"实火"的人已是越来越少了，多数都是"虚火"。治疗"虚火"应采用补阴、滋阴、养阴等法，补阴虚的药物可选用生地、麦冬、玉竹、珍珠

粉、银耳、冬虫夏草、石斛、龟板等。

消灭了"火"，才能阴阳平衡，身体自然健康。

三、望闻问切话中医

据说，"望闻问切"的提出者是春秋战国时期的中医扁鹊。"望闻问切"是中医诊断疾病的基本也是最重要的方法。下面我们依次介绍。

"望"包括一般望诊和舌诊两部分。一般望诊包括望神察色、望形态、望五官等；舌诊则包括望舌质、望舌苔。

望神是观察患者的精神状态，察色则是观察患者面部的颜色和光泽。

望形态是指望形体和动态，从而判断烦躁喜动是什么病症，形瘦善饥是什么病症。

望五官是为了知五脏情况。根据中医的"全息理论"，脸上"五官"（口、眼、耳、鼻、舌）的表现与人体"五脏"（心、肝、脾、肺、肾）的健康状况息息相关。举个简单的例子，眼睛是最重要的感觉器官，所谓"肝开窍于目"，眼睛与肝脏密切关联，得了肝病就会表现在眼睛上，出现双目发黄、两个眼角发青。眼睛看不清东西，可能与肝血不足有关；如果出现眼睛发红、发胀的情况，可能与体内肝火旺盛有关；如果眼睛发干，可能是阴血不足所致。

为什么要望舌质和舌苔，因为舌是胃之外候，以输送食物入食管胃脘之用。舌质是舌的肌肉部分，舌苔是舌面附着的苔状物，舌质可以反映五脏的虚实，舌苔可以察外邪侵入人体的深浅，正常人是淡红舌，薄白苔。若舌质淡白主虚，主寒，舌质红主热，紫舌主淤血，白苔主表症寒症，黄苔主黑症热症，黄而厚腻是湿热或痰热，苔薄病情轻，苔厚病情重，舌苔由薄增厚，表示病进，由厚变薄表示病退。临床上通常把舌质和舌苔变化联系起来，综合判断。中医经验，一般是急性病重舌，慢性病重脉，因为舌象能比较准确、及时反映机体生理病理状况。

熟练运用"望"诊，对疾病的诊断既快又准，所以中医说"望而知之谓之神"。

"闻"诊很简单，包括听声音和嗅气味两个方面，主要是听患者语言气息的高低、强弱、清浊、缓急等变化，以分辨病情的虚实寒热。

"问"诊是通过询问患者或其陪诊者，以了解病情。有关疾病发生的时间、原因、经过、既往病史、患者的病痛所在，以及生活习惯、饮食爱好等与疾病有关的情况，均要通过问诊才能了解，故"问"诊是了解病情和病史的重要方法之一，在四诊中占有重要位置。"问"诊要求中医应有目的地重点探问，围绕患者主诉，突出的主要症状、体征，深入查询其特点及可能发生的兼症，了解病情发展及诊治经过，以提高判断的准确性。

中医"问"诊的目的主要是为了辨症,不同于西医学的完全辨病。如问寒热,要问清是恶寒发热及寒热的轻重主次,还是但寒不热,但热不寒,或寒热往来,发热是壮热还是潮热、身热不扬等,以辨病位、病性。"问"疼痛要问清是胀痛、走窜痛、刺痛、固定痛、冷痛、灼痛、绞痛、隐痛、空痛及拒按、喜按等,以辨寒热、气血、虚实,从而为治疗提供重要的依据。

相关链接

《十问歌》

明代医学家张景岳在总结前人问诊要点的基础上写成《十问歌》,清代陈修园又将其略作修改补充为:

一问寒热二问汗,三问头身四问便,

五问饮食六胸腹,七聋八渴俱当辨,

九问旧病十问因,再兼服药参机变,

妇女尤必问经期,迟速闭崩皆可见,

再添片语告儿科,天花麻疹全占验。

《十问歌》内容言简意赅,可作为问诊的参考。但在实际问诊中,还必须根据患者的具体病情灵活而重点地询问,不能千篇一律地机械套问。

"切"诊又称切脉、诊脉,是医者用手指按其腕后桡动脉搏动处,借以体察脉象变化,辨别脏腑功能盛衰、气血津精虚滞的一种方法。正常脉象是寸、关、尺三部都有脉在搏动,不浮不沉,不迟不数,从容和缓,柔和有力,流利均匀,节律一致,一息搏动四次至五次,谓之平脉。

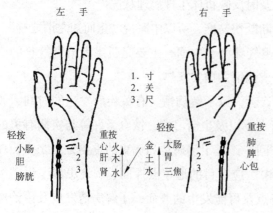

寸口脉分寸、关、尺三部,通常以腕后高骨为标记,其内侧的部位为关,关前(腕侧)为寸,关后(肘侧)为尺。两手各有寸、关、尺三部,共六部脉。

不同脉象的形成，与心脏、脉络、气血津液有着密不可分的关系。脉象的不同变化反映了心力强弱、脉络弛张、气血津液虚滞三个方面的变化。由于气血津液都需五脏协同合作才能完成其生化输泄，所以气血津液的虚滞也就反映了五脏功能的盛衰，从而反映于脉，形成不同的脉象。

心脏搏动的强弱，脉络的张弛，是引起脉象变化的根源。心脏搏动有力，脉象随其病因症象不同而呈洪大滑数等脉；无力则脉象常呈迟细微弱等脉。心脏搏动与脉象起伏，都是肝系膜络交替收缩与舒张的反映。如果血络松弛则呈濡、缓；紧张则呈弦、紧；痉挛则呈结、代；等等。只有将固定的心脏、脉络和流动的气、血、津液连在一起分析，才能揭示脉象变化的本质，对于何症出现何脉才有理有据，不是无源之水，无本之木。

"望闻问切"是中医的诊疗纲领。中医最大的特点是生理学和心理学相结合，而"望闻问切"正是这一特点的重要表现。

相关链接

中医名著《难经·第六十一难》

人问：经言，望而知之谓之神，闻而知之谓之圣，问而知之谓之工，切脉而知之谓之巧。何谓也？

回答：望而知之者，望见其五色以知其病。闻而知之者，闻其五音以别其病。问而知之者，问其所欲五味，以知其病所起所在也。切脉而知之者，诊其寸口，视其虚实，以知其病，病在何脏腑也。经言，以外知之曰圣，以内知之曰神，此之谓也。

第二节　经络气血

中医认为，经络是运行气血、联系脏腑和体表及全身各部的通道，是人体功能的调控系统。经络学也是人体针灸和按摩的基础，是中医学的重要组成部分。经络学是博大精深的中医基础理论的核心之一，为保障中华民族的健康发挥了重要作用。

一、经络、气血与穴位

中医对"经络"的解释是:"经"的原意是"纵丝",有路径的意思,简单说就是经络系统中的主要路径,存在于机体内部,贯穿上下,沟通内外;"络"的原意是"网络",简单而言就是主路分出的辅路,存在于机体的表面,纵横交错,遍布全身。

《灵枢·脉度》中说:"经脉为里,支而横者为络,络之别者为孙。"这是将脉按大小、深浅的差异分别称为"经脉"、"络脉"和"孙脉"。经络主要包括十二经脉、十二经别、奇经八脉、十五络脉、十二经筋、十二皮部等。其中,属于经脉方面的,以十二经脉为主;属于络脉方面的,以十五络脉为主。

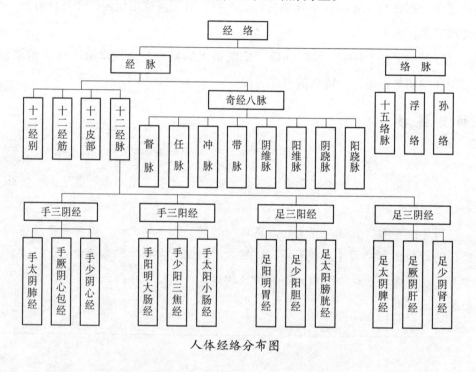

人体经络分布图

相关链接

任督二脉

任督二脉在中医诊脉与道家导引养生上相当重要,同时也因武侠小说里渲染与夸张的描述(如借由武功高强之人打通自身的任督二脉等,武功即可突飞猛进),故而成为一般人最为熟知的气脉名称。

任脉是以人体正下方双腿间的会阴穴为起点,从身体正面沿着正中央往上到唇下承浆穴的一条经脉;督脉则是由会阴穴(也有人说是长强穴)向后沿着脊椎往上走，到达头顶再往前穿过两眼之间，到达口腔上腭的龈交穴。任脉主血，督脉主气，为人体经络主脉。任督二脉若通，则八脉通；八脉通，则百脉通，进而能改善体质，强筋健骨，促进循环。

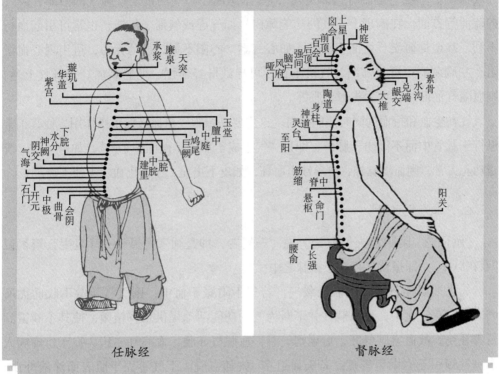

任脉经　　　　　　　　　　　　　　　　督脉经

经络在生理上的作用主要表现在两个方面：一是沟通表理上下，联系脏腑器官；二是通行气血，濡养脏腑组织。通俗一点说，经络是气血运行的通道。

气血是气和血的总称，是构成人体的基本物质，皆化源于水谷精微和肾中的精气，在生成、运行和发挥作用方面，都有赖于心、肝、脾、肺、肾等脏器的功能活动。

气与血密不可分，既相互独立又相互依存，共同维持人体的生理活动。《难经·第二十二难》中说"气主呴之，血主濡之"，其具体表现可从以下两方面理解。

1."气为血之帅"

气能生血，血液的物质基础是精，而促使精化为血液，则有赖于气的作用。如，脾气旺盛健运，则化生血的功能亦强，心血和肝血充盈，表现于外则面色红润，两目视物清晰。若脾气虚不能运化水谷，则化血无源，而导致心血虚或肝血虚，表现于外则面色不华，两目无神，视物昏花，以及气短乏力，心悸等。所以说，"气旺则血充，气虚则血少"。

气不但能生血，还能行血，血液循环的动力是气的推动。故《血证论·阴阳水火气血论》中说"运血者，即是气"，具体体现在心气的推动、肺气的敷布、肝气的疏泄等方面。在病理上，气的功能障碍，如气虚或气滞、气逆，也常可引起血行不利，甚或见血淤、血涌于上等。如心气虚，心阳不振，鼓动无力，可出现心血淤阻、左胸刺痛；肝气郁结，气机不畅，可导致肝经血淤、两胁刺痛。若肝气上逆，则血随气涌面红目赤，头晕头胀等。

气在生血和行血的同时还能摄血。这主要是指脾气对血液的统摄作用，使其正常循行于脉管中而不溢出于脉外，即是"气生成于血中，而固护于外"，如脾气虚，统摄功能失常，则血溢脉外，可导致出血证，如皮下出血、子宫出血、大便下血等。

2. "血为气之母"

《血证论·阴阳水火气血论》说"守气者，即是血"，《灵枢·营卫生会篇》说"营在脉中"，即指营气存在于血脉之中。

气之所以能行血，因血能载气，若气不附藏于血中，则气将涣散不收而无所归。气附存于血中，血以载气并不断为气的功能活动提供水谷精微，使其不断得到营养补充，故血盛则气旺，血虚则气衰，血脱气亦脱，血病气亦病。临床血虚病人多有气短、乏力懒言等症。若失血过多，气随血脱。卫气不固于肌表而津液外泄，可见大汗淋漓不止；若血液淤阻，常可导致气机不畅，如跌仆损伤、伤及血络而出血，血淤于内，导致胸闷、便结等。

说完了经络和气血，我们再来了解下中医里面的另一个重要概念——穴位。穴位依存于经络。它是人体经络线上特殊的点区部位，多为神经末梢和血管较少的地方，中医可以通过针灸或者推拿等方式刺激相应的经络点治疗疾病。穴位的学名是腧穴，别名包括"气穴"、"气府"、"节"、"会"、"骨空"、"脉气所发"、"砭灸处"。

人体周身约有 52 个单穴、309 个双穴、50 个经外奇穴，共 720 个穴位。后来又陆续发现了其他一些新穴，若全部包括在内，人体穴位的总数远超过 1000 个。这些穴位中，有 108 个要害穴，其中的 72 个穴一般点击不至于致命，其余 36 个则是致命穴，俗称"死穴"。需要说明的是，这 36 个致命穴，平常的按摩不会有任何不良影响。所谓致命，是指必有意外的重力、非正常力道，或危险物品施加作用。

我们比较熟知的穴位有头部的"太阳穴"、面部鼻沟处的"人中穴"和足部的"涌泉穴"等。中医认为，按不同的穴位能产生不同的奇效。例如，猛击"太阳穴"

可能致人死亡；而如果对中风的人掐"人中穴"，则可能"起死回生"；对于失眠的人，如果按"神门穴"（位于手腕内侧）十五分钟，便能很快入睡。

中医认为，经络、气血和穴位都是能看得到，摸得着的，如果一个人阴阳失调生了病，就可以从这三方面着手进行治疗，治疗的方法包括针灸和推拿等。

二、行气通络话针灸

针灸是中国特有的治疗疾病的手段，它采用针刺或火灸人体穴位的方法治疗疾病，是一种"内病外治"的医术。在临床上按中医的诊疗方法诊断出病因，找出关键，辨别性质，明确病变属于哪一经脉，哪一脏腑，辨明它是属于表里、寒热、虚实中哪一类型，做出诊断。然后，进行相应的配穴处方治疗。以通经脉，调气血，使阴阳归于相对平衡，脏腑功能趋于调和，从而达到预防疾病的目的。

针灸疗法最早见于战国时代问世的《黄帝内经》一书。《黄帝内经》说"脏寒生满病，其治宜灸焫"，便是指灸术，其中详细描述了九针的形制，并大量记述了针灸的理论与技术。两千多年来，针灸疗法一直在中国流行，并传播到了世界，是联合国教科文组织认定的人类非物质文化遗产代表作之一。

在针灸疗法中，针刺疗法出现得更早。科学家们推测说，远古时期，人们偶然被一些尖硬物体，如石头、荆棘等碰撞了身体表面的某个部位，会出现意想不到的疼痛被减轻的现象。古人开始有意识地用一些尖利的石块来刺身体的某些部位或人为地刺破身体使之出血，以减轻疼痛。人们已掌握了挖制、磨制技术，能够制作出一些比较精致的、适合于刺入身体以治疗疾病的石器，这种石器就是最古老的医疗工具——砭石。于是，人们就用砭石刺入身体的某一部位治疗疾病。砭石在当时还常用于外科化脓性感染的切开排脓，所以又被称为针石。《山海经》说"有石如玉，可以为针"，这是关于石针的早期记载。中国在考古中曾发现过砭石实物。可以说，砭石是后世刀针工具的基础和前身。

针灸中的火灸疗法产生于火的发现和使用之后。在用火的过程中，人们发现身体某部位的病痛经火的烧灼、烘烤而得以缓解或解除，继而学会用兽皮或树皮包裹烧热的石块、砂土进行局部热熨，逐步发展以点燃树枝或干草烘烤来治疗疾病。经过长期的摸索，选择了易燃而具有温通经脉作用的艾叶作为灸治的主要材料，于体表局部进行温热刺激，从而使灸法和针刺一样，成为防病、治病的重要方法。由于艾叶具有易于燃烧、气味芳香、资源丰富、易于加工贮藏等特点，因而后来成为了最主要的灸治原料。

"砭而刺之"渐发展为针法，"热而熨之"渐发展为灸法，针灸疗法就这样诞生了。

相关链接

　　针具的"针"，繁体作"鍼"，字从金从咸，"金"表示"金属"，如金、银、青铜等材料，"咸"意为"酸涩"，"金"与"咸"联合起来表示"一种产生酸涩感觉的器具"。也不排除古人采用油炸过的竹针作为一次性针具的可能，这种竹针名叫"箴"，其字形中的"咸"依然是"酸涩"的意思。

　　传统的针灸疗法主要有以下几种。

　　（1）毫针刺法。指利用毫针刺入或刺激穴位，疏通经络以防病、治病的方法，包括持针法、进针法、行针法、补泻法、留针法、出针法等。另外还有三棱针刺法、皮肤针刺法、皮内针刺法、火针刺法、芒针刺法、电针刺法。

　　（2）拔罐法。应用各种方法排除罐筒内空气以形成负压，使其吸附体表以治疗疾病的方法。通过吸拔，可引致局部组织充血或郁血，促使经络通畅、气血旺盛，具有活血行气、止痛消肿、散寒、除湿、散结拔毒、退热等作用。

　　（3）梅花针疗法。也称皮肤针疗法，由五根或七根针结成丛针，弹刺皮肤经络穴位。

　　（4）艾灸疗法。艾灸疗法有艾条灸、艾炷灸和温针灸等。艾条灸分温和灸、雀啄灸和熨热灸三种。艾炷灸分直接灸和间接灸两种。温针灸又称针上加灸或针柄灸，即针刺得气后在针柄上套艾条，点燃，使其通过针体传入穴位内。

相关链接

　　唐高宗弘道元年（公元683年）11月，皇帝得了头痛病，坐立不安，惊动朝野，遂急召侍医秦鸣鹤诊视。秦鸣鹤赶紧来到皇上跟前问病后说："万岁只要头部刺出血，就可以好了。"垂帘后面的皇后，不想让皇上的病转愈，当即大发雷霆，怒道："真是该杀！你竟敢要把皇上的头刺出血！"秦鸣鹤一想，这个病没法儿看了，立时跪倒，叩头请罪。高宗相信秦大夫的话，恨不能马上止住痛，肯定地说："就照你说的办，未必不好。"于是，秦鸣鹤站起来，取出针，准确刺了百会、脑户二穴，微微出了点血，皇帝头痛立刻止住了。皇上对侍医说："我感觉眼睛也比此前看得更清楚了。"

三、推拿与按摩

　　推拿是一种非药物的自然疗法、物理疗法，通常是指医者运用自己的双手作用于病患的体表、受伤的部位、不适的所在、特定的穴位、疼痛的地方，具体运用推、拿、按、摩、揉、捏、点、拍等形式多样的手法，以期达到疏通经络、推行气血、扶伤止痛、祛邪扶正、调和阴阳的疗效。

推拿的历史可追溯至远古时期，先民们在生存竞争中遇到意外损伤时，由于用手按抚体表患处而感到疼痛减轻或缓解，从而逐渐发现其特殊的治疗作用，并在长期实践的过程中形成了这一独特疗法。《素问·异法方宜论》载述：推拿之法出自中国中州地区，因为该地区生活安逸，环境潮湿，民众"病多痿厥寒热，其治宜导引按跷"的缘故。《黄帝内经》还对推拿疗法的适应证和禁忌证作了介绍，指出各种痹证、痛证、痿证及某些急症可以按摩治疗，而腹部患有脓肿者则应禁止施以切按手法，反映了先秦时期对推拿疗法已有相当深入的认识。

中国第一部推拿专著《黄帝岐伯按摩经》十卷，成书于秦汉时期。东汉著名医学家张仲景的《金匮要略》中，介绍了类似今天的前胸按压抢救心跳、呼吸骤停的心肺复苏术等治疗方法。

隋唐时期，朝廷设立有按摩专科，有按摩博士、按摩师、按摩工等职别，并在太医署展开了有组织的教学活动。到了宋元时期，推拿运用的范围更加广泛，如宋代医生庞安时"为人治病，率十愈八九……有民家妇孕将产，七日而子不下，百术无所效……令其家人以汤温其腰腹，自为上下拊摩。孕者觉胃肠微痛，呻吟间生一男子"，便是运用了按摩法催产。宋代陈直的《养老奉亲书》中提出，老年人经常擦涌泉穴，可使晚年步履轻便，精神饱满。

以后各朝代，均将推拿列为临床专科，促进了推拿疗法的普及和发展。明清时期，在全面总结推拿临床治疗经验的基础上，发展了许多各具特色的推拿治疗方法，形成了诸多不同的流派，有关专著达数十种之多。

张仲景，著名医学家，被后人尊称为医圣。其代表作《伤寒杂病论》是中国第一部从理论到实践确立辨证论治法则的医学专著。《金匮要略》是后人根据《伤寒杂病论》的残简整理成册的。

我们今天常见的一种推拿方式就是按摩。按摩是指医者运用按摩手法，在人体的适当部位进行操作，所产生的刺激信息通过反射方式对人体的神经体液调整功能施以影响，从而达到消除疲劳，调节体内信息，增强体质，健美防衰，延年益寿的目的。

最普遍的按摩就是保健按摩。其施法很多，如常用的表面按摩法、揉捏池颈法、棉布摩擦法、背腰部的拍打法、四肢抽抖法等，它动作轻柔，运用灵活，便于操作，使用范围甚广，不论男女老幼、体质强弱、有无病症，均可采用不同的施术手法，进行保健按摩。

在众多保健按摩中，足部按摩是最流行也是最重要的。专家认为，足部按摩有两个作用。第一，可以促进血液循环。脚在人体最底部，血液中的尿酸晶等有害物质沉积在脚底，不利健康。通过足底按摩，分解沉积在脚底的有害物质，可使其通过汗液、尿液排出体外。第二，脚是人的第二心脏，人的脏腑器官与足底穴位是一一对应的。足部按摩通过反射区促使大脑传导信号，改善人体内分泌和血液循环，调节生理环境。

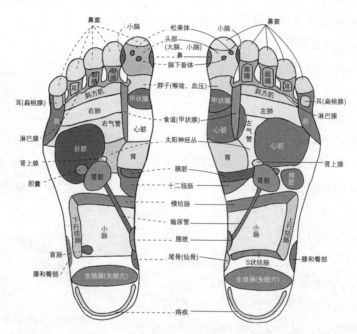

人体的各部位器官在足底都可以找到相对应的部位，通过按摩相对应的部位可以调整器官功能的状态。

相关链接

古人曾经有过许多对足浴的经典记载和描述："春天洗脚，升阳固脱；夏天洗脚，暑湿可祛；秋天洗脚，肺润肠濡；冬天洗脚，丹田温灼。"苏东坡说："热浴足法，其效初不甚觉，但积累百余日，功用不可量，比之服药，其效百倍。"又在诗中写道："主人劝我洗足眠，倒床不复闻钟鼓。"陆游道："洗脚上床真一快，稚孙渐长解浇汤。"清朝外治法祖师在《理论骈文》中道："临卧濯足，三阴皆起于足，指寒又从足心入，濯之所以温阴，而却寒也。"

我国是足部按摩起源最早的国家，几千年前的中国就有关于足部按摩的记载。据考证，当年足疗与针灸在我国为"同根生"的疗法。《黄帝内经》"足心篇"之"观趾法"（一种诊疗方法），隋朝高僧所撰《摩诃止观》之"意守足"（常擦足心能治多种疾病），汉代神医华佗之"足心道"（意即足底的学问），司马迁《史记》之"俞跗用足治病"，说的都是足部按摩。

中医认为，人有四根，即鼻根、乳根、耳根、足根，"鼻为苗窍之根，乳为宗气之根，耳为神机之根，脚为精气之根"。鼻、耳、乳仅是精气的凝聚点，脚才是精气总的集合点。观之临床，头脑清灵，步履轻健均为健康的特征；而头重脚轻，脚肿履艰，则为病体之躯。因此，古今中外的养生健身方法，都极为重视足部的锻炼。

四、刮痧与拔罐

除了针灸、推拿和按摩外，中医治疗和养生的方式还有刮痧和拔罐。

刮痧是以中医经络穴位理论为指导，通过特制的刮痧器具和相应的手法，蘸取一定的介质，在体表进行反复刮动、摩擦，使皮肤局部出现红色粟粒状，或暗红色出血点等"出痧"变化，从而达到活血透痧的作用。刮痧还可配合针灸、拔罐、刺络放血等疗法使用，可加强活血化瘀、驱邪排毒的效果。

中医常用的刮痧用具包括刮痧板和刮痧油。

刮痧板主要有三种。第一种是以水牛角为代表的牛角类，味辛、咸、寒，辛可发散行气、活血消肿；咸能软坚润下；寒能清热解毒、凉血定惊。此类刮痧板质地坚韧、光滑耐用、原料丰富、加工简便。第二种是具有润肤生肌、清热解毒、镇静安神、辟邪散浊等作用的玉石类。第三种是以泗滨浮石为代表的砭石类。这种石材含有多种微量元素，红外辐射频带极宽，可以疏通经络、清热排毒、软坚散结，并能使人体局部皮肤增温。除此之外，铜钱、银元、瓷汤勺、嫩竹板、棉纱线、蚌壳、树脂、硅胶等，也都可作为刮痧板。

砭石类的刮痧板，阴阳造型，充分体现了中医所倡导的阴阳调和思想。

刮痧油主要有液体类和乳膏类两种。液体类大都选用凉开水、植物油（如芝麻油、茶籽油、菜籽油、豆油、花生油、橄榄油）和药油（如红花油、跌打损伤油、风湿油）等，不仅可防止刮痧板划伤皮肤，还可起到滋润皮肤、开泄毛孔、活血行气的作用。乳膏类就很现代化了，如凡士林、润肤霜、蛇油、扶他林乳膏等，都可当作刮痧油。

拔罐是以罐为工具，利用燃火、抽气等方法产生负压，使之吸附于体表，造成局部淤血，以达到通经活络、行气活血、消肿止痛、祛风散寒等作用的疗法。拔罐疗法在中国有着悠久的历史，早在成书于西汉时期的帛书《五十二病方》中就有关于"角法"（类似于后世的火罐疗法）的记载。

相 关 链 接

《医宗金鉴·刺灸心法要诀》中提到一种治疗疯狗咬伤的特殊拔罐之法，即在咬伤处"急用大嘴砂酒壶一个，内盛干烧酒，烫极热，去酒以酒壶嘴向咬处，如拔火罐样，吸尽恶血为度，击破自落"。

清代以前，拔罐是随着针灸缓慢发展的。进入清代，拔罐疗法开始独立发展。首先是拔罐工具的革新，之前所用的竹罐尽管价廉易得，但吸力较差，且久置干燥后，易产生燥裂漏气。为补此不足，清代出现了陶土烧制成的陶罐，并正式提出了沿用至今的"火罐"一词。清代赵学敏的《本草纲目拾遗》中说："火罐，江右及闽中皆有之，系窑户所烧售。小如人大指，腹大，两头微狭，使促口以受火气，凡患一切风寒，皆用此罐。"这说明当时陶罐已经作为商品买卖，广为流行了。

其次是拔罐方法有了较大进步。"以小纸烧见焰，投入罐中，即将罐合于患处。如头痛则合在太阳、脑户或颠顶，腹痛则合在脐上。罐得火气合于肉，即牢不可脱，须等其自落……肉上起红晕，罐中有气水出"，此类拔罐法即目前仍颇为常用的投火法。而且，一改以往以病灶区作为拔罐部位，采用吸拔穴位来提高治疗效果。此外，拔罐疗法的治疗范围也突破了历代以吸拔脓血疮毒为主的界限，开始应用于多种病症，如《本草纲目拾遗》所云："拔罐可治风寒头痛及眩晕、风痹、腹痛等症"，可使"风寒尽出，不必服药"。

无论是针灸还是推拿，或是刮痧和拔罐，其实都是中医在经络、气血与穴位的基础上进行的针对性治疗，它们都是中医文化的精华。

第三节 养 生 智 慧

养生是中医的重要组成部分。中国古人的医疗思想是未雨绸缪，未病先治。如果说中医的治疗是"术"，那么养生就是"道"。中医所说的养生并不仅仅是养形，更重要的是养心。无论是药疗还是食疗，其最终目的都是调节阴阳平衡，阴阳平衡了，养生的目标也就达到了。

一、养生先养心

中医说："怒伤肝，喜伤心，思伤脾，忧伤肺，恐伤肾。"情绪的"太过"会导致气血运行失常，脏腑功能失去平衡，阴阳失调。《黄帝内经》上有一句话叫"主明则下安，以此养生则寿"，这里的"主"是指心脏。古人认为，心脏掌控人的情绪，所以，心脏的"情绪"必须先稳定、平和下来，人才会长命百岁。《黄帝内经》里还有一句话："主不明则十二官危。"意思是：心里如果不平静，那人体所有的脏腑都可能陷入危险之中。

心为五脏之主，是全身血脉的总枢纽。心主神明，主血脉。神明是精神意识活动，血脉是血液和经脉。现实生活中，任何一种不良情绪的出现都会连累到心脏。心脏最勤奋，又是最容易受伤的。所以，中医告诉我们："善养生者养心，不善养生者养形。"

当然，古人所说的"心"并不仅指心脏，而是中华文化中最常见的概念，即思想、意念、心理、情感的总称。养心的标准是把人的思想、意识、心理调整到最佳状态。那么，如何才能将这四者调整到最佳状态呢？核心在于调整好"喜、怒、思、忧、恐"这些情绪。具体而言，要做到以下几点。

第一要"心广"。心怀开阔则眼界宽，看得高，看得远，志向大，关心的是天下苍生的命运，而不是一己私利。胸怀开阔还包括能容人、容物、容辱，即弥勒佛旁的联语所言：大肚能容，容天下难容之事。

第二要"心正"，要正直、真诚。古人有句名言："言德之本，莫尚乎正心，心正而后身正。"心正，才能心地光明，才能行正道，才能实现大志。

第三要"心平"，即心境平和、宁静。

第四要"心安"，内心安适与习惯，即对现实、对命运、对处境、对待机遇要安适与习惯，要正确对待。

第五要"心静"，万事要随缘，就是要做到凡事不可盲目强求，应当分析利弊，尊重规律，适可而止，守中道，把握恰当的度。

第六要"心定"，心要沉静、安定。

以上就是中医和中国传统文化联袂演绎的养生先养心的精髓，它看上去和中医无关，实际上恰好是中医心理思想的精髓所在。人只有在心理上健康，才能身体健康，最终达到身心健康的理想境界。

二、未病先治

据说扁鹊兄弟三人都是医生，而且医术都不错。当时魏国国王有次问扁鹊："你兄弟三人，谁的医道最好？"

扁鹊回答："长兄最好，二哥次之，我最差。"

魏文王大惑不解，问道："那怎么你的名声最大？"

扁鹊说："我长兄治病，是治在病的发作前，一般人还未感到病的危害他就给治了，所以名气不大。我二哥治病是在病的初发期，轻微小病，一治就好，所以，别人以为他只能治些小病。我治病是治在病情严重的时候，病人死去活来，所以我治好后，大家认为我医术好，于是我的名声就最大。"

这个故事的道理可以用唐代著名中医孙思邈的话来说："上医医未病之病，中医医欲病之病，下医医已病之病。"由此可以很容易地看出，中医都将"未病先治"看作医者追求的最高层次和境界。

"未病先治"也就是"治未病"，它是一个古老而又前沿的命题，中医"治未病"的目的是延长健康而美好地生活。中国医学的古圣先贤们汲取中华文化中居安思危、防微杜渐、未雨绸缪等忧患思想，提出了"治未病"这一最著名的论断，即《素问·四气调神大论》中提出的"圣人不治已病治未病，不治已乱治未乱，此之谓也。夫病已成而后药之，乱已成而后治，譬犹渴而穿井，斗而铸锥，不亦晚乎"，由此逐渐形成了独特的"治未病"理论学术体系，成为中医学的理论精髓。

如何才能"治未病"呢？具体说来就是四个字：防病于先。"治未病"首先应该着眼于平素养护和调摄，未雨绸缪，积极采取措施，防止疾病发生。在平时注意保养身体，从培养正气，提高机体抗邪能力和防止病邪侵袭两个方面预防疾病的发生。

医学告诉我们，健康与疾病之间并没有一个截然的界限，中间可能存在一个"第三状态"（即亚健康状态）。在此状态，尽管事实上体内已开始发生某些异常变化，但病象尚未显露，或虽有少数临床表现，却不足以据此确诊病症。中医"治未病"的任务就在于使其向健康态转化。《黄帝内经》中提道："肝热病者左颊先赤，心热病者颜先赤，脾热病者鼻先赤，肺热病者右颊先赤，肾热病者颐先赤。病虽未发，见赤色者刺之，名曰治未病。"显然，这里的"治未病"，不是未病先防，而是在病虽未发生、但将要发生之时，采取措施治其先兆。临床上像中风之类的病症，多数有先兆症状，如头眩、肢麻、手颤等，如能及时发现，采取果断措施，就可以避免发病。还有一些发作性疾患，如哮喘病，当出现先兆症状时，或在缓解期，预先采取措施，就可以阻止其发作。

当然，"治未病"还有具体的方式，比如通过饮食、运动、精神调摄等方法和手段。饮食要以清淡为主，吃七分饱，适量运动，要时常养心。中医正是提倡用这些方法和手段来维系人体的阴阳平衡，提高机体内在的防病、抗病能力，做到"正气存内，邪不可干"，从而维护"精神内守，病安从来"的健康状态。

三、药食同源

隋唐时期的中医书籍《黄帝内经太素》一书中有这样的话："空腹食之为食物，患者食之为药物。"这句话反映的就是"药食同源"的思想。

"药食同源"是说中药与食物是同时起源的。《淮南子·修务训》称："神农尝百草之滋味，水泉之甘苦，令民知所避就。当此之时，一日而遇七十毒。"可见神农时代药与食不分，无毒者可就，有毒者当避。

随着经验的积累，药食才开始分化。在使用火后，人们开始食熟食，烹调加工技术才逐渐发展起来。在食与药开始分化的同时，食疗与药疗也逐渐区分。

"药食同源"的理论认为，许多食物既是食物也是药物，食物和药物一样能够防治疾病。在古代原始社会，人们在寻找食物的过程中发现了各种食物和药物的性味和功效，认识到许多食物可以药用，许多药物也可以食用，两者之间很难严格区分。这就是"药食同源"理论的基础，也是食物疗法的基础。

对于"药食同源"的理解，应从两个方面来看：一是中药与食物的产生方法相同；二是它们的来源相同。

首先，中药的产生与食物一样，都来自我们祖先千万年的生活实践，是与大自然、与疾病长期斗争的经验结晶。原始人最初的生产方式——尝试和寻找食物，往往在饥不择食的情况下，在吃的过程中，难免会误食一些有毒或有剧烈生理效应的动、植物，以致产生明显的药理作用，甚至死亡。经过无数次反复试验，对动、植物产生了第二认识，即产生了原始的中药，因而吃是积累中药知识和经验的重要途径。

其次，中药与食物一样来源于自然中的动、植物，而且很多中药与食物，很难截然分开，可以说身兼两职，如粮食类中的药物有谷芽、麦芽、淮小麦、浮小麦等，蔬菜类有荠菜、萝卜、芥菜、山药、百合、藕、败酱草、冬瓜、南瓜、赤小豆、黑大豆、刀豆、扁豆等，果品类有山楂、乌梅、龙眼、橘类、柚类、莲子、杏仁、无花果等，调味品类有山萘、生姜、桂皮、丁香、花椒、胡椒、八角茴香、小茴香、草果等，动物类中就更多，包括蛇类、家畜类、水产类、野兽类等。

药食同源，使中药具有浓厚的生活气息，也使中药强化了它的实用性和经验性，人类生活中包含了中药，中药就在人类生活中产生。

体验课堂

活动设计

主题：了解经脉、穴位，掌握一定的推拿手法

形式：角色扮演

内容：在专业人士的讲解和示范下，学生分为两组，互相为对方推拿，受推拿方写下感受，要求深刻理解中医所说的经脉、穴位等知识。

互动交流

1. 各抒己见

什么是中医的"四诊法"？"四诊法"的具体内容和要求有哪些？在现代医学检测手段日益发达的今天，"四诊法"是否已经过时了？

2. 阅读思考

阅读《求医不如求己》（中里巴人著，江苏文艺出版社，2009年），谈谈你对该书内容的评价。

3. 网上冲浪

到网络上搜集中国古代著名中医的事迹和思想，梳理他们对博大精深的中国医药、养生的具体贡献。

第八章

无极而太极：中国武术

中国武术是以中华文化为理论基础，以技击方法为基本内容，以套路、格斗、功法为主要运动形式的传统体育。中国武术追求的境界是：重和谐、重整体、重直觉。"重和谐"不仅体现在天人和谐，还体现在人与人之间、人与社会之间的和谐，这正是中华武术追求武德的原因；"重整体"是武术"内外合一、术道并用、形神兼备"的写照；"重直觉"表明了武术重"悟"的文化特征。武术讲求"口传心授"，其中的"心授"就需要靠"直觉"和"体悟"，而这也正是中国武术能够演绎灵动之美的基础。

本章知识目标

了解中国武术的历史和发展脉络，了解中国武术的基本派别和民族特色。

本章能力目标

在专业老师的指导下，学会一种中国武术，如太极拳或长拳。通过练习，达到强身健体的目标。

本章素质目标

体验中国武术精神，深刻理解"武德"的含义，认识到武术绝不是斗殴的手段。

情 境 导 入

在弘扬中国传统武术方面，香港武侠电影可谓功不可没。香港武侠电影多如繁星，李连杰的《精武英雄》、甄子丹的《叶问2》是最能体现中国武术精神内涵的两部影片。《精武英雄》中有句台词：击倒对手最好的方法就是用手枪，但练武的目的是为了将人的体能推向最高极限。《叶问2》中，甄子丹饰演的叶问最后一拳狠揍西洋拳师时，人人都希望叶问把他打死。但叶问在殴打高潮时停了下来，此时，中华武术的精神彻底展露：止戈为武，以和为贵。这两部电影充分体现了中国武术尚武崇德、重在修身的精神追求。

第一节　止戈为武，尚武崇德

"止戈为武，尚武崇德"，是中华武术精神的灵魂。在漫长的岁月中，中国武术不仅形成了一套自己独特的理论、技术、功法，也形成了一套与武术密切相关的道德体系，这就是人们常说的"武德"，即习武的道德。表面上看，讲究社会公德、尊师重道，反对好勇斗狠、恃强凌弱的"武德"是对习武者的道德规范，实际上它体现了中国传统文化中的"以德为本"，显现了儒家文化中以"仁"为核心的道德内涵。

相 关 链 接

止 戈 为 武

《左传·宣公十二年》记载：楚国大夫潘党，劝楚庄王把晋国军人的尸体堆积起来，筑成一座大"骷髅台"（叫作"京观"），作为战争胜利的纪念物，留给子孙后代看，借以炫耀楚国的武力，威慑诸侯。楚庄王却不同意这种做法，他说："非尔所知也。夫文，止戈为武。"意思是说：战争不是为了宣扬武功，而是为了禁止强暴，给百姓带来安定的生活。从文字组成上讲，"武"字是由"止"和"戈"两个字组成的，"止戈"才是"武"！止息兵戈才是真正的武功。于是，楚国的军队按照楚庄王的命令，到黄河边祭祀了河神，修筑了一座祖先官室，很快就班师回国了。

一、武术的前世今生

武术是中华民族在长期的历史演进过程中不断创造、逐渐形成的一个优秀民族传统项目。其发展大致经历了以下几个阶段。

1. 秦朝以前：武术起源

中国武术的起源可以追溯到原始社会时期。当时，人类为了基本的生存需求必须要和猛兽搏斗，同时还要和邻近的部落争夺生存资源而打架，于是就有了初期的格斗技能。

格斗技能和今天我们所谓的武术截然不同，它纯粹是技击方法，没有理论基础。当历史进入夏商周时期，在社会掠夺加重、阶级斗争兴起与王朝更迭的背景下，武力显得尤为重要。上至王公贵族，下到黎民百姓，都会点三脚猫功夫。不过这一时期的主要格斗训练场所是在军营。西周时期，军队中已经出现了武舞训练的学校。

值得注意的是，这种与战争相关或防身杀敌的格斗技能训练还只是一种武艺训练。它属于军事训练活动范畴的武艺，但不同于体育范畴的武术。武术的表现重在虚拟，武艺的表现重在实效；武术追求是健身娱乐，武艺追求的是战场功夫。也就是说，中国武术的形成还有待武艺向武术的转变。

2. 秦汉至唐代：武舞结合

秦朝统一中国后，"收天下兵"，禁止民间私藏兵器。这样一来，从前与军事结合十分紧密的一些武艺，如手搏、角力，逐渐脱离实战，发展成一种娱乐活动——角抵戏，这就是史书所谓的"讲武之礼，罢为角抵"。秦二世胡亥就很喜欢在宫中观看这种徒手搏斗的角抵戏。

除了赤手空拳的表演之外，秦汉时期的器械表演也初显端倪。秦汉之间有了兵器对刺的表演。例如，"项庄舞剑，意在沛公"故事中项伯与项庄的对舞剑，便说明当时的武术已由过去单纯的攻防动作，逐步发展成可以单独演练的套路形式。

兵器对练表演经过两晋南北朝时期的不断扩大，至唐代时，这种表演又吸收了

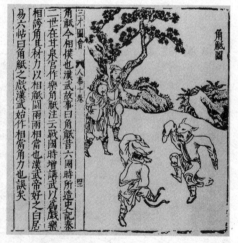

明朝人王圻及其儿子王思义撰写的百科式图录类书《三才图会》中，图文并茂地描述了古代的角抵戏。

健舞表演的精华，增加了表演技巧内容，形成连续动作，使具有防身健体与艺术表演特点的武术日趋形成。

唐人所表演的剑舞、矛舞、"破阵"舞、"大面"舞、狮舞等已到了出神入化的境地，精通剑术与擅长剑舞的人很多。例如，诗人杜甫赞公孙大娘的剑舞"观者如山色沮丧，天地为之久低昂"，诗人苏涣在观看裴旻的舞剑后赞道"忽如裴旻舞双剑，七星错落缠蛟龙"，还有尉迟敬德与李元吉较技"空手夺槊"的传说，都说明了武术在唐朝时得到了很大的发展。

不过，当时无论是剑舞、矛舞还是"破阵"舞，主要还是舞蹈，与后来紧紧扣住攻防格斗为主题的武术套路还有明显区别，这说明唐代的套路武术还不成熟。但是武术，尤其是套路武术，需要极为丰富的动作素材，唐代舞蹈的高度发达，特别是武舞达到一个高峰，为后来武术的发展提供了重要的前提条件。

3. 宋代：正式形成

进入宋代，中国武术及武术文化正式形成。宋代，火器大量在战场上使用，一些被淘汰的冷兵器转入民间，在娱乐、健身、表演方面广泛使用。又由于冷兵器在战场上并未被完全取代，加之社会动荡、官逼民反等因素，武术与军事形成了一种若即若离的状态，而这种状态正是中国武术得以形成与发展的最重要条件。正是在这种条件下，武术既保持了自己"武"的特点，又融合了其他文化元素，如舞蹈、养生、杂技、气功等，同时在套路设计上可以不再受战队列与单纯技击目的的制约，因此，许多形形色色的早已从战场上消失的武器在武术家的手中依然熠熠生辉。

这些社会环境和客观条件极大地推动了武术的发展。宋朝时期诞生了作为指导后世武术发展的重要理论经典著作《太极图说》（周敦颐）与《悟真篇》（张伯端），以及其他武术理论著作，如《武经总要》和《武经七书讲义》等。这一时期，兵器武艺向多样化发展，出现了"十八般武艺"之说。兵械形制增多，使用方法多样化，促进了武艺的发展。

相关链接

宋时武艺表演队

宋太宗时，选诸军勇士数百人，教以剑舞，皆能掷剑于空中，跃其身左右承之，见者无不恐惧。会契丹遣使修贡，赐宴便殿，因出剑士示之，数百人袒裼鼓噪，挥刃而入，跳掷承接，曲尽其妙，契丹使者不敢正视。及是巡城，必令舞剑士前导，各呈其技，北汉人乘城，望之破胆。

随着商业经济的繁荣，市民阶层的壮大，出现了瓦舍、勾栏等游艺场所，大量以习武卖艺为职业的民间艺人聚集其中进行表演，"作场相扑"、"使棒作场"的人比比皆是。瓦舍的出现，为大批职业艺人提供了相对固定的表演场地。商业化的习武卖艺，促进了武艺的专门化、职业化。

民间艺人在瓦舍、勾栏中的表演形式，角抵是一个重要内容，男女老少均可参加。除了对抗性的角抵、手搏外，套子武艺也有了较大的发展。如角抵前，"先以女飐数对打套子，令人观睹，然后以膂力者争交"。至于"使拳"、"舞砍刀"、"舞蛮牌"、"舞剑"、"使棒"之类，皆可能是拳术、刀、棒、剑、牌术的套子武艺。这里的套子，即是武术的套路表演。这些表演与以练武卖艺为生的艺人，促进了武艺的专门化、职业化、商业化，既有技击的特点，也有娱心的艺术。

除了瓦舍、勾栏等游艺场所的出现外，结社组织的出现也推动了民间武术的发展。农村出现了弓箭社、忠义社等以社、堡、山寨形式的武艺结社组织，同时出现了很多城市结社组织，如争交的"角抵社"、"相扑社"，射弩的"锦标社"、"川弩社"，兼有弓弩的"川弩射弓社"，使棒的"英略社"等。

从这些方面看，宋代武术体系已基本形成，特别是套路武艺的发展，奠定了中国古代武术的基本格局，从而基本摆脱了从属于军事训练的地位，在民间广阔的土壤中生长起来，并按自身的规律演进。

4. 明清时期：不断完善

元代禁止人民练武，直至明代中叶，社会上才有了一个武术运动发展的高潮。宋代以前，中国的武术基本上是以刀、枪、棍、拳、剑分门别类。明代开始，中国武术在全国范围内形成了诸多风格迥异的流派，中国武术体系在明代进一步完善。

相 关 链 接

主要武术流派

（1）少林派。天下功夫出少林，少林武术是中华武术中的一颗璀璨明珠，它发源于河南省登封市嵩山少林寺，因而得名。

（2）武当派。在中国武林中有"外家少林，内家武当"的说法。武当派因发源于湖北均县境内的武当山而得名。武当山历来为道教圣地。道家讲究清静无为，又最讲究养生之道，所以，武当拳的特点是技击与养生并重，融养生于技击之中，以"内功外拳"为本体特征，以动静结合、虚实相间、刚柔并济、圆转走化为表现形式。几乎所有的道家拳派都是如此，这与偏重技击的佛门拳派少林拳有所不同。"太极"、"形意"、"八卦"等内家拳派便是武当派的代表。

（3）峨眉派。峨眉派是因佛教四大名山之一的峨眉山而得名的。历史上的峨眉武术起源于先秦时期，创始人是先秦时期的武师司徒玄空。他是有史记载的中华武术第一人。因其曾模仿峨眉山白猿的形态创造了白猿剑法（即猿公剑法）与白猿通臂拳，又称白猿公。峨眉派武术成型是在南宋，代表人物是峨眉山白云禅师和白眉道人。

清代光绪二十七年，由于火器在战争中的作用越来越大，清廷宣布废止为选拔军事人才而设的武举制。至此，武术从总体上退出了军事技术范畴。与此同时，民间武术随之兴盛，并进入了多渠道普及和蓬勃发展的新阶段。这一时期最为鲜明的特点便是，武术与传统文化的融合更为广泛，在汲取中国传统文化的基础上，不断完善流派体系，升华武术理论。这一时期出现了以传统哲学名词命名，并以哲理阐发拳理的拳术和拳派，如以太极学说立论的太极拳，以八卦学说立论的八卦掌，以五行学说立论的形意拳。同时，自宋代开始萌芽的武术与气功的交融在清代有了更大发展，几乎所有的武术流派都注重运用内功的方法来锻炼、提高运气、用气的能力。

相关链接

拳　种

中国武术门派之多，在全世界都是非常少见的。据统计，中国目前"历史清楚、脉络有序、风格独特、自成体系"的拳种有300多个，如少林拳、白鹤拳、梅花桩、武当派、心意拳、形意拳、太极拳、八卦掌、咏春拳、洪门拳、意拳、劈挂拳、通背拳、五行通背拳、祁家通背拳、八极拳、燕青拳（迷踪拳）、红拳、查拳、华拳、罗汉拳、虎形拳、通臂拳、螳螂拳、截拳道等。

清代民间教门与会社，如白莲教、拜上地会、天地会，以及后来白莲教分支的天理教、八卦教、义和拳等，均传习武技，如红拳、梅花拳、八卦拳、洪家拳等，民间拳师和拳手以报国为己任，极大地推动了武术的传播。

发展到今天，武术已经被称为国术，成为中国传统文化中"武"文化的代表。

二、习武与修身

中国古人始终强调，武术并不是用来打架的，也不是为了战争，而是用作强身健体的。《左传》云"春搜、夏苗、秋狝、冬狩，皆于农隙以讲事也"，明确地说明在农闲之时，人们进行各种与武术有关的身体活动内容，其目的绝对不仅仅是为了战争，而更多是为了修身养性，强身健体。"未教武功，先教武德"，这是历代武术前辈、拳师所传之精要。当武术家切磋技艺时，应该"点到即止"，不应乱作杀伤。会武的人，"切忌心浮气躁"，必须"戒急用忍"，因为武术不应用作主动伤人，而只应"在必要时作自卫用途"。

相关链接

永春白鹤拳于明末清初由福建省福宁州（现霞浦县）北门外少林拳师方种的独生女方七娘所创。《永春白鹤拳拳谱》强调："凡人欲学艺，先学修身养性，固己根本，学习拳法，须养性，勿忘修养二字。"历代授徒的永春白鹤拳师总结出"五戒、五顾、持四善、懔十戒"的朴实武德条文，要求生徒严格遵守。

五戒：一戒淫欲，二戒酗酒，三戒欺老人，四戒辱小儿，五戒凌妇人。

五顾：一顾己体，二爱学弟，三睦邻里，四知高低，五敬师长。

持四善：善修其身，善正其心，善慎其行，善守其德。

懔十戒：戒好斗，戒好胜，戒好名，戒好利，戒骄，戒诈，戒浮夸逞能，戒弄虚作假，戒挑拨离间，戒为非作歹。

中国武术的大多门派都有类似永春白鹤拳那样的门规、戒律或戒说。少林戒说中提出"习武术者以强体魄为要旨，宜朝夕从事，不可随意作辍"，还有"拳不离手，曲不离口"、"冬练三九，夏练三伏"等拳谚。最全面的戒律要属少林拳法中的"五忌七伤"："一忌荒惰，二忌夸矜，三忌躁急，四忌躐等，五忌酒色"；"一近色伤精，二暴怒伤气，三思虑伤神，四善忧伤心，五好饮伤血，六锻惰伤筋，七躁急伤骨"。这些都是习武者需严格遵守的戒规。

正是由于中国武术将武德与修身养性、强身健体作为重要内容甚至终极目的，所以才产生了能够帮助人们增强体质的诸如消肿舞、导引术、五禽戏、八段锦、易筋经，以及近代以来的太极拳、木兰拳、保健气功等武术种类。

学习武术的过程是艰苦的，正是因为艰苦，所以才能锻炼我们的意志，这也是中国武术强调习武就是修身的关键所在。

三、习武与习礼

武术礼仪是武德的重要表现方式，是习武之人需要共同遵守的基本的道德行为规范，体现了习武之人的文明礼貌。

传统武术界中，最主要的礼仪有两点：一是师徒之间的礼仪；二是同门师兄弟以及与其他武林同道之间的礼仪。

师徒之间的礼仪是传统武术礼仪的核心。中国武术技巧性非常强，大多需要言传身教，而师傅的择徒标准也非常严格，"为武师，须教礼，德不贤不可传"，"淡玄授道，贵乎择人"，"不信者不教，无礼者不教"。经过严格挑选，层层考验，真切观察，尤其是对徒弟的道德意志品质的考察，并经拜师后，方可成为入室弟子。平日里，徒弟对待师长，"宜敬谨从事，勿得有违抗傲慢之行为"，而且，"一日为师，终身为父"，尊师在武林界蔚为传统。

相关链接

在古代武术界中，师徒之间的礼仪比较隆重。徒弟拜师学艺时要向师傅行跪拜礼，并向师傅奉上茶水，师傅接过徒弟手中的茶水喝一口，然后师傅给徒弟一块糕点，徒弟双手接过吃一口，师傅让徒弟起身则礼成，这才算徒弟正式拜在了师傅门下。

同门师兄弟之间以及与其他武林同道之间的礼仪，主要体现为各种行礼方式，如徒手礼中的抱拳礼、注目礼；持械礼中的抱刀礼、持剑礼、持棍礼和持枪礼；递械礼中的递刀礼、递剑礼、递棍礼和递枪礼；接械礼中的接刀礼、接剑礼、接棍礼、接枪礼等。

电影《霍元甲》中，由李连杰饰演的霍元甲在比武前先施抱拳礼。行礼方式为：并步站立，左手四指伸直并向后伸张，大拇指内扣为掌；右手五指蜷紧，拇指压于食指、中指第二指关节上为拳，左掌右拳在胸前相抱两臂撑圆，拳、掌与胸间距离为20～30cm。

上述礼仪中，抱拳礼是当今国内外一致被采纳的具有代表性的礼法。武术界中的抱拳礼是由作揖礼和少林拳的抱拳礼（四指礼）加以提炼、规范、统一而来的，并赋予了新的含义。

抱拳礼既是礼貌的外在行为，又包含着内在的精神气质。左掌表示德、智、体、美"四育"齐备，大拇指内扣表示谦虚、请教的意思；左掌掩右拳相抱，寓意崇德，勇不滋乱，以武会友，约束、节制勇武的意思。左掌右拳拢屈，两臂曲圆，表示天下武林是一家，四海武林团结奋进。左掌为文，右拳为武，文武兼学，虚心、渴望求知，恭候师友、前辈指教。

从文化层面来讲，抱拳礼代表了儒家仁爱、守礼、忠诚、信义、谦让、宽厚等以和为贵的人际关系思想，内外合一、形神兼备、和谐统一的思想观，以及克己复礼、崇文尚武、文武兼修的系统整体观和自强不息的民族气节等文化内涵。

四、侠义精神

中华武德还包含着习武之人的社会责任感，而把社会责任感转化为实际行动，在某种程度上就是"行侠仗义"。所谓"侠"，就是路见不平，拔刀相助，即打抱不平；所谓"义"，就是正直、正派、正气，肝胆相照，舍生忘死。"侠""义"合起来，就是侠肝义胆。为了国家，为了民族，为了正义，为了事业，甚至仅仅为了报答某个人的知遇之恩，就可以赴汤蹈火，在所不辞。

在春秋战国和两汉时期，侠的基本特征是"士为知己者死"。《史记·刺客列传》记载的曹沫、专诸、豫让、聂政、荆轲五位侠客的事迹就是明证。例如，豫让为报知遇之恩，不惜吞炭毁容；聂政为报厚待之遇，毫不吝啬生命；荆轲在十分清楚双方形势的情况下，仍然大义凛然，赴秦行刺；曹沫在鲁庄公向齐桓公割地求和的盟会上，不顾个人生死，孤身一人绑架了不可一世的齐桓公，迫令其无条件退还所侵占的鲁地。在这些游侠与刺客看来，"士为知己者死"是天经地义的。所以司马迁也说："自曹沫至荆轲五人，此其义或成或不成，然其立意较然，不欺其志，名垂后世，岂妄也哉！"这也是对先秦刺客忠信、仁义的最好注脚。汉初之朱家、郭解、田仲等都属民间游侠，他们具有为国效命及济人危困的高尚侠义品质，也是人们所公认的"侠"。

到了隋唐时期，侠的特征有了明显改变，开始杂糅进儒家的忧患意识，从而有了儒侠精神。在社会动荡下，侠士挺身而出，他们轻生重义、快意恩仇，"喑呜则弯弓，睚眦则挺剑"，保持着古游侠之风。唐代有大量游侠诗及传奇来描写这些侠士。李白《侠客行》中的"十步杀一人，千里不留行。事了拂衣去，深藏身与名"，便是对侠客高超的武术和淡泊名利的品格的生动描绘。

宋元时期，侠的精神发生了重大转变，"绿林好汉、侠盗"粉墨登场。这一时期的侠义精神吸取了正统的忠君爱国思想，体现出"侠之大者，为国为民"的特点。政治上的高压统治与吏治的腐败，导致民不聊生，官逼民反，大量下层人民铤而走险。他们聚众结义，杀富济贫，并多聚集在大山深处。这就形成了武侠赖以栖身的另一个场所：绿林。他们"劫富济贫"，这"劫"便是"盗"的行为。

《水浒传》中梁山英雄商议军情、调兵遣将的地方叫作"忠义堂"，原名为"聚义厅"，充分体现了这些绿林好汉"为国为民"的侠肝义胆。

明清时期，"帮会"与近代"侠义振民"思想茁壮成长。帮会有"南会北教"之说，如南方的天地会、北方的白莲教。帮会以"反清复明"为宗旨，打出"均贫富"的旗帜，提出"济世除暴"等主张，实行"四海之内，皆为兄弟"的行为准则，歃血盟誓，结拜兄弟，讲信义，重然诺，共甘苦，轻生死。

清朝末年及近代，面对中国积贫积弱和内忧外患的精神，谭嗣同、秋瑾等推崇任侠精神，梁启超等人提出"侠义振民"思想，并著《中国之武士道》一书，积极提倡尚武任侠，以唤起被遗忘的民族反抗精神，救国救民。

相关链接

1909 年，以迷踪拳扬名的一代大侠霍元甲与陈公哲、陈铁生、卢炜昌、姚蟾伯（史称"精武四杰"）等爱国青年，为洗雪"东亚病夫"之耻，弘扬国术，在上海始创精武体操学校。霍元甲在精武体操学校成立公告中倡言：国民欲拒辱，必当自强，愿海内同胞，振奋精神，加入斯道，强魄健体，使我中国大地，再现勃勃生机，使四万万之众，皆成健儿，中华必将振兴，民族必有希望。

侠义精神经历一次又一次的升华，成为中国广大民众意识深处的伦理价值和行为标准。中国传统文化中深厚的武侠传统，已经积淀成为中华民族集体潜意识的一部分，深深植根在中国人的性格当中。

第二节 内外兼修，术道并用

中华武术的拳理核心、根基由来均受到中国传统文化，特别是传统哲学的影响。不论拳理刚烈的南拳少林，还是柔顺练达的形意太极，抑或是刀枪剑棍，中华武术在寻求力与美的同时，更多的是在探寻一种和谐文明的诉求。在中国传统哲学的影响下，"内外兼修，术道并用"成为中华武术各门各派均依从的一条准则。

一、顺阴阳而运动

前面曾经讲过，"无极生太极，太极生两仪"。两仪者，阴阳也。阴阳对立统一，是中国古代哲学最基本的思想之一。这种阴阳哲学，深刻地影响着中国武术。中国武术要求"顺阴阳而运动"，强调以阴阳互根、阴阳消长、阴阳转化作为武术的基本原理，解释和规范拳技理法。

所谓阴阳互根，是说阴与阳互为根基。拳家认为，孤阳不生，独阴不长，要阴中有阳，阳中有阴。武术中的阴阳范畴包括动静、攻守、高低、吞吐、刚柔、内外、显藏、收放、开合、进退、屈伸等。如对于动静，中国武术要求无动则无所谓静，无静则无所谓动；动中有静，静中有动；动极生静，静极生动。正如拳谚所说，"能动能静，拳道之圣"；"动而不静，拳道之病"；"以静制动，后发先至"。另外，"吞吐打天下"，"以直破圆，以圆破直"，"长拳辅以短打，短打辅以长拳"，"刚中有柔，柔中有刚，刚柔并济"，"长兵器能短用，短兵器能长用"，"攻中有防，防中有攻，攻防互寓"等，也充分体现了阴阳辩证的思想。

相关链接

长拳十二型的要求

动如涛，静如岳；起如猿，落如鹊；

立如鸡，站如松；转如轮，折如弓；

轻如叶，重如铁；缓如鹰，快如风。

中国古代的武术家认为，每个动作的阴阳对立与阴阳强弱也会形成阴阳的消长。例如，一种手法劲力有十分，柔劲多一分，刚劲就少一分。陈鑫《太极拳图书讲义》说："陈氏太极拳刚与柔的比例就是五比五，这样才是易于变化的妙手。"阴阳消长主要表现在双方搏斗时，如对手直劲打来，可以横劲破解；对手前进，可退而避之；对手后退，可进而击之等。

阴阳转化也是武术技法的基本原理，这也是"反向入手"的原因所在。中国武术套路演练技法中有"意欲向上，必先寓下；意欲向左，必先右去"的动作路线规律。

阴阳法则的要点是一个"变"字，而"变"的根基又是阴阳法则。例如，依据"太极生两仪，两仪生四象，四象生八卦"而创生的八卦掌，以单换掌、双换掌（即阴阳二掌）为主。二掌又变化为顺势掌、大蟒翻身、狮子张口、探掌、风轮掌、狮子滚球、大鹏展翅、白猿献果

董海川（1797—1882），八卦掌创始人。八卦掌的脚步纵横交错，分为四正四隅八个方位，与八卦图中的卦象相似，因而得名。

这八掌。八掌再行变化，一掌又可变为八掌。八八六十四，八掌就变成了六十四掌。另外，八卦掌还有诸如扭身法、左右甩身法、三穿掌法、指山打磨、金蝉脱壳、脱身化影、走马回头、拧转扣摆、横走竖撞等变化特殊的打法，可谓变化无穷。

"百折连腰尽无骨，一撒通身皆是手。"中国武术以阴阳为根基，又变化无穷，虚虚实实，真真假假，以退为进，指上打下，亦刚亦柔，亦快亦慢，亦攻亦守，亦阴亦阳。达到此种境界者，即通常人们所说的武功已炉火纯青，已入化境。

李小龙所创截拳道，无所谓套路，不囿于一家，注重实战能力，自称是"无形之形，无式之式"，其宗旨是"以无限对有限，以无法对有法"。李小龙还学着禅宗的口吻说："在我学艺之前，一拳对我只是一拳，一脚对我只是一脚。在我学艺之后，一拳不再是一拳，一脚也不再是一脚。至今深悟后，一拳不过是一拳，一脚也只不过是一脚。"

与截拳道相似，中国的很多拳法，均讲究练时有招，用时无招，无形打有形，追求"拳无拳，意无意，无意之中是真意"的无影无像之境。

二、内功为体，外功为用

如前所述，中国武术拳种有 300 多个，其区别更多地在于拳术风格与宗派，而不在于是否内外兼修。中国没有哪一家武术派别不强调内外兼修，特别是自武术与

气功、导引等道教徒追求长生而创造的方法相结合之后，中国的武术更是显示出内功为体，外功为用的特点。我们所熟知的"内练一口气，外练筋骨皮"，便是上述特点的具体表现。

相关链接

少林"排打功"

"排打功"是少林拳中的基本功法之一，历史悠久，在少林拳法中索享盛名，是专门坚实全身各处，增强对抗能力的重要功法。通过运气排打并练所谓的铁头功、铁喉功、铁皮桶子功、铁拳铁臂功、铁腿功等，可以起到舒筋活血、打通气脉的辅助作用。

"排打功"虽为外壮硬功，而实具内壮软功之劲，是一种内外兼修的功法。练习"排打功"一定要先有内功铺底，再通体按摩，然后再由轻到重慢慢披遍全身。另外，还要服药，练功之后全身用药浸泡，"未练功，先服药"。"排打功"既能将躯体内脏密密捣实，又能舒筋活血，所以许多武术家对此坚持不懈。

内功专练习柔劲，如易筋经、八段锦、金刚力功等，皆体内行气，以充实全体。内功分为两种：一种是软气功；另一种是硬气功。软气功以松静为主，使气凝而不散，不为外物所侵，练至高深境界，可以用内气伤人也可以用内气救人。硬气功的练法以动为主，以运气为目的，使臂力时，把气运至臂；使掌力时，把气运至掌；使腿力时，把气运至腿部；使四肢百骸及全身之力时，则又可运气达于四肢百骸和全身，使之处处有气、处处有力。

相关链接

外功与内功

习外功者，劈、击、点、刺，念念皆在制人，是重于攻。攻者非但能够杀人，亦能够自杀，所以称为死机。习内功者，运气充体，如筑壁垒，念念在于自保，任他来攻，纵有硬功和兵器，亦不能毁其得逞，终必知难而退，所以称为生机。

外功是中华武术中各种拳术流派的防卫击打功夫。它包括两个部分：一是指动作技术；另一个是指硬功。动作技术主要是指练习踢、打、摔、拿、击、刺等技术以及闪转腾挪、灵活多变的战术等。硬功主要是指身体抗击打的功夫，如铁头功、铁布衫、铁砂掌、铁拳功、金刚指、一指禅等。

内功为武术之体，外功为武术之用。在武侠小说中，少林内功易筋经往往被描绘成最上乘的武功。那些只会蛮力外功者，在武林则常被讥笑为野狐禅、门外汉。"练拳不练功，到老一场空。"只练拳架、不练内功的人，年轻时或许可以闪转腾挪、蹿蹦跳跃，可到了一定年龄，就会全身疼痛。因此，外功的修炼要以练内功为前提，而后再循序渐进地练习各种外功，以壮其体。

内功的修炼是外功修炼的基础，外功修炼是内功修炼的外在表达。只有外功而无有内功，难以登峰造极；只有内功而无外功，难免撞击之危。如能内外兼修，互相运用，自然坚如铁，柔如棉，刚柔相济，内外合一。

注重内功运用的中国武术，最忌讳的动作是所谓单摆浮搁，而较为崇尚力量的劲整，动作的和谐、协调。最为典型的便是所谓"内三合、外三合"，即心与意合，意与气合，气与力合；肩与胯合，肘与膝合，手与足合。这实际上是要求由内在的心、意、气到外在的四肢、身体的各个部位，都达到相互协调。以出拳为例，要求劲道透达、舒展，脚、膝、胯、腰、肩、肘、腕，力一贯而达于拳面。太极拳"五字诀"便强调劲整，讲究一动无有不动，一身之劲练成一家，牵一发而动全身。

一指禅是用一只手指攻击对手的功法，被列为少林七十二绝技之一。一指禅的高手可以达到用一根手指倒立的境界，传说少林寺海灯法师能够做到。

相关链接

太极拳"五字诀"

太极拳的"五字诀"为静、灵、敛、整、聚，具体内容如下。

心静：心不静则不专，一举手前后左右全无定向，故要心静。

身灵：身滞则进退不能自如，故要身灵。举手不可有呆相。

气敛：气势散漫，便无含蓄，易散乱。务使气敛入脊骨，呼吸通灵，周身无间。

劲整：一身之劲，练成一家。分清虚实，发劲要有根源。劲起脚跟，主于腰间，发于脊背，形于手指。

神聚：上四者俱备，总归神聚。神聚则一气鼓铸。炼气归神，气势腾挪，精神贯注，开合有致，虚实清楚。左虚则右实，右虚则左实。虚非全然无力，气势要有腾挪。实非全然占煞，精神要贵贯注。紧要全在胸中、腰间运化，不在外面。力从人借，气由脊发。胡能气由脊发？气向下沉，由两肩收于脊骨，注于腰间，此气之由上而下也，谓之合。合便是收，开即是放。懂得开合，便知阴阳，到此地位，功用一日，技精一筹，渐至从心所欲，罔不如意矣。

三、以柔克刚，借力用力

深受传统文化反对恃强而行思想的影响，传统武术理论认为，诸如"壮欺弱"、"有力打无力"之类"皆先天自然之能，非关学力而有为也"。在长期的实践中，中国武术体现与发展了道家"以柔克刚"的思想。如八卦掌练习时，不仅要求周身自然轻松，以意领气，而且要步伐轻灵柔活，处处走圆，做到刚柔相济。

太极拳便是体现这一思想的中华杰出拳种。太极拳入门便要求摧刚（即除掉那种直线的、僵硬的刚），强调"以柔克刚"，"人实我虚，乘虚即实，人刚我柔，乘柔即刚"。太极拳以柔为主的技击艺术与其他的技击艺术相比，有着非常明显的区别。武术名家吴图南曾这样说："太极拳不同于其他拳术，从外形上约略有以下四点：第一，太极拳不使拙力，重意不重力，不跳跳蹦蹦，始终是体气平和的；第二，太极拳以静制动，练拳时一直保持身心松静的状态，应变时也是保持以静制动的状态；第三，太极拳以柔克刚，也就是柔柔韧韧地不用力，就能战胜力气很大的对方；第四，太极拳能以弱胜强，在年岁体质相差很悬殊的状况下，弱者可以战胜强者。"

中国武术也讲硬碰硬，但更讲究"借力用力"、"四两拨千斤"，如太极拳"乱环诀"所称："乱环法术最难能，上下随合妙无穷，陷敌深入乱环内，四两千斤着法成"。这里强调的便是顺势化掉对方攻来之力。比如说，跌倒时如果硬摔硬挺，则较为伤身；而如果能顺势化掉跌摔之力，则能化险为夷。

相关链接

"仿 鸟 迹"

传说古时有一僧人在寺外修炼武功，突然狂风大作，树木摇撼，枝断叶落，一群鸟争相飞散。唯有一只小鸟，抓紧树枝，用翅膀抖动配合身躯颤动，任狂风袭扰，安然无恙。僧人为小鸟独特的防卫技法所倾倒，立即攀树捕之回寺，经常逗之，时时向它做各种形式的进攻。此鸟用双翅钩、切、倒、挫、缩、弹等动作和难以觉察的躯体抖动，化解攻势，而且守中有攻，确有精妙的技击艺术。僧人天资聪颖，领悟了鸟儿在攻防中发挥"内变力"的精微之法，结合原有的精湛武技，经多年磨炼，自成一门。该派武功后传至福建，又经各代拳师修改，以云雀为标，因而取名"仿鸟迹"。此拳在技击上突出"六大发力"，利用身体上"九圆开合"生"S"度搂腰功劲，化对手之攻力，并结合自己浑身之劲，连消带打，置敌于败地。

太极拳通过使用螺旋劲达到借力用力的效果。螺旋劲，也称缠丝劲，蓄积全身的力量发于一点，会形成一种超乎寻常的可怕力量。在遇到外力时，不顶不抗，轻松自如地利用旋转向身体中轴线以外牵引对方的力量而使其落空，接着给对方施以螺旋劲而将其发出，螺旋劲是在对方最薄弱之处发劲的（术语称为找点发劲），能与对方的力量和冲势合为同一个方向，使对方遭受最大的劲力而被打出。这就是走化，引进落空，即"四两拨千斤"，也就是太极拳谚的"柔行气，刚落点"。

"内外兼修，术道并用"是中国武术最重要的特征，也是中国武术追求的最高境界，更是中国传统文化在武术上最直观的表现。

第三节　形神兼备，武术之美

中国武术自其诞生的那一刻起，就注定与艺术结下不解之缘，它通过技击、意识、气韵、神志在动静之态中塑造出刚毅、雄健、勇猛、机智、灵巧、俊秀的形象，勾勒出内在的神韵和动作统一的意境，形成强大的艺术感染力。其丰富的文化内涵，让它呈现出形式美与神韵美兼具的整体和谐的艺术美。

一、姿势之美

中国武术之美首先表现在姿势美。中国的几百个拳种各有独特的风格，姿态迥异：

长拳架势舒展，大开大合，高飘响脆；

太极柔里寓刚，舒松自然，绵绵不绝；

少林古朴紧凑，硬攻直上，勇猛刚健；

形意动静相间，劲力雄沉，含威不露；

八卦曲折走转，起钻落翻，相摩相荡；

南拳发劲脆短，以气催力，拳势猛烈；

通臂甩膀抖腕，发力透达，放长击远。

长拳拳谱中讲"五体称"，即四肢与躯干五条线充满骨力，这五条线就像写字一样，结构要匀称、工整，或撑拔张展、或勾扣翘绷，无一处松软，呈现一副健美之势。长拳要求的身法是"腰如蛇行"，要像蛇行那样灵活，有曲折有变化，协调而生动。

在姿势上最美的当属太极拳，太极拳讲"五弓"，处处呈圆弧，虚灵顶劲，气沉丹田，含胸拔背，沉肩坠肘，舒指坐腕，松腰敛臀，圆裆松胯，尾闾中正，动静有常，姿势均匀，势势相连，绵绵不断。

武术的姿势之美还体现在其象形之美上。武术中的许多动作或拳种是模仿动物产生的，如猴拳、鹰爪拳、蛇拳、螳螂拳、鸭形拳等。在模拟各种动物的特长和形态的基础上，加上武术家的改编，便形成了独具特色、姿态优美的武术艺术。

中国武术大量的技术动作还被冠以美妙的名称，如白猿出洞、彩凤凌云、意马悬崖、双峰拜日、犀牛望月、青狮托球、百鸟齐鸣、金蝉脱壳、女燕穿林、乌云遮月、仙人卧榻等。这些名称与相应的动作，充分体现了中国武术所追求的姿势美。

二、结构之美

武术的形式之美体现在结构美上。所谓"结构美"，即武术技术与战术相配合所产生的美。武术的套路很讲究结构，结构的艺术性和编排意图就孕育着美。任何一套拳路结构，首先要看其完整性，起势、高潮、收势都要精心构思，反复推敲；其次要符合技击规律，注意虚实、高低、轻重、开合等变化，布局上的往返穿插、迂回转折也都要符合攻防原理。

以醉拳为例，醉拳是模仿醉汉动作的一种拳术。这种拳打起来，很像是醉汉酒

醉拳以醉汉的前仰后合、左歪右斜、如狂似癫的典型特征作为素材，创造了以醉步为基础，以提膝斟酒、探海端酒、醉卧仙床等为主要动作的套路。

后跌跌撞撞，摇摇摆摆，但实际上是形醉意不醉，是由严格的武术手法、步法、身法等组成的套路。

无论是拳术、器械、对练套路，都是从武术的实践、健身和艺术的要求出发，按照武术自身的规律形成的，由于它结构严谨、造型生动、节奏鲜明、逻辑性强，充分体现着武术的结构美。

三、节奏之美

节奏之美尤其体现在武术套路上。武术套路按照攻守进退、动静疾徐、刚柔虚实等矛盾运动的变化规律编排而成。动作有快慢之分、大小之别。大动作，肢体要充分舒展；小动作，肢体要尽量裹缩。从空间感来看，武术动作在空间层次、方向、位移上千变万化、层出不穷，通常是上、中、下三层错落有致，高如鹰击长空，低似鱼翔浅底；就其劲力而言，刚劲有力，快、猛、狠，发力短促，快速多变；就其节奏而言，"动如涛、静如岳、起如猿、落如鹊、立如鸡、站如松、转如轮、折如弓、轻如叶、重如铁"是最为形象的描述，在动静、起落、快慢、轻重、高低、刚柔的对立转化中表现出鲜明的节奏感。

注重"形神兼备，内外兼修"的中国武术不只是直观展示形的动作架势，还对内在的心理活动及精神气质进行强烈的表现。实际上，无论是节奏之美、结构之美，还是形式之美，归根结底追求的境界就是神韵之美：外取形态，内表心灵，心神合一的表现，神韵之美是中国古代武术运动的精髓和最高境界。直到今天，是否得其神韵，仍是多数习武者追求的武术最高境界，以及衡量一个人功夫好坏的最重要标准。在今天已相对独立的武术套路的演练中，更是如此。编排精当的拳械套路和演练者的娴熟技术，既是人们进行自我表现、苦练潜修的杰作，也是人们追求内外交融、天人合一的佳境。

相关链接

心无妙趣，打拳也打不出好景致。问何以打出好景致？始则循乎规矩，继则化乎规矩，终则神乎规矩。

——陈鑫《陈氏太极拳图说》

体验课堂

活动设计

主题：太极拳招式

形式：课堂演练

内容：在老师教导下，学习太极拳的基本招式，体会太极拳的基本特点。

互动交流

1. 各抒己见

（1）《功夫熊猫》是一部以中国功夫为主题的美国动作喜剧电影，该片的景观、布景、服装以致食物均充满中国元素。故事讲述了一只笨拙的熊猫立志成为武林高手的故事。2008 年 5 月，影片一上映就席卷全球。除了主角熊猫阿宝外，片中另外五大功夫高手悍娇虎、灵鹤、快螳螂、俏小龙、猴王，都是以中国功夫中形象拳动物为原型。你如何看待这部很好诠释中国武术功夫精髓，并获得较高票房与口碑的电影由国外拍摄，而非由国内拍摄。

（2）几百年来，少林寺一直以佛教禅宗的发祥地闻名于世，少林功夫更是享誉中外。然而，近年来它却一次次被推上舆论的风口浪尖。少林寺通过大量的商业活动推广宣传自己，并大幅提高与其相关服务性与非服务性商品的价格。处在特殊文化地位的少林寺，逐渐商业化，这其中的利与弊引发了人们激烈的讨论。你如何看待少林寺如今的发展模式。

2. 阅读思考

阅读《功夫之道：李小龙中国武术之道研究》，思考李小龙对中国武术文化的理解与观点。

3. 网上冲浪

在网上搜集阐述中国武术与西方拳击不同特点的资料，总结其所体现的东西方文化差异。

第九章

舌尖的意蕴：中国美食、美饮

开门七件事：柴米油盐酱醋茶，再加上酒，基本就构成了中国人从古至今日常饮食生活的基本内容。中华民族是一个重视饮食、讲究饮食的民族。独特的饮食不但是中华民族文化生成、升华的基础要素，而且是中国传统文化的感性载体，甚至成为中国传统文化在世界范围内传播交流的展示窗口和媒介。

悠久的历史、辽阔的幅员，造就了古代中国的丰富饮食，而丰富多样的饮食又使得中国人的生活体验丰富多彩，培养了中国人热爱生活的人生观和积极向上的进取心。这种进取的人生观又进一步激励着我们的先人投入更大的热情与智慧去创造新的美食美饮，最终使中国赢得了"食在中国"的世界声誉。

本章知识目标

了解中国饮食文化的源流与特色，了解中国的饮食礼仪。

本章能力目标

继承中国美食传统，掌握一种或几种色、香、味、形、意相统一的菜肴烹饪方法。

本章素质目标

体验中国古人视美食美饮为艺术的文化精神，陶冶自己求精、求美的文化情怀。

情境导入

　　2012 年 5 月，《舌尖上的中国》播出，引得万人空巷，好评如潮。这部大型美食类纪录片，介绍了中国各地美食生态，通过中华美食的多个侧面，展现了食物给中国人生活带来的仪式、伦理等方面的文化；展现了中国特色食材以及与食物相关、构成中国美食特有气质的一系列元素。

　　《舌尖上的中国》不仅有美味，还巧妙地通过美食、美饮表现了中国传统文化。有人评价该纪录片说："形式上，它记录的是人们一日三餐与之相伴的食物，展现的却是隐含在其间的历史文化和文化传统，传递的是普通人发自内心的最朴素的情感；它传递的是一种渗透心灵深处的接地气的文化，给人以文化上的自觉与自信。"

　　2014 年 4 月，《舌尖上的中国》第二季播出，导演陈晓卿指出，他们的制作初衷是"美食更多只是出发点，不是目的地，我们更多想通过美食，让外界了解中国社会"。

　　无论是第一季中的饮食文化，还是第二季中的人文情怀，都充分说明了一点：中国的美食、美饮本身就是中国传统文化不可分割的一部分。

第一节　吃的艺术与追求

　　民谚说："人是铁饭是钢，一顿不吃饿得慌。"食物是人类生存的保障，但各个民族的食物却大相径庭，中华民族在"食"上面的追求不仅仅是填饱肚子而已。无论是钟鸣鼎食还是粗茶淡饭，都体现着中国传统中特有的"食文化"，久而久之，自然就形成了中国特有的吃的艺术。

相关链接

精、美、养、情、礼

　　精、美、养、情、礼，这五个字基本可以概括中国古代的饮食文化。

　　精，是指选料、烹调、配伍乃至饮食环境，都要精致。

　　美，是指饮食活动形式与内容的完美统一，味道美是主要表现。

养，是指养生，中国在几千年前就有"医食同源"和"药膳同功"的说法，利用食物原料的药用价值，做成各种美味佳肴，达到防治某些疾病的目的。

情，是指情感，中国人吃饭喜欢坐在一起，这是最好的人与人情感交流的场所和方式。

礼，是指饮食活动的礼仪性。坐席的方向、箸匙的排列、上菜的次序……都体现着"礼"。

这五个字不是孤立的，而是相互依存、互为因果的。唯其"精"，才能有完整的"美"；唯其"美"，才能激发"情"；唯有"情"，才能有合乎时代风尚的"礼"；精、美、情、礼相结合，才使中国人的饮食不仅能营养我们的身体，还能滋养我们的心灵，涵养我们的浩然之气。五者环环相生，完美统一，形成了中华饮食文化的最高境界。

一、民以食为天

春秋时期齐桓公的宰相管仲说"民以食为天"，其背后的意思是让齐桓公注重民生，其字面意思恰好是中国"食文化"历史的一个总概括。中华大地上自有人类以来，食的历史就自动自发地开始了。

中国古代饮食的发端与演变绵延 170 多万年，分为生食、熟食和烹饪三个发展阶段。这一历史是从有巢氏（旧石器）时代开始，当时人们尚不懂人工取火和熟食，处于茹毛饮血的生食阶段。燧人氏（早新石器）时期，人们钻木取火，开始吃熟食，进入石烹时代。这一时期，人们已懂得使用炮、煲、煮、焙等多种烹调方法。伏羲氏（早新石器）时期，"结网罟以教佃渔，养牺牲以充庖厨"。神农氏（新石器时代）"耕而陶"，是中国农业的开创者。陶具使人们第一次拥有了炊具和容器，为制作发酵性食品提供了可能，如酒、醴、醢（醋）、酪、酢、醴等。蒸盐业是黄帝臣子宿沙氏发明的，从此人们不仅懂得了烹还懂得调，这是非常有益健康的事。

周秦时期，中国饮食文化正式成形，当时的主食以谷物蔬菜为主。春秋战国时期，自产的谷物菜蔬基本都有了，不过食物结构与现在不同，当时的主要食物是稷。我们常会听到这样四个字：江山社稷。社稷是土地之神，用"稷"这个字来表示江山，可见其重要性。

相关链接

五　谷

《论语·微子》中说："四体不勤，五谷不分，孰为夫子？"意思是：不参加劳动，又不能辨别五谷，哪里配称什么老师！五谷原是中国古代所称的五种谷物，后泛指粮食类作物，有"五谷丰登"的说法。

一般所说的五谷有稷、麦、黍、菽、麻。稷又称粟，生长耐旱，品种繁多，就是今天北方人所谓的小米，它在很长一段时间里都是五谷之长。好的稷叫粱，粱之精品又叫黄粱。黍是大黄黏米，其籽实煮熟后有黏性，可以酿酒、做糕。麦是指大麦。菽是豆类，当时主要是黄豆、黑豆。麻即麻子，比绿豆略微小点，主要用来榨油。

稷　　　　麦　　　　黍　　　　菽　　　　麻

从汉到唐宋，中国饮食文化突飞猛进。

汉代淮南王刘安出其不意地发明了豆腐，不但使豆类的营养易于消化，而且可做出多种菜肴。东汉时期，有人发明了植物油，与此前用的动物油一起，成为中国烹饪的重要角色。汉代中西（西域）饮食文化相互交流，引进了石榴、芝麻、葡萄、胡桃（即核桃）、西瓜、甜瓜、黄瓜、菠菜、胡萝卜、茴香、芹菜、胡豆、扁豆、苜蓿（主要用于马粮）、莴笋、大葱、大蒜等大量新食材，还传入一些烹调方法。

唐代，由于社会安定，四邻友好，中西方文化得到了很好的交流，举国上下一派歌舞升平的繁荣景象，大家变着花样吃。达官贵人、富商大贾们过着"朝朝寒食，夜夜元宵"的奢侈生活。

明清是中国古代饮食文化的又一高峰。唐宋食俗得到延续和发展，大规模引进马铃薯、甘薯等新的食材，蔬菜的种植达到较高水准，成为主要菜肴，饮食结构有了很大变化。这一时期，最具代表性的成就就是形成了粤、川、苏、鲁、湘、闽、徽、浙八大菜系。

八代菜系的形成并非是一朝一夕的事，而是一个长期的过程，代表了中国食文化的历史，同时也在我们的舌尖上留下意蕴，深刻地诠释了"民以食为天"这句话。

二、食不厌精，脍不厌细

"食不厌精，脍不厌细"这句话并非出自专业美食家之口，而是出自圣人孔子。意思是：米不嫌舂得精，鱼和肉不嫌切得细。孔子还讲了他对日常饮食的要求：粮食发霉、鱼肉腐烂固然都不能吃，就连宰杀和烹调方法不当，甚至开饭的时间不对，也不要吃东西。在吃饭问题上如此高标准，严要求，只有一个理由，那就是孔子是把饮食作为君子人格培养和人生追求的一部分来对待，不仅要尽善，而且要尽美。用饮食术语来讲就是：精美。

如何让食物精美呢？我们的祖先们经过长期摸索，得出了以下几个要点。

首先是"质"。所谓"质"，就是原料和成品品质与营养的严格要求，也就是巧妇难为无米之炊的"米"，它是美食的前提、基础和目的。原料包括主料、配料、辅料、调料等。选取这些原料时，必须考虑品种、产地、季节、生长期等要素，以新鲜肥嫩、质料优良为佳。

其次是调味，即所谓"五味调和百味香"。"五味"一般指咸、甜、酸、苦、辣五种味道。调味的作用，主要是为了矫正原料异味，给无味的食材赋味和确定肴馔口味。《黄帝内经》云："五味之美，不可胜极"，意思是：五味调和才能滋味丰富，从而给人带来美好的享受。

相关链接

菜肴与传说

著名的"叫花鸡"，以泥烤技法扬名四海。相传古代江苏常熟有一乞丐偷得一只鸡，因无炊具，把鸡宰杀后除去内脏，放入葱盐，加以缝合，糊以黄泥，架火烤烧，泥干鸡熟，敲土食之，肉质鲜嫩，香气四溢。后经厨师改进，配以多种调料，加以烤制，味道更美，遂成名菜。

云南"过桥米线"，是氽的技法杰作。相传古代有位书生在书房中攻读，其妻为使他能吃上热汤热饭，便创造了这一氽法：将母鸡熬成沸热的鸡汤，配以切成细薄的鸡片、鱼片、虾片和米线，因面上浮油能起保温作用，并能氽熟上述食品，而且过后尚能保持热而鲜嫩，从而创造了氽这一重要烹调技法。

五味调和的关键是调味。调味的方法在中国饮食传统中变化多样，主要有基本调味、定型调味和辅助调味三种，以定型调味方法运用最多。所谓定型调味，指原料加热过程中的调味，是为了确定菜肴的口味。基本调味在加热前进行，属预加工处理的调味。辅助调味则在加热后进行，或在进食时调味。总之，调味是否恰到好处，除了调料品种齐全、质地优良等物质条件以外，关键在于厨师的调配技艺。对调料的使用比例、下料次序、调料时间（烹前调、烹中调、烹后调），都有严格的要求。

原料和调味的功夫下到了，剩下的还有火候。火候是形成中国传统菜肴美食风味特色的关键之一。但火候瞬息万变，没有多年操作实践经验，很难做到恰到好处。掌握火候不仅要能精确鉴别旺火、中火、微火等不同火力，熟悉各种原料的耐热程度，熟练控制用火时间，还要掌握传热物体（油、水、气）的性能，进而根据原料的老嫩程度、水分多少、形态大小、整碎厚薄等，确定下锅的次序，使烹制出来的菜肴在口感、味道（口味与气味）、色泽、形态诸方面恰到好处。

相关链接

苏轼与"东坡肉"

北宋大诗人苏轼不仅是位美食家，而且还是一位烹调家，创造出著名的"东坡肉"菜肴，这和他善于运用火候有密切关系。他还把这些经验写入炖肉诗中："慢着火，少着水，火候足时它自美。"后人运用他的经验，采用密封微火焖熟法，烧出的肉原汁原味，油润鲜红，烂而不碎，糯而不腻，酥软犹如豆腐，适口而风味突出。

有了上好的原料，懂得如何调料，火候也恰到好处，看上去精美的菜肴完成了，其实不然，还有一个重要的步骤，那就是刀功。"刀功"即厨师对原料进行刀法处理，使之成为烹调所需要的、整齐一致的形态，以适应火候，受热均匀，便于入味，并保持一定的形态美，因而是烹调技术的关键之一。

经过历代厨师的反复实践，菜板上的刀法之丰富让人眼花缭乱：直刀法、片刀法、斜刀法、剞刀法（在原料上划上刀纹而不切断）等。最值得一提的是雕刻刀法，使用这种刀法能把原料加工成片、条、丝、块、丁、粒、茸、泥等多种形态和丸、球、麦穗花、栗子花、襄衣花、兰花、菊花等多样花色，还可镂空成美丽的图案花纹，雕刻成"喜"、"寿"、"福"、"禄"等字样，增添

"孔雀开屏"这道菜，是用鸭肉、火腿、猪舌、鹌鹑蛋、蟹蚶肉、黄瓜等十五种原料，经过二十二道精细刀技和拼摆工序才完成的。

喜庆筵席的欢乐气氛。

当刀功和拼摆手法相结合时，精美的菜肴就呼之欲出了：把熟料和可食生料拼成艺术性强、形象逼真的鸟、兽、虫、鱼、花、草等花式拼盘，如"龙凤呈祥"、"孔雀开屏"、"喜鹊登梅"、"荷花仙鹤"、"花篮双凤"等。

三、钟鸣鼎食与粗茶淡饭

中国饮食有两种不同意蕴的文化：一种是钟鸣鼎食的贵族饮食文化；另一种则是粗茶淡饭的平民饮食文化。二者没有高低之分，只有意蕴不同。

所谓"钟鸣鼎食"，其中的"钟"是编钟之类的古代乐器，"鼎"是古代炊器，意思是"击钟列鼎而食"，充分体现了贵族生活的豪华排场。中国古代豪门贵族吃饭时要奏乐击钟，用鼎盛着各种珍贵食品，慢慢地享用。

相关链接

"八珍"

"八珍"原指八种珍贵的食物，后来指八种稀有而珍贵的烹饪原料。其具体所指随时代和地域而不同。清朝最著名的国宴"满汉全席"里就有"四八珍"，即四组八珍相结合的宴席。四八珍即山八珍、海八珍、禽八珍、草八珍，总共需32种珍贵的原料。

山八珍：驼峰、熊掌、猴脑、猩唇、象拢、豹胎、犀尾、鹿筋。

海八珍：燕窝、鱼翅、大乌参、鱼肚、鱼骨、鲍鱼、海豹、狗鱼（大鲵）。

禽八珍：红燕、飞龙、鹌鹑、天鹅、鹧鸪、彩雀、斑鸠、红头鹰。

草八珍：猴头菇、银耳、竹荪、驴窝菌、羊肚菌、花菇、黄花菜、云香信。

宴乐歌舞是钟鸣鼎食不可缺少的文雅。宴会上鸣响的钟磬、悠扬的丝竹、舞动的霓裳，是华夏礼仪之邦独有的气象。唐诗描写宴会歌舞盛行之状云："歌酒家家花处处"、"纷纷醉舞踏衣裳"。古时华夏男子常佩剑，宴饮至酒酣之时，经常拔剑起而歌舞。

中国宴饮历史上最古老的歌舞当为属舞，又叫以舞相属。秦汉时期，酒和舞蹈是士大夫阶层中最重要的礼仪社交内容。酒席宴上"以舞相属"，表示宾客互相敬重、友好，并且含有沟通情谊的意思。"以舞相属"的一般程序是：酒席宴中主人（也可以是宾客）起身先舞，跳至客人面前，以礼相邀，这时客人必须起身以舞回报主人的盛情。这有点像今天的蒙古宴席，主人举着酒杯站在客人面前跳舞唱歌，客人要么喝酒要么回舞。如果拒不起立，或起而不舞，舞而不旋，都算是失礼和不敬。

菜肴和礼乐之外，"钟鸣鼎食"的另一大特点是漂亮的食具和幽雅的就餐佳境。袁枚在《随园食单》中说，"美食不如美器"，充分体现了古人对于美器的看重。

中国饮食器具之美，美在质，美在形，美在装饰，美在与馔品的谐和。中国古代的食具，主要包括陶器、瓷器、铜器、金银器、玉器、漆器、玻璃器几个大的类别。彩陶的粗犷之美，瓷器的清雅之美，铜器的庄重之美，漆器的秀逸之美，金银器的辉煌之美，玻璃器的亮丽之美，都曾给使用它的人以美食之外的另一种美的享受。

美器之美不仅限于器物本身的质、形、饰，而且表现在它的组合之美，它与菜肴的匹配之美。周代的列鼎，汉代的套杯，孔府的满汉全席餐具，都体现一种组合美。杜甫《丽人行》中"紫驼之峰出翠釜，水精之盘行素鳞；犀箸厌饫久未下，鸾刀缕切空纷纶"的诗句，同时吟咏了美食、美器，烘托出食美、器美的高雅境界。

"粗茶淡饭"的平民饮食文化也有声有色，最典型的体现就是各种时令节日和人生庆典时的饮食。

中国时令节日的食俗。春节除夕，北方家家户户都有包饺子的习惯，而江南各地则盛行打年糕、吃年糕。另外，汉族许多地区过年的家宴中往往少不了鱼，象征"年年有余"。端午节有吃粽子的习俗，千百年来传承不衰。中秋节的月饼，寓含了对家人团圆和人事和谐的祝福。其他诸如开春时食用的春饼、春卷，正月十五的元宵，农历十二月初八吃的腊八粥，寒食节的冷食，农历二月二日吃猪头、咬蚕豆、尝新节吃新谷。

腊八粥是用多种食材熬制的粥。古代腊八粥的食材因各地物产而有不同，其中米、胡萝卜、青菜为不可少的三宝。现在的腊八粥一般有大米、花生、红枣、百合、红豆、莲子、桂圆、枸杞等。

中国人生庆典的食俗。小孩子生下来，亲友要吃红蛋表示喜庆。"蛋""诞"谐音，表示着新生命的诞生和家族的延续，吃蛋寄寓着中国人传宗接代的厚望。孩子周岁时要"吃"，十八岁时要"吃"，结婚喜庆中喝交杯酒，祝寿宴的寿桃、寿糕、寿面等，都是人生庆典时具有特殊内涵的食俗。这种"吃"，表面上看是一种生理满足，实际上却表达了一种丰富的心理内涵。吃的文化已经超越了"吃"本身，具有更为深刻的社会与人生意义。

虽不如贵族宴席的奢华，但平民宴席上的讲究可一点都不少。比如《礼记·曲礼》中对宴饮礼节就有很多要求：带骨的菜肴放在左边，切的纯肉放在右边；干的食品菜肴靠着人的左手方，羹汤放在靠右手方；细切的和烧烤的肉类放远些，醋和酱类放在近处；蒸葱等伴料放在旁边，酒浆等饮料和羹汤放在同一方向；如果要分陈干肉、牛脯等物，则弯曲的在左，挺直的在右。大家共同吃饭时，不可只顾自己吃饱。如果和别人一起吃饭，要检查手的清洁。不要用手搓饭团，不要把多余的饭放进锅中，不要喝得满嘴淋漓，不要吃得喷喷有声，不要啃骨头，不要把咬过的鱼肉又放回盘碗里，不要把肉骨头扔给狗。不要专据食物，也不要簸扬着热饭，吃黍蒸的饭用手而不用箸，不可以大口囫囵地喝汤，也不要当着主人的面调和菜汤。不要当众剔牙齿，也不要喝调味的肉酱。

无论是钟鸣鼎食还是粗茶淡饭的传统食文化中的"礼"，我们不要简单地将它看作一种礼仪，而应该将它理解成一种精神，一种内在的伦理精神。这种"礼"的精神，贯穿在饮食活动过程中，从而构成中国饮食文化的重要内容。

第二节 酒文化：杯中日月

中国是世界上最早酿酒的国家之一，也是世界三大酒系的发源地之一。中国的饮酒很早就已经摆脱了单纯的食用价值，凝结了人类物质生产与精神创作，上升为一种饮食文化——酒文化。中国人就在这杯中日月中感慨人生，用杯中日月祭祀祖先，更用杯中的日月书写艺术画卷。

一、酒与神仙

酒到底起源于何时，没有定论。最早的记录在夏王朝，夏王朝第一任国王大禹有一次喝醉了，第二天醒来后说，这玩意儿不是好东西，将来肯定有人因它亡国，结果夏王朝的最后一任国王夏桀就因为酗酒不理政事而国破家亡。在民间流传最广，也最被我们所知的就是杜康酿酒，那句"何以解忧，唯有杜康"的说法可谓家喻户晓。

现代观点认为，酒不过是谷物、水果等物自然发酵的产物，或者可以这样说，酒是古人无意的发明。中国最早的酒是果酒和乳酒。汉代时期，制曲技术得到发展，有了葡萄酒的生产；唐宋时期，有了保健酒药酒；元代出现了以蒸馏法酿制的烧酒技术，这已很接近我们今天常喝的白酒了，不过度数并不高；明清时期，伴随着造酒业的进一步发展，酒度较高的蒸馏白酒迅速普及。

李时珍《本草纲目》云："烧酒非古法也。自元时始创其法，用浓酒和糟入甑，蒸令气上，用器承取滴露。凡酸坏之酒，皆可蒸烧。"图为中国古代白酒的酿造过程。

酒自诞生的那一刻起，就身负重任。这个重任就是神的贡品，也就是祭祀所用的祭物之一。《左传》有言："国之大事，在祀与戎。"在中国古代，巫师利用所谓的"超自然力量"进行各种祭祀或降神、占卜活动，都要用酒。这给人的感觉是，所有的死人和神仙都是酒鬼。夏商时期开始行神鬼之祭，到了周朝则开始进一步行天地万物之祭。

周代已形成了严密的祖先祭祀制度，设立了专门负责祭祀与宴饮事宜的酒官，这些酒官在《周礼》中有详细记载。例如，"鬯人"负责掌管祭祀用的鬯酒和彝尊（酒器）；"大宗伯"掌邦国祭典礼的事宜，负责将鬯酒灌地来祭享先王；"酒人"掌管酿造"五齐三酒"；"酒正"是周代酒官之长，负责制定有关酒的一切政令以及负责发送酒的材料。

相关链接

五 齐 三 酒

"五齐"指的是未经过滤的五种薄酒,即"泛齐"、"醴齐"、"盎齐"、"缇齐"、"沈齐"五种酒。

"三酒"为三种过滤去糟的酒,分别是"事酒"、"昔酒"和"清酒"。临事而造的酒称为"事酒",冬酿夏熟的酒称为"昔酒",酿造时间长于昔酒的称为"清酒"。

中华民族很早就有用酒祭祀祖先,在丧葬时用酒举行一些仪式的传统习俗。在一些重要的节日,都要祭祀祖先,以表达对死者的思念和敬仰。

其他的祭祀习俗也要备酒,比如祭灶。先秦时,祭灶就被列为重要的祭礼——"五祀"之一。所谓五祀之祭,是指祭门、户、井、灶、中霤(中室)。周代时,是春祀户,夏祀灶,季夏(六月)祀中霤,秋祀门,冬祭井。汉魏时按季节行五祀,孟冬之月"腊五祀",总祭一次。唐宋元时采用"天子七祀"之说,要祭祀司命(宫中小神)、中霤、国门、国行、泰厉(野鬼)、户、灶。明清两代仍祭五祀,清康熙之后,罢去门、户、中霤、井的专祀,只在腊月二十三日祭灶。随着时代变迁,祭灶习俗不断演变,除做纸马,用酒果糕饼做祭外,还敬以麦芽糖,意谓粘牢灶神嘴巴,不使其乱说,或将酒糟抹于灶门,以醉灶神。

总之,祭必用酒,饮酒必祭,是我国历代相袭的礼则。

酒是液体,必有载体,这个载体就是酒器。中国古代的酒器是中国传统酒文化的重要载体,不仅记录了中国古代酒文化发展的历史轨迹,而且最直接地表现了传统酒文化的精神气质。

古人云:"非酒器无以饮酒,饮酒之器大小有度。"从成语"觥筹交错"、"曲水流觞"到李白的"会须一饮三百杯",苏东坡的"一樽还酹江月",李清照的"三杯两盏淡酒,怎敌他,晚来风急"中,提到了觥、觞、樽、杯、盏等饮酒器具。

相关链接

中国古代酒器

令人眼花缭乱的中国古代酒器按其用途可分为三大类。

第一类是盛酒器,如尊、觥、彝、瓿、卣、皿等。

第二类是温酒器,如用于冰镇酒的冰鉴。

第三类是饮酒器,如爵、觯、角、觚、盏等。

除了上面介绍的基本酒器之外，中国历史上还有很多特殊的酒器，如饮酒器夜光杯和盛酒器九龙公道杯、鸳鸯转香壶等。夜光杯采用优良的祁连山玉与武山鸳鸯玉精雕细琢而成，纹饰天然，杯薄如纸，光亮似镜，内外平滑，玉色透明鲜亮，用它来装酒，甘味香甜，日久不变，尤其在月光下对饮，杯内明若水，似有奇光异彩。九龙公道杯又叫平心杯，分杯体和杯座两部分。在白腻的瓷面上，有青花钴料工笔描绘的八条姿态各异的五爪龙，连同杯中一条雕刻的龙，共有九条五爪龙，寓示"九五之尊"。更神秘的是，杯中央的瓷龙颈部有一黑色圆点，当酒水低于圆点时，一切正常；当水面超过黑点时，杯中酒水很快就会流出杯外。鸳鸯转香壶能倒出两种不同的酒，其关键在于一只酒壶两个盛酒室，在每个盛酒室上部分别有一个气孔。它在武侠小说里经常出现，因为它可以倒出两种酒，有毒的给敌人，没毒的给自己。

二、酒与艺术

中国的艺术作品中经常有酒的影子，因为中国的艺术家们离不开酒。因醉酒而获得艺术的自由状态，这是古老中国的艺术家们解脱束缚、获得艺术创造力的重要手段。

"志气旷达、以宇宙为狭"的魏晋名士、第一"醉鬼"刘伶在《酒德颂》中有言："有大人先生，以天地为一朝，万期为须臾。日月有扃牖，八荒为庭衢"；"幕天席地，纵意所如"；"兀然而醉，豁尔而醒。静听不闻雷霆之声，熟视不睹泰山之形。不觉寒暑之切肌，利欲之感情。俯观万物，扰扰焉如江汉之载浮萍"。这种"至人"境界就是中国酒神精神的典型体现。

酒醉而成传世诗作，这样的例子在中国诗史中俯拾即是。例如，"李白斗酒诗百篇，长安市上酒家眠，天子呼来不上船，自称臣是酒中仙。"（杜甫《饮中八仙歌》）"醉里从为客，诗成觉有神。"（杜甫《独酌成诗》）"俯仰各有态，得酒诗自成。"（苏轼《和陶渊明〈饮酒〉》）"一杯未尽诗已成，涌诗向天天亦惊。"（杨万里《重九后二月登万花川谷月下传觞》）。南宋政治诗人张元年说："雨后飞花知底数，醉来赢得自由身。"

不仅为诗如是，在绘画和书法中，酒神的精灵更是活泼万端。画家中，郑板桥的字画不能轻易得到，于是求者拿狗肉与美酒款待，在郑板桥的醉意中求字画者即可如愿。郑板桥也知道求画者的把戏，但他耐不住美酒狗肉的诱惑，只好写诗自嘲："看月不妨人去尽，对月只恨酒来迟。笑他缣素求书辈，又要先生烂醉时。"

"吴带当风"的画圣吴道子，作画前必酣饮大醉方可动笔，醉后为画，挥毫立就。"元四家"中的黄公望也是"酒不醉，不能画"。"书圣"王羲之醉时挥毫而作

范曾绘《饮中八仙图》。所谓"饮中八仙"，是指唐朝嗜酒的八位学者名人，
分别是：李白、贺知章、李适之、汝阳王李琎、崔宗之、苏晋、张旭、焦遂。

《兰亭序》，"遒媚劲健，绝代所无"，而至酒醒时"更书数十本，终不能及之"。李白写醉僧怀素："吾师醉后倚胡床，须臾扫尽数千张。飘飞骤雨惊飒飒，落花飞雪何茫茫。"怀素酒醉泼墨，方留下神鬼皆惊的《自叙帖》。草圣张旭"每大醉，呼叫狂走，乃下笔"，于是有了"挥毫落纸如云烟"的《古诗四帖》。

在中国传统戏曲中，饮酒和吃饭是同义词。戏曲舞台上，吃饭的器皿不是饭碗、菜盘，而是用酒壶、酒杯来代替。请客吃饭，不说请用饭，而是说"酒宴摆下"。不管多么隆重盛大的场面，例如《鸿门宴》，在舞台上表示丰盛筵席的道具，也只有几个酒壶和酒杯。

酒还在中国传统音乐中担当重要角色，这一点只需看看宋词的词牌就一目了然。宋词的词牌（也就是乐曲）与酒有关者甚多，例如，醉太平（醉思凡）、酒蓬莱、醉中真（即浣溪沙）、频载酒、醉厌厌（即南歌子）、醉梦迷（即采桑子）、醉花春（即渴金门，又名不怕醉、东风吹酒面）、醉泉子、倾杯乐、醉桃源（即阮郎归）、醉偎香（即朝中措）、醉梅花（即鹧鸪天）、酒落魄（即一制珠，又名醉落拓）、题醉袖（即踏莎行）、醉琼枝（即定风波）、酹江月（即念奴娇）、貂裘换酒（即贺新郎）等。

酒本身就是一种艺术，同时它又催生出了中国其他很多艺术。由此可见，酒对中国艺术的贡献不可谓不大。

三、酒与人生

中国人常说，无酒不欢。酒在每个人的一生中都或多或少占据一席之地。

酒从诞生开始，就几乎渗透到了社会生活中的各个角落。结婚嫁娶的喜宴，酒自是必不可少。婚礼的代名词就是喜酒，在结婚安排的整个漫长过程中，酒始终贯穿其中。"会亲酒"是订婚时要摆的酒席，喝了"会亲酒"就表示男女双方的婚事已定，此后男女双方不得赖婚、悔婚。婚后第二天，新婚夫妇要回女方家探望，女方家要摆"回门酒"以示欢迎，酒后就可以夫妻双双把家还了。"交杯酒"是新婚之夜新郎新娘在洞房前所喝的酒，喝此酒时，夫妻双方举盏交互，头、杯、口相接，取"你中有我，我中有你"之意。新郎新娘喝完此酒后要恩恩爱爱，相敬如宾。

历史上，儒家学说被奉为治国安邦的正统，中国的饮酒习俗同样也受儒家思想影响，讲究酒德。"酒德"两字最早见于《尚书》和《诗经》，其含义是说饮酒者要有德行。《尚书·酒诰》中集中阐述了儒家所倡导的酒德，例如，"饮惟祀"（只有在祭祀时才能饮酒）；"无彝酒"（不要经常饮酒，平常少饮酒，以节约粮食，只有在有病时才宜饮酒）；"执群饮"（禁止聚众饮酒）；"禁沉湎"（禁止饮酒过度）。

饮酒作为食文化的重要构成部分，在古代形成了一套礼俗。例如，主人和宾客一起饮酒时，要相互跪拜；晚辈在长辈面前饮酒，叫侍饮，通常要先行跪拜礼，然后坐入次席；长辈命晚辈饮酒，晚辈才可举杯；长辈酒杯中的酒尚未饮完，晚辈不能先饮尽。在酒宴上，主人要向客人敬酒（叫"酬"），客人要回敬主人（叫"酢"），敬酒时还要说上几句敬酒辞。客人之间相互也可敬酒（叫"旅酬"），有时还要依次向人敬酒（叫"行酒"）。敬酒时，敬酒的人和被敬酒的人都要起立。普通敬酒以三杯为度。

对于人生而言，正是无酒不欢。

第三节　茶文化：壶内乾坤

茶的历史非常悠久，从春秋战国时期开始就有了茶叶，并渐渐形成了中国独有的茶文化。其核心精神是：清醒、沉思、理性、悟性；其独有气质是：专一、禅定、淡泊、宁静；其独特趣味是：自然、寡欲、无我、坐忘。中国古代茶文化的这些精神、气质和趣味相互作用，共同形成了中国的茶道。

一、茶可清心

茶叶中含有茶单宁和咖啡因，能使中枢神经兴奋，促进机体新陈代谢，加快血液循环，从而消除身体疲劳。饮茶至少有以下功效：提神、安神、明目、清头目、止渴生津、清热消暑、解毒、利水通便、祛风解表等。《神农本草经》中写道："神农尝百草，日遇七十二毒，得茶而解之。"

相关链接

中国十大名茶

官方说法：西湖龙井、洞庭碧螺春、黄山毛峰、庐山云雾茶、六安瓜片、君山银针、信阳毛尖、武夷岩茶、安溪铁观音、祁门红茶。

民间说法：涌溪火青、太平猴魁、湖南蒙洱茶、云南普洱茶、采花毛尖、恩施玉露、苏州茉莉花茶、峨眉竹叶青、蒙顶甘露、屯溪绿茶。

中国的茶人历来认为，茶是南方之嘉木，是大自然恩赐的"珍木灵芽"。在种茶、采茶、制茶时，必须顺应天地自然的规律，才能得到好茶。通过烹茶、品茶，使自己的精神返璞归真，心性得到完全解放，使自己的心境得到清静、恬淡、寂寞、无为，使自己的心灵随茶香弥漫，仿佛自己与天地宇宙融合，升华到"无我"的境界。这恰好不知不觉地暗合了中国古代天人合一的哲学思想，树立了茶道的灵魂。正因为天人合一的哲学思想融入了茶道精神之中，在中国茶人心里充满着对大自然的无比热爱，中国茶人有着回归自然、亲近自然的强烈渴望，所以中国茶人最能领略到"情来爽朗满天地"的激情以及"更觉鹤心杳冥"那种与大自然达到"物我玄会"的绝妙感受。

在道家贵生、养生、乐生思想的影响下，中国茶道特别注重"茶之功"，即注重茶的保健养生以及怡情养性的功能。如马钰《长思仁·茶》中写道：

一枪茶，二枪茶，休献机心名利家，无眠未作差。

无为茶，自然茶，天赐休心与道家，无眠功行加。

由此可见，道家饮茶与世俗热心于名利的人品茶不同。贪图功利名禄的人饮茶会失眠，这表明他们的精神境界太差。茶是天赐给道家的琼浆仙露，饮了茶更有精神，不嗜睡就更能体道悟道，增添功力和道行。

茶可清心，佛教讲"戒定慧"，道教讲"坐忘"，儒家讲"克己"，这些都是茶道达到"至虚极，守静笃"的境界而提出的致静法门。

佛教强调"禅茶一味"，以茶助禅，以茶礼佛，在从茶中体味苦寂的同时，也在茶道中注入佛理禅机，这对茶人以茶道为修身养性的途径，借以达到明心见性的目的有好处。

受道家思想影响，中国茶道把"静"视为"四谛"之一。如何使自己在品茗时心境达到"一私不留、一尘不染、一妄不存"的空灵境界呢？道家为茶道提供了入静的法门，这便是"坐忘"，即忘掉自己的肉身，忘掉自己的聪明。茶道提倡人与自然的相互沟通，融化物我之间的界限，以及"涤除玄览"、"澄心味象"的审美观照，均可通过"坐忘"来实现。

茶可清心，除了它本身具备的功效外，还有人对它的感情，这样的茶，必然是清心的。

二、茶道——饮茶的文化仪式

饮茶是一种文化，其仪式让人赏心悦目，包括选茗、择水、烹茶技术、茶具艺术、环境的选择和创造等一系列内容。茶艺背景是衬托主题思想的重要手段，它渲染茶性清纯、幽雅、质朴的气质，增强艺术感染力。不同风格的茶艺有不同的背景要求，只有选对了背景才能更好地领会茶的滋味。茶道——饮茶文化精神的仪式化过程，重在氛围与体验。实现这种氛围与体验需要一些基本条件以及恰当的组合，这就是中国茶道所追求的"五境之美"——茶叶、茶水、茶具、火候、环境。

相关链接

"五境之美"

茶叶。茶自然以新为贵，优质茶叶是中国茶道的基本条件之一。

茶水。泡茶对水有严格要求，因为水有软硬之分，每公升水中钙、镁含量不到8毫克的称为软水；反之则称硬水。泡茶要用软水，用硬水泡茶，茶味变涩，茶香变浊，茶汤变色。

茶具。饮茶离不开茶具，茶道最讲究的就是茶具，一套精致的茶具会让人赏心悦目。

火候。茶道讲究火候与汤候。火候指煮水的火力，煮水时间的长短与汤候有关。

环境。茶道讲究品茗佳境。明代文震彦曾说："构一斗室，相傍山斋，内设茶道，教一童专主茶役，以供长日清淡，寒宵兀坐。此幽人首务，不可少废者。"这叙述的是古代文人骚士追求的清寂与清心的生活。

除了五境之美，中国古人泡茶的过程也是非常讲究的。最具茶道神韵的就是闽台各地的饮茶方式，他们称之为"泡功夫茶"。这种泡茶的程序比较简单，即"烫罐入茶，高冲低斟，关公巡城，韩信点兵"：先用开水将茶壶茶杯烫洗一下，再将茶叶装进茶壶中，这实际上有两个作用，其一是用开水为茶具消毒；其二是用烫热的茶壶泡茶，再冲进去的开水的热度就不会让冰凉的壶壁将其温度减弱，而可以直接作用于茶叶，使茶叶的味道很快泡出来。

实际上，闽南人在泡茶时，除了"烫罐"外，泡出的第一道茶水是不喝的，通常是开水冲进茶壶马上倒出来，这样能把茶叶涮一涮，"洗"干净，闽南人也将这头遍茶水称为"茶尿"。"高冲低斟"的"高冲"是指从高处冲水，水的冲力大，可以搅动壶内的茶叶，使茶叶均匀地与开水作用；"低斟"则是指斟茶时，茶壶放低，最好就在茶杯的口沿上运动，以免茶水和香气过多逸出。"关公巡城"是指斟茶时在四只茶杯上旋转轮回着斟，因为泡茶的时间不同，茶色和茶味都会变化，如果斟完一杯再斟另一杯，那么四杯茶的口感就完全不同了。"韩信点兵"则是对斟茶到茶水将尽时的情景描述，那时斟出来的茶水在四只茶杯上轮转滴出，十分生动。

三、茶具——茶文化的器物审美

饮茶是一种物质活动，更是精神活动。饮茶的器具尤为讲究，不仅要好使好用，而且要有条有理，有美感。中国的茶具是随着饮茶方式的历史演进而不断发展变化的。

早在《茶经》中，陆羽便精心设计了适于烹茶、品饮的二十四器。这是因为煎茶是唐代主要的饮茶方式，煎茶就是把茶末投入壶中和水一块儿煎煮，在此之前还要将茶饼研碎，这对古代人来说，是完成一定礼仪，是饮茶至好至精的必然过程。用器的过程也是享受制汤、造华的过程。中国古代茶人，用这样细腻的过程体味自煎自食的乐趣。陆羽当时便说明，所谓"二十四器必备"是指正式茶宴，至于三五友人，偶尔以茶自娱，可据情简化。

茶具到宋代时已臻入化境，宋人不再直接煮茶，而用点茶法，在点茶基础上升华为斗茶、分茶和茶百戏，因而茶具亦随之变化。汤瓶是点茶必不可少的茶具之一，其作用是烧水注汤。汤瓶的制作很讲究，"瓶要小者，易候汤，又点茶注汤有准，黄金为上，人间或以银、铁、瓷、石为之"。黄金制作的汤瓶是皇室以及达官贵族才能使用的茶具，对于普通阶层人士而言，瓷质汤瓶才是首选。从出土的宋代茶具来看，南、北方瓷窑都有生产此类瓷汤瓶，尤其是南方的越窑、龙泉窑以及景德镇窑，汤瓶的数量更大。汤瓶的造型为侈口，修长腹，壶流较长，因为宋代注汤点茶对汤瓶长流要求极高。

宋代茶艺处处体现理学的影响，连茶具亦不例外，如烘茶的焙笼叫"韦鸿胪"。自汉以来，鸿胪司掌朝廷礼仪，茶笼以此为名，礼仪的含义便在其中了。

明代，散茶开始流行。明代的散茶不再需要碾罗后冲饮，其烹试之法"亦与前人异，然简便异常，天趣悉备，可谓尽茶之真味矣"。陈师道记载了当时苏、吴一带的烹茶法："以佳茗入磁瓶火煎，酌量火候，以数沸蟹眼为节，如淡金黄色，香味清馥，过此而色赤不佳矣！"此即壶泡法。饮茶方式的大转变带来了茶具的大变革，从此，壶、盏搭配的茶具组合一直延续到现代。

茶壶在明代得到了很大发展，壶的使用弥补了盏茶易凉和落尘的不足，也大大简化了饮茶的程序，受到世人的极力推崇。明代茶壶尚小，以小为贵，因为"壶小则香不涣散，味不耽搁，况茶中真味，不先不后，只有一时，太早则未足，太迟则已过，似见得恰好一泻而尽，化而裁之，存乎其人，施于他茶，亦无不可"。

相关链接

紫 砂 壶

明代散茶的冲泡直接推动了紫砂壶艺的发展。宜兴位于江苏省境内，早在东汉就已生产青瓷，到了明代中晚期，因当地人发现了特殊的紫泥原料（当地人称之为"富贵土"），紫砂器制作由此发展起来。相传紫砂最早是由金沙寺僧发现的，但是紫砂器制作的真正开创者应是供春。供春是明正德年间的学仕吴颐山的家僮，吴颐山在宜兴金沙寺读书时，供春在一旁侍读，聪慧的他向金沙寺僧学习了紫砂制作技法，制成了早期的紫砂壶。供春遗留下来的紫砂作品寥寥，但他却是宜兴紫砂史上有名可考的第一人。其后，时大彬成为一代名手，其制壶"不务妍媚而朴雅坚致，妙不可思"。时大彬后还出了不少名家，如李仲芳、徐友泉、陈用卿、陈仲美、沈君用等，紫砂在明代得到极大发展。

宜兴紫砂壶泡茶既不夺茶真香，又无熟汤气，能较长时间保持茶叶的色、香、味。

清代饮茶习俗与明代无异，因此茶具基本上是明代的延续和发展。清代景德镇瓷窑在明代基础上进行了改革和创新，除了生产传统的青花、素三彩、釉里红、斗彩等瓷器外，还新创了粉彩、珐琅彩等新品种。特别是乾隆一朝，新创了集各种工艺于一体的陶瓷，并能生产仿木纹釉、仿石纹、仿青铜彩、仿绿松石釉的瓷器，把中国陶瓷工艺推向历史的新高峰。康雍乾三朝皇帝都喜饮茶，曾在宫中多次举行茶宴，宴请文武百官，场面宏大，景德镇瓷窑生产了大量茶具来满足宫廷饮茶需要。

相关链接

盖　碗

　　从茶具形制上讲，除茶壶和茶杯以外，盖碗是清代茶具的一大特色。盖碗一般由盖、碗及托三部分组成，象征着"天地人三才"，反映了中国人器用之道的哲学观。盖碗的作用之一是防止灰尘落入碗内，起到有效的防尘作用；作用之二是防烫手，碗下的托可承盏，喝茶时可手托茶盏，避免手被烫伤。

盖碗

体验课堂

活动设计

主题：了解中国传统饮食的文化意蕴

形式：美食制作

内容：将学生分为两组，一组做一道荤菜，另一组做一道素菜。每组学生就自己做的菜分析其所体现的色、香、味、形、意，并互相学习和评价，以此加深对中国传统饮食文化意蕴的理解。

互动交流

1. 各抒己见

西方人喝咖啡，中国人喝茶。请搜集描写这两种爱好的文学作品，比较喝咖啡与品茶的异同，并发表自己的看法。

2. 阅读思考

请阅读《红楼梦》中关于饮食的描写章节，思考：在调料种类并不多的古代，美食真的有小说中描写的那样美味吗？茶作为一种饮品，为什么会成为清新脱俗的茶文化？

3. 网上冲浪

请到网上寻找《舌尖上的中国》纪录片，将其中最能体现中国文化韵味的饮食挑出来制作成自己的纪录片，可称为"舌尖上的文化"。

第十章

多彩的绚烂：中国服饰、习俗

服饰是社会文化的超级符号，是人类文明和审美思想的指向标，反映着不同历史时期社会风貌、思想文化和传统理念。服饰作为一个民族演进和发展的重要载体之一，既是劳动人民智慧的体现，也是人类物质文明和精神文明的一面镜子，承载着一个历史时期的文化心态、宗教观念、礼制审美和生活习俗等。

本章知识目标

了解中国传统服饰、习俗的形成和演变，了解其与中国传统文化的关系。

本章能力目标

能辨认出中国各主要民族的服饰和习俗。

本章素质目标

通过了解民族服饰，深刻体会中国各民族的服饰习俗和文化，培养民族人文素养。

情境导入

自古以来，中国又称为"华夏"。那么，"华夏"两个字究竟作何解释呢？

《左传注疏》中说："夏，大也。中国有礼仪之大，故称夏；有章服之美，谓之华。"中国又称"华夏"，其根源在此。所谓章服，就是服饰，服饰和礼仪加在一起就是中国。这足以说明两个问题：第一，服饰和礼仪不可分；第二，中国服饰的历史源远流长。大概是从服饰起源的那天起，人们就已将生活习俗、审美情趣、色彩爱好，以及种种文化心态、宗教观念，都沉淀于服饰之中，构筑起了服饰文化的精神内涵。

第一节　千年衣裳

从"黄帝垂衣裳而天下治"的历史记载中可以看到，中国古代服饰有着悠久的历史，并且在发展中逐步形成自己的文化。中国服饰文化，从宏观的服饰文化观念到着装配饰与妆容的搭配法则，都融会了影响中国几千年的礼乐文化。服饰文化也是中国礼乐文化中十分重要的部分。同时，在中国服饰的发展史上，儒家、道家等思想意识起到了贯穿始终的作用，它们是中国服饰发展的灵魂。

一、礼乐文化：中国服饰发展之基

孔子在《论语·尧曰》中说"君子正其衣冠"，这句话不仅仅指穿戴衣饰要整齐以示自身的教养，还暗示着衣冠整齐、得体本身就是君子的起码礼仪。不仅如此，服饰还可以代表一定的社会身份和品位，因此衣冠不整的人是被引以为耻的。在孔子的思想中，服饰是礼的一种具体体现，服饰的安排以及规定并非是形式上的烦琐仪式，而是与治国齐家平天下相关的一部分，是君子才与德的体现。

中国服饰是礼的一种表现，其突出例子就是冠冕制度。先来看冕冠，冕冠就是礼帽，外黑内红。盖在顶上的叫冕綖，冕綖呈前低后高的形式，意思是：王的地位至高无上，但难免有骄矜之气，因此要提醒王，其位虽弥大至高，也要有弥小之气志。冕綖的前后各有12根贯穿着玉珠的冕旒，每根有12颗玉珠，共计288颗，旒的作用在于蔽明，表示王要不视非、不视邪。在两耳不远处，各有一颗珠玉，也称为悬瑱或充耳，意在提醒王勿轻信谗言。

冕冠是中国古代最重要的冠式，始于周代，是帝王、王公、卿大夫在参加祭祀等典礼活动时所戴的等级最高的礼冠。

再来说冕服。在周朝，王的冕服有六种，称为六冕制，即在祭天、会宾、大婚等不同场合下分别需要穿不同的冕服，有大裘冕、衮冕、鷩冕、毳冕、希冕和玄冕六种。其他诸如公、侯、伯、子、男等，其所能穿的冕服依次减少，充分反映了古代的等级与礼制。

体现权力的古代服饰中还有个特点就是服饰中的龙凤图案。龙凤图案是中华民族服饰最富有特色的纹样之一，它不仅积淀了深厚的华夏文明，也体现了中华传统文化的核心理念。在中国古代，龙凤图案一直是皇权的专用纹样，象征着权力。

龙凤纹样在服饰中的运用始于殷商时期，造型抽象怪诞；至春秋战国，龙凤纹样变得富有生气，并开始与皇族文化相融合；发展至唐代达到顶峰，龙凤纹样华丽精致，杜甫用华丽的诗句"云移雉尾开宫扇，日绕龙鳞识圣颜"来描写皇帝服饰中的龙纹图样，可谓是最生动形象的。凤凰作为帝后服饰中的图案，也是身份和地位的象征，与皇帝的龙纹相呼应，不仅体现在服饰的刺绣上，也体现在女性的头饰和发饰上。唐宋以后，男性官服上也出现凤凰图纹，成为权力高低的象征。

龙凤纹样在服装中能经久不衰的运用有其特定的社会文化背景，同时，也蓄藏着浓厚的中国味，它表达的是人们对美好生活的向往，对幸福未来的憧憬，对吉祥的渴望和世代相传的祝福，"龙凤呈祥、龙飞凤舞、云龙凤虎"等都寓意美好的事物，这是千百年来根深蒂固于人们思想中的印记和传统理念。

最后，我们来看看古代的服饰布料。古代平民百姓、奴仆穿的都是褐、布衣。褐是粗糙的麻、毛编织品，布则比褐细致一些，成为平民百姓的衣着布料。《诗经·七月》中的"无衣无褐，何以卒岁"，描述的就是社会最底层的劳动者的生活，是贫贱者的常服。达官贵人的服饰布料多是绫罗绸缎、丝帛锦绢。《红楼梦》第三回写林黛玉眼中的王熙凤，对其服饰有重点描写，"身上穿着缕金百蝶穿花大红洋缎窄褙袄，外罩五彩刻丝石青银鼠褂，下着翡翠撒花洋绉裙"，把富贵显达的身份表现得恰如其分。

中国古代的服饰受中庸之道的影响很深。孔子认为，服饰应既不过于突出，也不能过于简陋，要适中，这样才符合礼仪。中国传统服饰讲求一种包藏却又不局限人体的若即若离的含蓄美，于恬淡之中给人一种平和、内敛之感。以汉代女子的服饰为例，汉代女服以曲裾深衣为尚。由于经济的发展以及工艺的进步，汉代服饰独具风格，富于变化，也更有韵味。深衣的衣身曳地，行不露足，既符合儒家的礼制又典雅端庄；衣袖有宽窄之分并多有镶边，衣领较低以便露出里衣的领子，有的可以露出三层衣领，也称为"三重衣"，富于层次感和含蓄之美。

深衣是上衣和下裳连在一起，用不同色彩的布料作为边缘（称为"衣缘"或者"纯"），其特点是使身体深藏不露，雍容典雅。

虽中国妇女长期以来一直以穿戴凤冠和霞帔为耀，成语"凤冠霞帔"就是表达旧时女子出嫁时的装束，以示荣耀，然而，将其纳入礼服制度却是从宋代才开始的。皇后凤冠上有九龙四凤，四周有花朵装饰，公主、皇妃以及命妇也都按品级各有不同装饰的凤冠。霞帔也称披帛，因其艳丽如霞故得此名，穿戴方式以一幅丝帛绕过肩背交于胸前。宋代霞帔在肩部为左右两条，上面有鸟兽绣纹或龙凤绣纹，按命妇的品级来定。

二、对外交流：成就中国服饰兼收并蓄之势

从汉武帝时期张骞出使西域开辟丝绸之路，到唐朝鉴真和尚东渡日本，再到明朝郑和下西洋和近代公派留学生赴国外留学，每一次的对外交流都会在历史上留下浓墨重彩的一笔。通过与外族的贸易往来和文化艺术交流，中国许多精湛的工艺和精美的商品得以流传到更远的地方，而国外的许多艺术风格和技术也开始在国内广为传播。自古以来，对外交流都是一个国家和民族不可缺少的政治活动。在中国服饰发展史上，也有许多因对外交流而产生的服饰变革，同时也使我国的服饰文化得以传播到海外，并保存至今。

唐朝是中国历史上的一个全盛时期，是当时世界上最为富庶的封建帝国之一。许多世界瞩目的成就都诞生于唐朝，唐朝的服饰也是中国服饰文化的一个里程碑。唐朝服饰具有雍容大气、兼收并蓄之美，这一方面得益于唐朝对于儒释道各家思想文化的大包容；另一方面也源于当时的民族大融合以及对外开放政策的实施。当时与唐朝友好往来的国家和地区多达300余个，每年都有大批的外国使者、商人、学

者来到长安，长安一度成为国际政治、经济和文化中心。正是由于如此高度活跃的对外交流，才使得唐朝服饰拥有兼容并蓄的磅礴气度。

由于当时的长安云集了大量的国外使者、学者、僧人、商人和艺术家等，身着各式服装的人穿梭于长安城中，这引起了许多贵族和百姓的兴趣，因此纷纷效仿他们的服装。胡服便是其中之一。前有赵武灵王推广胡服骑射，改革军队服装，却仅限于军服，像唐朝这般上自王公贵族下至市井小民都穿起胡服的境况实属罕见。《新唐书·五行志》中记载："天宝初，贵族及士民好为胡服胡帽，妇人则簪步摇钗，衿袖窄小。"由此可见，穿胡服在当时已成为一种潮流。唐朝胡服的兴起源于胡舞的流行，唐朝妇女便模仿胡女并以胡服为美。从唐代的陶俑中可以看出，胡服的形式通常为锦绣浑脱帽搭配翻领窄袖袍、条纹小口裤，脚蹬透空软棉靴。

相 关 链 接

胡 服 骑 射

赵武灵王是战国时赵国一位奋发有为的国君，他为了抵御北方胡人的侵略，实行了胡服骑射的军事改革。改革的中心内容是穿胡人的服装，学习胡人骑马射箭的作战方法。其服上褶下绔，有貂、蝉为饰的武冠，金钩为饰的具带，足上穿靴，便是骑射。为此，他力排众议，带头穿胡服，习骑马，练射箭，亲自训练士兵，使赵国军事力量日益强大，而能西退胡人，北灭中山国，成为战国七雄之一。胡服骑射这个成语现在多用来比喻所进行的改革，告诉人们不要故步自封，要善于学习他人的长处，勇于改革。

自古以来，由于思想文化的束缚，中国服饰之中是绝少有袒胸和敞开的，然而在唐代的服饰中，我们可以看到具有展现人体美的袒露之风的盛行。唐朝女装领子富于变化，有圆领、方领、斜领、直领等，最具特色的则是袒露胸部的袒领。从许多艺术作品和诗词中都可以看到，唐朝服饰中有许多露出颈肩和胸背的装扮，如周昉的《簪花仕女图》以及"粉胸半掩疑暗雪"这样的题咏。

首先，这种宽衣裸胸之风的盛行与唐朝开放的对外交流政策、社会风尚以及精神文明程度密不可分。有学者认为，由于唐朝的统治范围广大，向西达到了里海、阿富汗边界，这些地域的古希腊文化影响了当时的服饰，而古希腊就有展现人体美的文化。其次，胡人自古有袒裸之俗，这一点也影响了唐人的穿戴风格。最后，唐朝佛教的盛行也间接影响了唐朝袒露之风的盛行。如此开放的社会风尚，是丝绸之路开通以来异族文化不断渗透与各族文明交融、交汇的结果。

《簪花仕女图》是目前全世界范围内唯一认定的唐代仕女画传世孤本，画中描绘的是唐代贵族妇女的日常生活。从局部图中可以看出，露胸披纱在当时比较盛行。

在中国长期的封建统治中，女着男装是极其罕见的穿着形式。女子着男子服装被认为是不守妇道的行为，《礼记》中也有"男女不通衣裳"的规定。然而，在唐朝女着男装一度风靡，不仅是民间妇女，这种潮流甚至影响到了宫内，可见当时社会风尚以及思想的开放程度。女着男装的服装形态源于游牧民族服饰的影响，因中原聚集了许多外来民族，游牧民族粗犷英武的着装风格影响了唐朝妇女的审美意识，因此女着男装在当时成为时尚潮流，也就不足为奇了。

三、行政干预：引领服饰文化变革

古往今来，每当有新政权诞生，统治者便会开始统一本朝服饰制度，个中缘由想必便是服饰制度的统一不仅仅是一个朝代的达官贵人以及市井百姓应该穿什么样的服装这么单纯，更是使得新政权更加稳固的手段和途径之一。尤其对于少数民族政权来说，更是迫切需要汉人的臣服。清朝于1644年入关以后即进行了服饰制度的改革，清朝服饰制度的推行可谓强硬而坚决。首先是强制汉人剃头，然后是满式服饰的推行，并于顺治九年颁布了服饰令，对服装的款式、面料、色彩及纹样等进行了详细规定。

清朝的服饰制度繁缛而庞杂，将中国服饰制度的等级性发展到了登峰造极的地步。清朝服饰在前朝的基础上也做了很多改良，如"箭衣"。"箭衣"即清朝官宦所着的开衩之袍，袖口为箭袖，因为形似马蹄也称马蹄袖，这种袖口具有保暖性，同时又方便。满人认为，马蹄袖服装便于征战沙场，因此将服装与江山社稷联系在一起，保存满族服饰形式就好比永保江山一般，可见服饰制度在统治阶级心中的重要性。清代废弃服饰传统样式，以满族紧身窄袖的长袍马褂取代宽衣大袖，是满族服饰改革的成功典范。

清朝的官帽有暖帽、凉帽之分，自皇帝至朝臣朝冠的形式大抵相同，用来区分官阶等级的标志则是顶珠和花翎，即我们常听到的"顶戴花翎"。顶珠为帽顶最高处所镶的宝石，一品珊瑚，二品花珊瑚，三品蓝宝石和蓝色明玻璃，四品青金石或蓝色涅玻璃，五品水晶或白色明玻璃，六品砗磲或白色涅玻璃，七品素金顶，八品起花金顶，九品镂花金顶。乾隆以后，这些宝石都以透明或不透明的玻璃（称作亮顶）来代替。花翎是皇帝特赐的插在帽子上的装饰品，一般是赏给有功的人或对朝廷有特殊贡献的人。翎分蓝翎和花翎两种。蓝翎是褐翎，花翎是孔雀翎，有单眼、双眼、三眼之分。赏戴花翎不仅是一种荣誉，也是一种特殊阶层身份的象征，因此清朝对花翎的赏赐制度非常严格：六品以下的官员只赏给蓝翎，五品以上赏给单眼花翎，双眼花翎赏给大官，三眼花翎则是赏给亲王、贝勒等皇族和有特殊功勋的大臣。不过也偶有例外，如康熙时就曾破格赏赐平定台湾的功臣施琅花翎，清末汉官李鸿章也曾被赏赐三眼花翎。

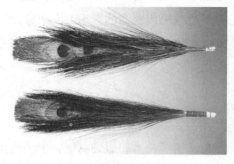

花翎

顶珠

　　旗袍是中华民族最经典的传统服饰之一，至今仍然受到许多人的喜爱，它是中国服饰文化的一块瑰宝，是自然美与含蓄美的统一。"旗袍"意为"旗人之袍"，经历了历史的锤炼，通过不断的改良与变革，才演变成今天现代旗袍的模样。满人因实行八旗制度，又被称为旗人。旗袍本是满人日常所穿的袍子，清军入关后，旗袍得以发展，甚至出现了"十八镶"这样奢华的装饰，款式也从游牧民族服饰的四开衩变为两边开衩。辛亥革命以后，摆脱了封建政权的枷锁，旗袍开始走进寻常百姓的生活，旗袍的款式也趋于简化，长度缩短，收紧腰身等，更加凸显女性的魅力。20世纪三四十年代是旗袍发展最辉煌的时期，受到西方文化的影响，这时的旗袍造型趋于完美，并且蜚声海内外，玲珑的曲线，外加袖口领口的变化，使旗袍在充满中国式的优雅与韵味的同时也更国际化。到了现代，改良旗袍融合中西方元素，新颖而又具有时尚感。从旗袍的变迁我们可以看到，政治环境的变化对于服饰发展的制约与影响，但也因为历经岁月的洗礼，像旗袍这样传承至今的传统服饰则更显气韵与内涵。

第二节　多元多彩

中国服饰的最大特点就是多元多彩，五光十色。这是因为中国幅员辽阔，民族众多，自然环境与生活方式、民族意识观念与信仰等种种因素决定了中国古代服饰文化绚烂多彩、各具特色的大格局。

一、多彩的民族服饰

中国疆域辽阔，南北不论在气候上还是地理环境上都有较大的差异，因此南北方少数民族有着截然不同的生活方式，北方寒冷干燥、地势平坦、森林草原分布较广，因此北方少数民族多以畜牧业为生；而南方温热多雨，地势以山地丘陵为主，因此南方少数民族主要从事农耕。

不同的自然环境和生产生活方式，决定了南北方少数民族的服饰风格各有特点。生活在高原和草原的蒙古族、藏族、哈萨克族等少数民族，其服装多以袍为主。例如，蒙古族的服饰便是蒙古袍。蒙古族服饰受到匈奴服饰的影响，因气候寒冷加之以游牧为主，蒙古族的服饰具有御寒性和便于骑乘的特征，长袍、坎肩、皮帽、皮靴是蒙古族服饰最常见的形式，男子腰间多挂刀子、火镰、鼻烟壶等饰物。当然，位于不同地区的蒙古族服饰也会有些许差别，历经元、明、清到现代，蒙古族服饰也在不断丰富和完善。

南方少数民族地区适宜种植棉麻，因此棉布和麻布成为他们服饰的主要材质，湿热的气候也决定了南方少数民族服饰以短窄款为主。以苗族服饰为例，苗服用苗语称为"呕欠"，由女装、男装、童装构成，其中女装又分为便装和盛装，并因地区差别有百余种款式，其中以对襟上衣、百褶裤、长裤为主，纷繁复杂的刺绣以及银饰是苗族服饰的特色。

蝴蝶妈妈是苗族神话传说里所有苗族人共同的祖先，苗族民众视蝴蝶妈妈为人之祖。苗族姑娘衣襟上的蝴蝶妈妈刺绣图案体现了"祈蝴蝶妈妈庇佑"的心态。

二、色彩与纹样的变迁

色彩与纹样是中国传统服饰中一个十分重要的内容。中国传统服饰的色彩文化最早源于自然色彩，日月星辰、火种、植物、矿石等都是原始人类提取服饰色彩的源泉。考古发现，红色是中国人以及人类最早使用的颜色，因为这种由赤铁矿研磨而成的颜料是当时最容易获取的原料之一。可能也由于这个原因，中国人对于红色有着与生俱来的喜爱。

在封建社会，黄色一直被看作是皇帝的专属色，这也是中国服饰色彩中独特的"黄色文明"。基于对自然色彩的崇拜和对等级制度的遵守，中国传统服饰色彩总体呈现出艳丽饱满的特征，红、黄、蓝三原色加上黑、白两色构成了中国传统服饰色彩的基调，这五色也被认为是最正统、最权威的颜色。即使到了汉代以后色彩原料的来源不断丰富，已经可以研制出更多种色彩，中国传统服饰色彩的基本格调依然没有改变。

服饰纹样无论是其发展历史还是表现形式，都与人们的生活息息相关。从先秦时期的抽象简洁，到秦以后的整齐工整，再到明清时期的写实细腻，服饰纹样的发展也反映着不同时期人们审美情趣的变化。

相关链接

衣冠禽兽

唐代袍服的纹样，一般以暗花为多，至武则天当朝，又颁赐了一种新的官服，名叫"绣袍"。所谓"绣袍"，即在各种不同职别的官服上绣以不同的纹样，文官绣禽，武官绣兽。这种以禽兽纹样区分文武官员品级的做法，后又被明清发展成"补子"，即以金丝、彩线绣成徽织，缀于文武百官常服的前胸和后背，使人一望而知其品级。"衣冠禽兽"的成语盖出于此，原无骂人之贬义。之所以成为现在的意思，完全是后人引申发挥所致。

商代的服饰纹样主要以云雷纹、菱形纹、回龟纹、几何纹为主，并以二方连续的构图形式出现，强调一种韵律美。到了周代，便出现了用于冕服之上的十二章纹，每个纹样都有其象征意义，表现出奴隶社会人们崇尚自然的审美意识，也是我国服饰纹样披上阶级色彩的开始。隋唐的服饰纹样继承了周代纹样的严谨和战国时期的舒展，又融合了秦汉的明快和魏晋的飘逸，服饰纹样的风格趋于丰满圆润，构图匀称饱满，这一特点具体表现在了唐代盛行一时的缠枝图案。此外，这时的服饰纹样多取吉祥美好的寓意，图案多为花鸟、团花、瑞兽等，格局对称，成双成对，华丽丰满。纹样在唐朝也是区别官员地位官阶的标志之一，武则天延载元年（公元694年）定制官员袍服纹样有狮、麒麟、虎、豹、鹰、龙、鹿等，这也是明清补服的萌芽。补服是明清两朝朝臣官员所着的服装，以服装上的补子纹样来区分品级。何为补子？补子就是绣在袍的前胸后背的一种方形纹饰，文官饰禽纹，武官饰兽纹。明清两朝补子的等级分配大体相同，只有细微差别。以清朝为例，各品级文武官的纹样如表10-1所示。

表10-1 清朝官服补子纹样

品 级	补 纹	
	文 官	武 官
一品	仙鹤	麒麟
二品	锦鸡	狮
三品	孔雀	豹
四品	雁	虎
五品	白鹇	熊
六品	鹭鸶	彪
七品	鸂鶒	犀牛
八品	鹌鹑	犀牛
九品	练鹊	海马

三、绚丽的配饰与妆容

中国服饰的配饰中，最典型的就是头饰。

头饰的起源既有御寒遮羞、防御隐蔽的因素，也有装饰悦目的诱因。上古时期的原始人类就已经有不同的发式，并懂得用动物骨头和玉石等做成头饰。商周时期，冕冠的出现标志着首服制度已有了雏形。秦汉时期，男子的首服为巾冠制，秦代一些武将开始用四方巾扎头后再戴上帽子。两汉时期，这种头饰广为庶民所用。尤其是东汉时期，头巾更是得到了广泛使用，连身居要职的官员也开始用方巾束发。形成这种风潮的原因之一是，当时的士人受玄学影响不拘小节，认为戴冠是一种累赘，而扎头巾轻便，于是渐成风习；原因之二是，相传当时的汉元帝刘奭额发丰厚，怕被认为缺乏智慧，于是以幅巾包头，统治者的提倡自然引起官民纷纷效仿。

秦汉以冠定职，男子的冠帽样式繁多，典型的几种有进贤冠、却敌冠、长冠、高山冠、远游冠等。汉代女子的发式多为绾髻，有堕马髻、盘桓髻、百合髻、飞仙髻、垂云髻等。到了魏晋南北朝时期，受放浪不羁、随心所欲的文士习气影响，男子首服也多以头巾为主流。当时流行的是"角巾"，相传名士郭林宗裹着头巾外出，途中遇到大雨，于是头巾被雨水淋湿，使得一个角下陷，路人撞见后觉得很新奇，纷纷效仿，成为一时风习，因此"角巾"又叫"林宗巾"。这一时期，女子的发髻由于受道教、佛教和一些外来思想的影响，颇为随性飘逸，灵蛇髻、飞天髻等式样受到当时女子的追捧。隋唐男子的首服主要是幞头，女子的发式可谓花样繁多，有数十种之多，头上的饰物也形式各异，有钗、簪、步摇、梳篦、金钿、银钿等。此外，因唐朝与少数民族的频繁交流，许多少数民族的发式和头饰也被人们竞相效仿，胡帽、回纥髻等就是典型的例子。

相关链接

步　摇

　　古代妇女头饰主要有笄、簪、钗、华胜、步摇、花钿、篦、钿花。其中，步摇最让人神往，它是古代妇女的一种首饰，因行步则动摇而得名。《释名·释首饰》中说："步摇上有垂珠，步则摇动也。"步摇多以黄金屈曲成龙凤等形，其上缀以珠玉点缀。六朝以后，步摇的花式越来越多，有鸟兽花枝等造型，晶莹辉耀，与钗钿相混杂，簪于发上。白居易在《长恨歌》中曾用"云鬓花颜金步摇，芙蓉帐暖度春宵"来形容杨贵妃。

　　宋朝的衣冠头饰以内敛、简约为美。男子首服除了在盛大场合会佩戴冠冕外，日常都还是以戴幞头为主。宋代女子上自王妃下至百姓都喜戴冠，常见的冠有角冠、凤冠、龙凤发钗冠、山口冠、珠冠等。

　　辽金元时期，呈现出多民族头饰大融合之势。辽金元分别是契丹族、女真族和蒙古族建立的政权，辽代契丹族男子的髡发和元代蒙古族男子的婆焦头都是极富特色的少数民族发式。女子首服中最富盛名的是元代女子的顾姑冠，这种冠细而高，外形好似一个大花瓶，冠顶的饰物则视佩戴者身份地位而定。

　　明代是一个极其重视衣冠的朝代，男子的巾和帽式样繁多，不胜枚举，其中最被人所熟知的有乌纱帽、翼善冠、梁冠、四方平定巾等。古人被罢官免职便会用"丢了乌纱帽"来形容，由此可知乌纱帽是一种官帽，是官位的象征。这种帽子分上下两层，先用铁丝编制成框再罩以纱巾。明代妇女的发髻最普遍的为假髻，做假髻的方法有两种：一种是在本身的头发里掺以部分假发，并衬以独特的发托，将发髻的高度增加；另一种是完全用假发制成，如现今的假发套，用时直接戴在头上。

　　清朝入关后，强行命令百姓剃发。虽然当时的汉官、文人甚至百姓一时都无法接受，但在"留头不留发，留发不留头"的高压政策下，人们还是普遍剃发。清朝推行的满族发式为"半留半剃"式，即从额角两端引一条直线，将直线外的头发全部剃掉，留颅后的头发编成发辫垂于脑后。清代官吏的礼冠以前文中所介绍过的"顶戴花翎"最为特殊，寻常百姓则常戴毡帽、瓜皮帽等。清代女子的发式分为满汉两式：满族妇女的"两把头"最为典型，后期发展为"大拉翅"；汉族女子则以牡丹头、元宝头等最为流行。从冠冕堂皇到乌纱帽、顶戴花翎，中国古代的"头上文化"可谓博大而精深。

乾隆后妃"香妃"的"两把头"

慈禧太后的"大拉翅"

　　除了头饰，备受重视的还有妆容。

　　追求美是人类的天性，原始人就开始懂得用土来装饰颜面，历朝历代的妇女对于化妆一直有着不断的追求，无论色彩还是式样，可谓变化无穷。

　　中国古代面妆的种类，主要有红妆、白妆、花钿妆三种。

　　红妆的起源很早，从文人墨客的许多诗句中不难看出，红色是古代女子在化妆时的主要颜色，"红粉春妆宝镜催"、"冲冠一怒为红颜"、"故烧银烛照红妆"、"素手青条上，红妆白日鲜"等诗句都用红妆来比喻女子。红妆真正的普及是在汉代以后，因张骞通西域时带回了红蓝花这种能够提取红色颜料的植物，使得红妆成为古代女子化妆的主旋律。南北朝时期，出现了一种"斜红妆"。其来历相传是，三国时魏文帝所宠爱的侍妾一次夜里寻魏文帝时，不慎撞到屏风而留下两道疤痕，可魏文帝对她却更加怜爱，因此许多女孩子也开始效仿，用胭脂在脸颊近眼的双侧画出血晕染的效果，颇为有趣。到了唐朝，红妆被发展为各种花样，胭脂也成为妇女必不可少的化妆品。在《开元天宝遗事》中，有一段描写杨贵妃在炎热的夏日渗出红色的汗珠，其实这是杨贵妃涂了胭脂的缘故。

在我国古代的审美标准中，以肤白为美，古人常常用肤如凝脂、肌如白雪来称赞美人，因此白妆的流行就不足为奇了。白妆的盛行要归功于粉的出现。古时候的粉在材料上大致可分为两类：一种是用米粒研磨后加入香料而成；一种是以土、水银和铅制作而成。粉的制作过程十分复杂。早在先秦时期，我国女子就以白妆为主，以粉白黛黑为美。唐代杨贵妃的白妆黑眉也曾引得宫中女子纷纷效仿。

花钿妆是指用极薄的金属片或彩纸、丝绸、虫翅等制作成日月星辰、花鸟鱼虫等小巧精致的图案，用一种叫作呵胶的胶水贴在额头、眉心、两颊、双鬓的化妆之法，又称"贴花钿"、"贴花子"、"贴花黄"、"梅花妆"等。贴花钿最早始于秦朝，在南北朝时期得到发展，唐代达到顶峰。"低鬟向绮席，举袖拂花黄"、"腻如云母轻如粉，艳胜香黄薄胜蝉"等诗句，道出了花钿妆之美。

第三节　人 文 习 俗

早在新石器时代，人类社会就有了等级观念。由于《周礼》《仪礼》《礼记》（即所谓的"三礼"）在漫长的历史进程中奠定了中国礼仪文化，尤其是服饰文化的大格局，因此我们可以看到中国古代服饰中的等级制度清晰而森严，不同等级人的服饰可谓泾渭分明。

一、服饰等级制度

中国古代朝服虽一直在改变，但所代表的等级精神却一直延续了下来。汉代朝服为冠服，头冠，足履，身着深衣。等级的区别在于冠的不同，如文官戴进贤冠，御史戴法冠等。收录在《后汉书·舆服志》中的冠帽就有19种之多。此外，用于区分官员职位高低的，还有他们随身佩带的印绶的颜色。绶是一种挂于腰间系于印纽的丝绸，和官印一同由朝廷颁发。隋唐朝服实行品色衣制度，以朝服颜色来区分官品尊卑，佩戴的革带所用的材质不同也代表不同的身份。服色除了体现在区分官阶大小上，对百姓也有要求，如平民用白色，屠夫、商人只许用黑色，士兵穿黄色等，任何等级都不可使用其他等级的服装颜色。当时的社会显赫家世者穿紫袍，寒酸者着青衫。白居易的《琵琶行》中有"座中泣下谁最多？江中司马青衫湿。"从

"青衫"二字可以看出，白居易当时是一个身份卑微的小官。清代朝服以补子的纹样和冠帽上顶珠的材质来区分官阶。此外，腰带颜色的不同也可看出尊卑，皇帝本支用黄带，伯叔兄弟一支用红带，其他用石青或蓝色。

汉代贾谊在《服疑》中说："是以天下见其服而知贵贱，望其章而知势位。"服饰的等级标识功能用一句话便可表达得清楚、明白：上下有序，君臣有别。服饰早已成为体现礼制最直接的形式。

历朝历代皇帝的服饰都无一例外地强调其威仪庄严、雍容华贵的特质，因为它是一种皇权的物化象征。帝王的服饰具有一种独特的内涵，群臣百姓在各大场合中，内心自然会升起一种敬畏之情，不知不觉中就感受到皇权的威严。再加上官员的服饰也有严格的等级尊卑规定，百姓和下级不可逾越。在这种服饰等级观念的约束和熏陶下，无论是为官者还是百姓，潜移默化中都会服从于天子的统治。服饰俨然成为一种社会统治手段，成为治乱顺逆的外显标志。

二、服饰与礼俗

冠礼、笄礼是中国古代传统的成人礼仪。冠礼是指古代贵族男子到了二十岁时举行的一个隆重的加冠典礼，作为成年的标志；相应的，笄礼则是指女子的成年之礼。在冠礼仪式中，对于服饰的讲究可谓一丝不苟，不能有丝毫差池。周制的冠礼为三加，就是要加三次冠，同时换三套衣服：初加缁布冠，象征将涉入治理人事的事务，相应的衣服是玄端；再加皮弁，象征将介入兵事，相应的衣服是皮弁服；三加爵弁，象征拥有祭祀权，相应的衣服是爵弁服。三种帽子中，缁布冠为日常生活中戴的普通冠，皮弁是打猎、战争中戴的冠，爵弁则是祭拜祖先神灵时所戴的冠。三种冠分别象征着成人生活的三个方面，一次为受冠者加上三种冠，是在肯定其作为成人后应尽的义务和应享受的权利，在冠礼结束后平日里几乎不会戴这三种冠，而是改戴玄冠。

冠礼不仅仅是一种形式，而是将冠者带入一个礼制的社会中，戴不戴冠以及戴什么样的冠，都与年龄、身份、所处的环境有着紧密的关系。成为戴冠之人的一刻起，心中就要谨记礼仪，节制自己的行为，修炼自己的品德。从《礼记·冠仪》中可以看出举行冠礼的内涵：

凡人之所以为人者，礼义也。礼义之始，在于正容体，齐颜色，顺辞令。容体正，颜色齐，辞令顺，而后礼义备。以正君臣，亲父子，和长幼。君臣正，父子亲，长幼和，而后礼义立。故冠而后服备，服备而后容体正、颜色齐、辞令顺。故曰：冠者，礼之始也。是故古者圣王重冠。

也许是因为中国古代男尊女卑的思想，关于女子笄礼的记载十分少见。从《宋志》记载的宋公主笄礼可以了解到，笄礼是女子十五岁时举行的礼仪，公主笄礼时的服饰为冠笄、冠朵、九翚四凤冠以及大袖长裙。

古代丧礼时，也有相应的礼制和服饰规范。五服制就是一套完整而系统的丧服制度，主要内容是以血缘亲属关系的远近来规定丧礼中生者为死者所穿的衣服。五服以斩衰、齐衰、大功、小功、缌麻五大类为基础，五种丧服的面料、款式、配件以及制作方法都不尽相同。

除了丧服之外，冠帽也有绳缨、布缨，带有绳带、麻带、布带，鞋有粗草鞋、细草鞋、麻鞋等不同的区分，十分繁复。

五服制度的原则是亲亲、尊尊、男女有别。亲亲是说血缘关系越亲近，服期越长，限制越多，血缘关系越远则反之；尊尊是根据身份地位的尊卑高低作为标准来确定服丧的轻重，幼卑为尊长服重，尊长为幼卑则服轻；男女有别则是说为父服重，为母服轻，妻子为夫服重，丈夫为妻服轻。孔子对五服中的斩衰和齐衰服三年期给出过具体解释，他认为人生来世上，要父母怀抱三年才能独立行走，此举是对父母的报恩。

我国古代的服丧制度虽说是一种礼俗，但礼俗对人的约束性是有限的，因此封建统治者除了用礼俗教化民众外，还会使用法律来强制性地维持社会秩序，这就形成了中国古代社会礼与法结合的基础。服丧期间，后世称为守孝或者丁忧，在丁忧期间规定不可以同房、宴饮、婚嫁、应考，官员则必须离职，规定十分严苛，历史上就有不少关于丁忧期间违反规定而被严惩的官员。

在中国传统服饰文化中，婚礼服饰是不可忽视的一部分，其中又以女性婚礼服饰最为夺目。在汉代，皇宫贵族之女的嫁衣用色就有 12 种之多，面料为上等的锦罗等。关于首服，史料记载，东汉时期，新娘以纱罗一类的布遮盖面部这一习俗就已经开始兴起，此外因汉代推行重农抑商的政策，因此商人的女儿出嫁只能穿浅黄和浅青两种颜色，可选择的面料也很少。唐代的婚礼服饰融庄重与热烈、喜庆于一体，嫁衣的形式有命妇的翟衣、普通妇女所穿的花钗礼衣等，新娘服色均为青色，此时新娘出嫁障面已经成为一种惯例。除此之外，还流行用扇子遮面，洞房之夜众人退出新娘才缓缓放下扇子，称为"却扇"。到了宋代，婚礼服饰的发展趋于成熟，大多用大袖和霞帔作为婚礼礼服，配饰为花冠，这种花冠在婚礼时会装饰得比平时更加富丽堂皇，有的贵族之女用凤鸟来装饰，因此又称为"凤冠"。宋代女子出嫁用红色纱罗蒙面也是必着的首服，并且此时也认可了士庶在婚礼时可以破例使用命妇的大袖霞帔等服饰。明朝礼制顺从民俗，正式规定庶民在结婚时可以使用九品命妇的凤冠霞帔，只是霞帔上不可绣龙凤纹。自此，凤冠霞帔逐渐成为社会上流行的新娘礼服。清朝满族女性的婚礼礼服主要以袍和褂为主，是典型的满族服饰特点，首服为朝冠，也属于凤冠的一种。典型的旗人结婚礼服就是袍服外罩褂，头戴朝冠；而汉族女子则基本承袭明代的凤冠霞帔制。此时，还流行一种服饰叫作云肩，形似如意，披在肩上，具有很强的装饰性，新娘嫁衣也大多会使用。

中国古代女子的婚礼服饰随着每个时期的服饰特点而发展，流露出每个时期的审美趣味及文化背景，对面料和色彩的限制以及在等级制度上的严格规定，都使传统女性婚礼服饰超越了其实用功能，成为政治伦理观念的承载符号。

体验课堂

活动设计

主题：民族服装秀

形式：PPT 演示

内容：将学生分为几组，每组选择一个有代表性的民族服装作为主题，搜集该民族服装的发展历史及主要特点等资料，制作成 PPT，在课堂上演示。

互动交流

1. 各抒己见

本章第一节中曾提到，为了富国强兵，赵武灵王进行了"着胡服"、"习骑射"的改革。请围绕"胡服骑射"改革的背景和成果，研讨其对中国古代服装变革的历史影响。

2. 阅读思考

阅读沈从文的《中国服饰史》（陕西师范大学出版社，2004 年版），了解中国服饰的历史变迁，思考服饰背后所体现的礼制和规范。

3. 网上冲浪

在网上收集一些中国传统服饰的图片和视频，建立一个中国古代服饰的讨论组，进行资料共享。

第十一章

人化的自然：中国建筑、园林

　　中国古代常以"土木"、"营造"等词表达"建筑"之意。作为历史悠久的文明古国，我国的传统建筑除了具备因地制宜的实用性和高度的技巧性之外，还承载着中华文化的诸多方面，体现着不同的古典意趣。可以说，我国的建筑，尤其是浪漫精巧的园林，不仅是人化的自然，也是诗化的自然，其一砖一瓦皆浓缩了历史，一草一池皆包含着匠心。在所有的传统建筑形式中，有几种最为我们所熟知，分别是：以四合院为代表的民居，以故宫为代表的宫殿，以长城为代表的城墙，以颐和园、苏州园林为代表的古典园林。

本章知识目标

了解中国古代建筑的基本类型和主要特征，了解中国古代建筑的基本形式和文化特色。

本章能力目标

熟悉现存的著名古代建筑，诸如民居、宫殿、园林以及城墙，理解古建筑中体现的传统文化精神。

本章素质目标

培养鉴赏中国古代建筑的能力，理解和体验中国古代建筑的精神文化魅力。

到首都北京旅游的人，大多数会把下面四个地方当成必游之地：故宫、长城、颐和园和四合院。在很多游客看来，故宫是皇帝待过的地方，要去看；毛泽东说不到长城非好汉，所以长城必须去爬；颐和园有山有水，景色秀美，而且是当年皇帝们的后花园，自然更要去观赏；四合院则是古色古香，更得去瞧瞧。这四大去处，代表了中国建筑和园林不同方面的最高水准。

第一节　民居宫殿

中国古代建筑美不胜收，妙不可言，最具鲜明特色的就是朴素的民居和盖世的宫殿，其中尤以代表民居特点的四合院和代表宫殿的故宫分外引人注目。几千年的封建社会，古代建筑就如一个用土木书写的立体历史，一笔一笔地书写着古代建筑的辉煌。

一、古代建筑的特点

中国素以"礼仪之邦"著称于世，礼制在我国由来已久，深深地扎根在了中华民族的传统价值观念之中。自然，古代建筑也不可能置身其外。

大致说来，中国古代建筑的特点主要表现在以下十个方面：建筑规模、屋顶、屋顶饰物、台基、踏道、面阔间数、斗拱、彩画文饰、色彩、门钉。下面我们一一介绍。

（1）古代的建筑规模，主要分为殿式、大式和小式三种。

殿式：宫殿的样式，为建筑的最高等级。通常为帝王后妃起居之处。其特点是宏伟华丽，瓦饰，建筑色彩和绘画有专门意义，如黄琉璃瓦、重檐庑殿顶式、朱漆大门、彩绘龙凤等。

大式：各级官员和富商缙绅的宅第。其特点是不用琉璃瓦，斗拱、彩饰有严格规定。

小式：普通百姓的住房。颜色为黑、白、灰。

（2）在中国木构架建筑中，最常用的屋顶主要有六种：庑殿顶、歇山顶、攒尖顶、悬山顶、硬山顶、卷棚顶。其中，庑殿顶、歇山顶、攒尖顶又分单檐（一个屋檐）和重檐（两个或两个以上屋檐）两种。重檐的建筑等级高于单檐建筑，具体层级次序为：重檐庑殿顶、重檐歇山顶、重檐攒尖顶、单檐庑殿顶、单檐歇山顶、单檐攒尖顶、悬山顶、硬山顶、卷棚顶。

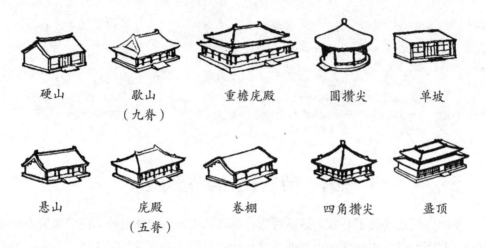

| 硬山 | 歇山（九脊） | 重檐庑殿 | 圆攒尖 | 单坡 |

| 悬山 | 庑殿（五脊） | 卷棚 | 四角攒尖 | 盝顶 |

中国古代的屋顶形式多样，等级分明。其中，重檐庑殿顶庄重雄伟，是古建筑屋顶的最高等级。

（3）古代建筑的屋顶饰物有脊兽和角兽。角兽按列均由单数组成，一般采取1、3、5、7、9数列排列（即阳数），最高为10个。其排列顺序为：龙、凤、狮子、天马、海马、狻猊、狎鱼、獬豸、斗牛、行什。最前面有仙人骑兽。建筑地位越高，角兽数目越多。以紫禁城为例，太和殿是举行大典的场所，象征着皇权，设神兽10个；乾清宫为帝王理政、居住的地方，地位仅次于太和殿，设神兽9个；坤宁宫为皇后寝宫，清代为祭神及结婚之用，设神兽7个；东西六宫是妃子住所，设神兽5个；最少的为次要角门，只设神兽1个。

（4）台基又叫基座，是高于地面建筑物的底座，用来承托建筑物，还可以防潮防腐，使建筑物显得高大雄伟。

（5）所谓踏道，是建筑物出入口供人蹬踏的辅助设施，分为阶梯形和斜坡式。最常见的是阶级形踏道，也称踏跺或台阶。踏道可分为三级：①一般台阶（如意台阶）：由几块大小不一的石头从大到小、由下至上叠砌而成，三面都可

太和殿是唯一有10个饰物的建筑，代表了古代建筑的最高等级。

以供人上下，用于次要房舍及主要建筑的次要出口；②高级台阶（垂带台阶）：用长短一致的石条砌成，并在其左右两边各垂直铺设石条一块，用于高级建筑；③较高级台阶：在垂带台阶的两边加上石栏杆，用于较高级建筑。

斜坡式踏道即斜道，又叫辇道或御道，倾斜度平缓，可行车。可进一步分为两种形式：一为铺设光面或印花方砖；一为斜道上用砖石露棱侧砌而成。7世纪以后，一些大型的建筑物特别是皇宫庙宇大殿前又有三阶并列或分列的做法。讲究的御道，后来雕龙刻凤，装饰以水浪之气，以示皇帝专有，两旁自然是大臣进退的台阶。再后来，经过一段漫长的发展阶段，斜道成为一种装饰。

（6）面阔开间的"间"是指由4根柱子围成的空间。面阔指横向的间数，纵向的则叫作"进深"。开间以单数命名，尺寸或相等或递减。"九五"为皇帝专用，即皇帝的大殿为九开间，五进深。明朝规定，公侯府第，大门三间，有金漆兽面锡环，前厅、中堂、后堂各七间；三品到五品，厅堂各七间，门用黑漆锡环（王府为朱漆大门）；六品到九品，厅堂各三间，正间一间，门为黑色，有铁环；百姓的正房不能超过三间。

（7）斗拱由方形的斗、矩形的拱和斜的昂组成，其作用是满足建筑梁柱承托功能的需要，即将屋顶大面积荷载经斗拱传递到柱子上，使屋架在承受水平外力的同时又具有一定的适应能力，在一定的程度上能抵御地震和台风等灾害。斗拱所体现的等级规则是：有斗拱的大于无斗拱的；斗拱多的大于斗拱少的；层次多的大于层次少的。

（8）彩画纹饰是施于建筑物上的绘画。明清彩画分为三种：和玺彩画、旋子彩画和苏式彩画。其中，和玺彩画为最高等级，用于皇宫主殿；旋子彩画一

斗拱是中国古代建筑特有的一种结构。在立柱和横梁交接处，从柱顶上的一层层探出成弓形的承重结构叫拱；拱与拱之间垫的方形木块叫斗，两者合称斗拱。

般用于官衙、庙宇主殿和宫殿，坛庙次要殿堂；苏式彩画多用于宅第园林。

（9）色彩是指古代建筑的用色。一般排列为：黄（金）、赤（红）、青（有时被认为是黑）、蓝、黑、灰。《春秋谷梁传注疏》中说："楹，天子丹（赤），诸侯黝（黑），大夫苍，士黈（黄）。"根据五行学说，赤色象征喜富，故宫的宫墙、檐墙、门窗、柱一律用红色，文学作品中多用"丹楹"、"朱阙"、"丹榱"、"朱榱"等描写。

（10）朱门上有金黄色门钉，这一排排门钉，不仅有构造的功能，也是装饰品。门钉使用的数量，明代以前无明文规定。到了清代，才把门钉数量做了规定。皇宫城门上的门钉，每扇门九排，一排九个，共八十一个；"亲王府制，正门五间，门钉纵九横七；世子府制，正门五间，门钉减亲王七之二（减掉七分之二）；郡王、贝勒、贝子、镇国公、辅国公与世子府同；公门钉纵横皆七，侯以下至男递减至五五，均以铁"。

以上十个方面的不同，体现了中国古代建筑的特点，使其成为中国建筑，而不是别国建筑。

二、走进四合院

四合院既是我国传统建筑的代表，也是民居的典型，是一种以庭院为中心的一进或多进建筑。由于格局为一个院子四面建有房屋，通常由正房、东西厢房和倒座房组成，从四面将庭院合围在中间，故得名"四合院"。

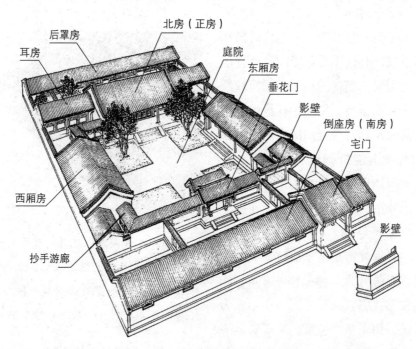

四合院内相对严格的宅居分配方式深受儒家礼教影响：正房坐北朝南，是家主所居之地；东西两侧的卧室（耳房）也有尊卑之分，东侧为尊，由正室居住，西侧为卑，由偏房居住；东西厢房则由晚辈居住；后罩房则主要供未出阁的女子或女佣居住。

　　传统的四合院建筑基本采用中轴对称、前堂后室、左右两厢的建筑格局，从自然环境、社会结构和文化观念等方面很好地满足了人们社会活动和家庭生活的需要。

　　作为一种实用建筑，我们所看到的四合院与其扎根的自然环境有着脱不开的关系。四合院因地制宜的构造与我国古代的人文思想纠缠在一起，构成了传统的建筑风水学。以北京四合院大门的朝向为例，北京地区的阳宅风水术讲究的是"坎宅巽门"，"坎"为正北，在五行中主水，正房建在水位上，可以避开火灾；"巽"即东南，在五行中主风，进出顺利，门开在这里图个吉利。从科学的角度看，华北地区风大，冬天寒风从西北来，夏天风从东南来，门开在南边，冬天可避开凛冽的寒风，夏天则可迎风纳凉，符合居住卫生。另外，木质结构以及合院建筑的封闭形式使得四合院内部形成了冬暖夏凉的小气候，通过这种方式人化自然，使之服务于人。

　　如今提到四合院，人们的第一反应往往是北京四合院。但实际上，四合院并非北京特有，在我国其他地区也同样存在。四合院在北京的大规模建造始于元朝，元定都北京（当时称大都）之后便大肆兴建民居，使得胡同和四合院成为北京的标志性建筑。从建制上讲，四合院介于官式建筑和民间风土建筑之间，在今天看来依旧拥有一定的实用性，其存在也因此绵延至今。

　　清代是北京四合院建设的鼎盛时期，其后随着鸦片战争的爆发和国势的衰颓，四合院也逐渐衰落。今天，那些历经沧桑留存下来的北京四合院已经作为物质文化遗产得到了妥善的保护，成为来自全国乃至世界各地的游客感受老北京风情的理想去处之一。

三、故宫——恢宏的紫禁城

　　位于北京市中心的故宫，旧称紫禁城，是世界上现存规模最大的古代宫殿，同时也是最大、最完整的木结构古建筑群。作为古代宫城建筑的标本，故宫基本上是附会封建宗法礼制布局，体现了儒家的理想和封建礼制。高低参差的外朝、内廷，再加上穿插其中的一些服务性建筑，使得故宫看起来规模宏大又秩序井然。

　　故宫始建于公元 1406 年，1420 年基本竣工，现存的故宫大体是明代的建筑。明清是我国封建社会发展的后期阶段，此时的建筑融会了前期的各种风格要素，可谓承上启下，集古典之大成。故宫作为明清建筑的精粹，也是我国古典建筑的艺术典型。

相关链接

"紫禁城"名称由来

紫禁城其名称是借喻紫微垣而来。中国古代天文学家曾把天上的恒星分为三垣、二十八宿和其他星座。三垣包括太微垣、紫微垣和天市垣，紫微垣位于三垣中央。中国古代天文学根据对太空天体的长期观察，认为紫微垣居于中天，位置永恒不变，因此成了代表天帝的星座，是天帝所居。因而，把天帝所居的天宫谓之紫宫，有"紫微正中"之说。

明清两代皇帝，出于维护权威和尊严以及安全需要，所修建的皇宫既富丽堂皇，又森严壁垒。这座城池不仅宫殿重重，楼阁栉比，围以12米高的城墙和52米宽的护城河，而且哨岗林立，戒备森严。

因此，明清两代的皇宫，既喻为紫宫，又是禁地，故旧称紫禁城。

故宫鸟瞰图

作为皇城，故宫从细节到大局皆体现出封建皇室的权威。就外观而言，故宫最引人注目的莫过于琉璃瓦。琉璃瓦的颜色分为青、黄、紫、蓝、翡翠等多种，无论哪一种都只准用在宫殿、王府以及关帝庙、孔庙之类的建筑之上。民间倘若采用，会被视作极大的僭越，将受严惩。除了屋顶之外，琉璃瓦也会出现在像九龙壁这类的建筑之上，起的装饰和象征作用与屋顶一致。

相关链接

金銮殿

金銮殿就是今天我们见到的故宫太和殿，是皇帝登基和举行大典的地方。1420 年，明朝永乐皇帝建成，名为"奉天殿"，1562 年改名为"皇极殿"，1645 年清朝顺治皇帝改名为"太和殿"。

阳光下，故宫宫殿顶部的琉璃瓦一片璀璨，瑰丽至极。除了琉璃瓦，陛石也是故宫中封建等级制度的象征。陛石指的是宫殿前的台阶，有时用作朝廷或皇帝的借称。明清之际封建君主专制制度发展至顶峰，皇上独揽大权，官员们觐见皇帝时只能远远地伏在陛石之下，陛石的象征和威慑作用由此强化。目前，故宫太和殿中的陛石大抵承自明朝，它的材质珍贵，雕刻精细，是不可多得的艺术品。

故宫最有特点的恐怕还要数其中轴对称的布局。建筑面积约 15 万平方米的故宫中，从最南端的永定门始，至景山向北的地安门，南北有一条约长 7 公里的中轴线。它既是故宫宫殿的中轴线，也是整个北京城的中轴线。中轴线上的主要建筑天安门、端门、午门城楼及前三大宫殿都是面阔九间、进深五间，表达了天子为"九五之尊"的含义。故宫宫殿高低起伏，左右呼应，对称平衡，有机地和谐成一组建筑群。

故宫是封建国家的标志性建筑，从内部的建筑单元来说，每一个单元又近似庭院式的民居，内廷充满了家的文化氛围。"家天下"的王朝政治内涵从故宫的外廊到内廷渗透出来。

当然，除了作为皇威的重要辅助说明之外，故宫宫殿内外的布局、各部分的名称和结构等还精准地传达了天人合一、克己复礼、阴阳调和等传统观念。故宫三大殿（太和殿、中和殿、保和殿）之一的中和殿，其名字就取自《中庸》："中也者，天下之本也；和也者，天下之道也。"

不仅如此，故宫还是严格贯彻古代建筑风水学的典范。作为古典建筑精华，故宫凝结了广大劳动人民的智慧，其科学性和艺术性值得后人揣摩和学习。

第二节　城墙筑造

　　与许多传统的民居宫殿一样，城墙也是人类历史的阶段性产物，它是人类活动的结果，更是古代城市的象征。城墙的兴起与发展和战争、经济发展、技术进步乃至文化审美都有着密切的关系。一个城市的城墙如此，名震世界的万里长城更是如此。

平遥古城是中国境内保存最为完整的一座古代县城，至今仍
保有完整的城墙和内城结构，成为中国建筑文化的宝贵标本。

一、攻防与连隔

　　古代城墙既是重要的防御工事，也是确立城市结构的关键建筑部件，其功能是一体两面的：一方面，通过墙体和护城河的隔断，城墙和墙上的炮台等一起起着防御入侵、威慑外敌的作用（攻防）；另一方面，通过对内城的包围以及城内不同区域的隔离，城墙默默地规定了城市内不同区域的功能和等级（连隔）。

　　以汉城墙为例，我们能够管窥古代城墙在形制方面的一些特色，尤其是其攻防设计和连隔效果。汉代的筑墙技术相对成熟，城墙的防御体系也比较健全。除了城墙这一主体之外，城墙防御体系的组成部分还包括城门、城台、城楼、角台、角楼、马面、护城河、河桥等，城墙必有城门以供城内外的交通，城门的最终形态常依城市的大小、形制、方位、用途等因素来确定。

相关链接

统 万 城

统万城是五胡十六国时期大夏帝国皇帝赫连勃勃主持修建的。公元413年，赫连勃勃以今陕西省靖边县为基地开始修建统万城，5年后竣工。据赫连勃勃说，这是一座不破之城，建造时，用蒸土筑城，如果检查员用锥子可以刺入蒸土一寸，负责人就会被处死。统万城筑成的9年后，北魏帝国军队攻破此城。可见，它根本不是不破之城。

从防御的角度考虑，城门不宜多，否则极易被外敌攻破。当然，也有设置两道城门以上的"瓮城"，这类城的结构同样有利于攻防。有的城墙每隔一定的距离就突出矩形墩台，以利防守者从侧面攻击来袭的敌人，这种墩台称为敌台的城防设施，俗称"马面"。

除了"马面"之外，同样用于迎敌的城墙附属建筑还有角楼。顾名思义，角楼建造在城墙的拐角处，此处两墙相交，因此角楼上的卫兵要居高临下面对两个受敌面。角楼之下往往设有角台，用以集结士兵，加强卫城能力，以攻为防。城池城池，有城有池。所谓的"池"，其实就是护城河。护城河一般紧贴城墙开凿，开凿过程中挖掘出来的泥土便用于城墙的夯实筑造。除了与城墙主体一起构成完整的城市防御体系之外，护城河也有供给市民生产、生活用水的功能。

瓮城是古代城池中依附于城门，与城墙连为一体的附属建筑，多呈半圆形，少数呈方形或矩形。当敌人攻入瓮城时，如将主城门和瓮城门关闭，守军即可对敌形成"瓮中捉鳖"之势。

另外，城墙对于城市及其居民的集中效果也显而易见，这就是所谓的"连隔"。每个有城墙的城市里都有居住区、市场和政府办公区，用横竖的大道隔开。用城墙进行连隔，有利于城市的有效管理和资源的合理配置，在构筑古代城市共同体方面的成效是非常显著的。

城墙的主要作用就是攻防和连隔，它是中华民族建筑文化中最有用的发明之一。

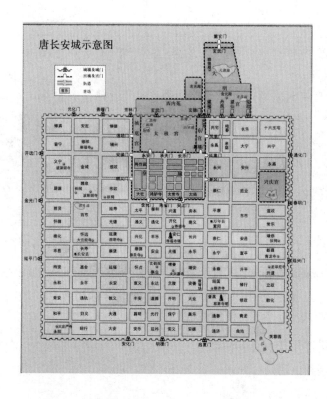

唐长安城面积83.1平方公里，按中轴对称布局，由外郭城、宫城和皇城组成。城内街道纵横交错，划分出110座里坊，此外还有东市、西市等大型工商业区和芙蓉园等人工园林。城市总体规划整齐，布局严整，堪称中国古代都城的典范。

二、长城的"前世今生"

长城是中国人的骄傲。其实，长城可以看作是一座放大的城墙，把自己人圈到里面，把外人隔到外面。根据考古发现，早在我国第一个筑墙高潮期——春秋战国时期，古中原地区——包括豫北、豫中、豫南和内蒙古等地，还残留有战国时期魏、韩、赵等国长城的遗址。秦统一六国之后，继续修筑长城，以抵御北方少数民族的侵扰。此后，历朝历代在继承的基础上修复翻新，使得今人依然能够看到长城的大致面貌。

在长城的修筑历史上，以秦、汉、明三代的规模最为庞大。

公元前214年，秦始皇派大将蒙恬率领三十万人北逐匈奴，占据河套，并修筑长城。秦长城在先秦长城的基础上修建起来，是防御性的军事工程，其构想是将另一方的军事力量阻挡在"我方"的可控空间之外，因此具有"盾"的文化属性，这也是所有长城建筑的共性。

汉朝继续对长城进行修建，以抵御北方匈奴的侵袭。汉朝时，从汉文帝到汉宣帝，筑成了一条西起大宛贰师城，东至鸭绿江北岸，全长近一万公里的长城。总体上说，秦汉时期的长城反映出了那个时代雄壮豪迈的气象，也传达着传统建筑包容万象的宇宙观。长城绵延万里，乃是上通于天、下接于地的典型建筑。

明朝建国后的 200 多年间，未曾间断过对长城的修筑，最终形成了贯穿东西、全线连接的、完整的长城防御体系。之所以称长城为防御体系而非防线，道理与城墙类似：因为除了城墙主体之外，长城这一建筑还包括其上的烽火台、城堡、敌楼等附属部件。

如今，我们能够看到的长城仅仅有其三分之二，另外三分之一已荡然无存，存在的长城中有一半毁坏严重，只剩下没有包砖的土坯。除了自然的侵蚀作用之外，近现代史上人为的破坏——战争、政治文化运动导致的拆损、土地开发等都对长城造成了不可逆转的损害。同属于长城防御体系架构内的军堡、村堡的毁坏程度不一，有部分因为其实用性得到了妥善的保存。不论如何，在历史进程中幸免于难的长城，作为中华民族的象征符号之一继续留存下来，这条盘踞在东方的巨龙会被越来越多的人所认知。

三、从"土城"到"砖城"——京都大城

北京城是一个拥有千年历史的古城，最早可上溯至周初，诸侯国之一燕国的国都就在此地。秦汉时期，北京城在北方城的地位已崭露头角。到了隋唐时，北京俨然已成为中国的北大门。元代时，北京摇身一变成为首都，成为中国的政治、经济和文化中心。明清直到现在，这一职能仍没有改变。

元大都的城址选择和城市的平面设计直接影响到了日后北京城的城市建设。

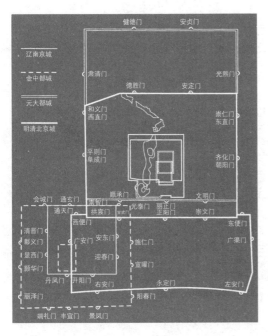

北京城是中国历史上最后 5 代封建王朝辽、金、元、明、清的都城（或陪都），其设计规划体现了中国古代城市规划的最高成就，左图体现了北京城的历史变迁。

在元大都建立之前，在当今北京市西城区西部已经有了金朝的中都城。中都呈正方形，作为金朝国都有六十余年。元灭金之后的 1271 年，改中都为大都，中都旧城逐渐荒废。为了方便漕运，从中都旧城迁移到大都新城，实际上也就是把城址从莲花池水系迁移到高梁河水系上来。元大都将皇城（主要是湖泊东岸的宫殿）作为整座城市的中心，皇城以湖泊为中心进行宫殿建筑的布局，湖东岸兴建的宫城称为"大内"，西岸的宫城南北有别，南为隆福宫，北为兴圣宫。中央的湖为"太液池"，湖心岛称"琼华岛"或"万岁山"。湖中另有小岛叫"瀛洲"，岛与岸边有桥梁进行连接沟通。围绕三组宫殿所修建的皇家城墙为"萧墙"，皇城外还有"大城"（外郭城）环绕。

元大都的城墙全部由夯土筑成，是名副其实的"土城"。北面城墙以及东西两面城墙的北段，在新中国成立后尚有残余的地面遗迹可见。经实地勘测，城墙基部宽达 42 米，为了加固城墙，在夯土中使用了"永定柱"（竖柱）和"红木"（横木）。城墙顶部中心顺城墙方向，设有半圆形瓦管。这样设置的瓦管显然是排泄雨水的措施，是避免城墙顶部雨水冲刷城壁的一种方法。除了瓦管之外，土墙上有石砌排水涵洞。尽管如此，土城仍然需要经常修葺，以弥补雨水冲刷造成的损害。与汉代城墙一样，元大都的土城墙也设有马面、角楼等附属建筑，城墙外围有护城河环绕。

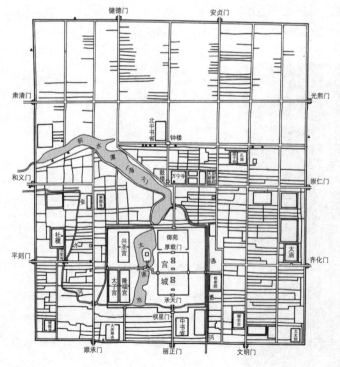

元大都的设计曾参照《周礼·考工记》中"九经九纬"、"前朝后市"、"左祖右社"的记载，规模宏伟，规划严整，设施完善。

在元大都的基础上，明清两代王朝又进行了改建和扩建。1368 年，明朝军队攻入元大都，元亡。明军摧毁了元大都的众多宫殿建筑，只剩太液池以东的隆福宫等保存完好。在元大都的废墟之上，明朝政府不仅重新营建了北京内城（皇城），还扩建了北京外城。

明代的紫禁城为北京城核心，紫禁城沿用了元朝大内的旧址并南移。城墙的角楼较元朝时期更加高大、精致。红色的皇城城墙把整个紫禁城、西苑、南内、万岁山（今景山）统统包围起来。这样，皇城的面积占了整个北京内城的四分之一。

除了城墙规模的扩大之外，城墙的建筑工艺在明代也有了重要改进。元代遗留下来的土墙纷纷被砖石包砌修整。根据记载，东西城垣系在元代旧土墙的基础上，用砖包砌，东城垣长一千七百八十六丈九尺三寸，西城垣长一千五百六十四丈五尺二寸，高均为三丈有余，上宽五丈。同样经过砖石改装的城墙也包括南垣。如此一来，北京城由原先大都的"土城"摇身一变成为了"砖城"。

为防蒙古骑兵南下进犯，明朝在北京皇城外修筑环绕四周的外城。内城和外城都筑有垛口，垛下皆有炮眼。高耸的城墙，巍峨的城楼，坚固的城门，数以万计的垛口，上万个炮眼，构成保卫宫城和皇城的大兵营。但是由于砖墙的修筑成本高于土墙，因此明代的外城墙修筑计划并没有能够按计划进行，外墙只完成了南侧的一面。

清代基本沿袭明朝北京城的格局，但裁撤了皇城的设置，将明代皇城内的大量内廷供奉机构改为民居，同时将内城的大量衙署、府第、仓库、草厂也改为民居。清代将内城改为八旗居住区，令汉人迁往外城居住。清朝还在北京城内修建了大量黄教寺庙、王府，并在西郊修建了三山五园等皇家园林区。

第三节　山水收藏

在现代工业城市将人类与自然隔离开来之前，我们的祖先曾经以一种富有情趣的方式构筑起了人与自然的和谐关系，那就是园林。园林在某种程度上是房屋这种狭义建筑形式的必然发展结果，在祖先们与大自然的交往、对话的过程中诞生——即将自然"人化"的产物。处理与自然的关系历来是建筑的重要方面，作为连接自然和人工环境的桥梁，园林对天人关系的处理在建筑中更具代表意义。中国古典园林的发展史，实际上是一部山水收藏史，也可看作是一部天人关系不断变化、趋向和谐的历史。

一、天地与人心——园林的历史

我国的传统园林可分为两大类：皇家园林和私家园林。园林的历史源远流长，早在商代，就已经有了今日园林的雏形，后人称为"苑囿"。不过那时的园林，人为干涉程度很低，自然生态很高：它只是圈定一块林地，养一些珍禽异兽供皇宫贵族狩猎而已。

周朝时有了点进步：不但有动物，还有植物；不但有植物，还开凿了水池。秦汉时期，中国古典园林才迎来第一次高峰，完整的园林体系也在此阶段成形。秦朝的离宫别院有甘泉宫、兴乐宫、林光宫、章台宫、上林苑、信宫等，在史书和文学作品中都有记载。其中，上林苑是当时最大的皇家园林，苑内建有宫、殿、台、馆等。

汉武帝扩建了秦代的上林苑，使之成为中国历史上规模最大的一座皇家园林。园中自然景观宏伟壮阔，既有人工开凿的水系，也有人工种植的众多观赏性植被。再加上供狩猎赏玩的珍禽异兽，使得上林苑的自然景观极具多样性。这一时期，园林内部的建筑也有所增加，尤其是皇家园林内部的宫殿和池塘等，与自然相映成趣。西汉后期的私家园林也发展迅速，其规模和精致程度堪与皇家园林比肩。东汉时期，随着封建大地主庄园的形成，园林也得到了进一步的普及。和秦汉其他的建筑一样，这一时期的园林同样有着粗犷、壮观的特点。仙山楼阁、飞虹架桥的建造结构在秦汉已非常复杂，此时形成的"一池三山"的皇家园林形式一直沿用到清朝。体现文人诗情画意的私家园林，在西汉后期也初现端倪。

魏晋南北朝是我国古典园林的转折时期。由于众多的文人雅士为逃避政治纷争而归隐田园，他们建造的私家园林成为其个人情致的寄托，在造园风格方面较以往亦有所不同。具体说来，魏晋南北朝时期的私家园林规模较小，自然美和建筑美的结合更加融洽，同时审美风格趋向自由和轻松。皇家园林方面，除了继承前朝的传统之外，楼、观、阁、飞阁等建筑物，基本延用前朝的传统并有所发展。佛寺和道观建筑等宗教建筑有时会出现在园林中。亭原本是驿站的一种建筑物，魏晋南北朝时期开始引入宫苑，但其性质已经完全成为用来点缀园林风景的园林建筑了。

随着封建社会经济发展高峰的到来，园林也在隋、唐、宋时期发展到了高峰。隋唐时期的皇家园林在数量和规模上远超魏晋南北朝时期，显示出泱泱大国的宏伟气概，尤以隋朝皇家园林东都苑、唐朝大明宫内的园林为典型。东都苑承"一池三山"的造园模式，以人工开凿的水域"北海"为中心，"北海"中有瀛洲、方丈、蓬莱三座岛山，围绕"北海"四周的庭院建筑皆极为华丽。

宋朝的园林虽然在气势上不如隋唐，但其内容的精致程度则胜于隋唐。宋朝的皇家园林较往朝更加注重山水营造，有名的包括宜春苑、玉津园、琼林苑、金明池，并称"东京四苑"。

元明清是我国古典园林的成熟时期。作为中国古典园林最后一个辉煌的时期，它既继承了之前园林的全部艺术成就，同时也预示了其日渐衰落趋势的不可避免。概括而言，元明清时期的园林建造在风格方面并无大的创新。其中，皇家园林由大到精，园林的功能更趋综合，除了一般的游赏、休憩之外也可居住和作其他的娱乐用。园林内的建筑种类更加多样，亭、廊、榭、坊、厅等造型别致，可观可用，集前朝之大成。建筑成为元明清时期园林的主体。然而由于少数民族当权，原先大多由汉人建造的私家园林不再受重视，规模有所缩减。不过，苏州、扬州乃至岭南一带的私家园林工艺在此阶段臻于完美。

在元明清的历朝君王中，乾隆皇帝对于造园有着较为浓厚的兴趣。他尤其喜欢江南园林，因此在皇家园林中吸收了江南园林的造园方式，使得清朝的园林艺术南北融合，恢宏而精致。清代皇家园林中的圆明园，吸收了西洋建筑的一些特征，将之糅合进东方园林中，成为我国皇家园林里见证东西交流的典型之一，同时标志着我国园林向近代的过渡。

"水法"即如今我们说的喷泉，"大水法"西邻海晏堂，是圆明园内最为壮观的欧式喷泉景观。1860 年，英法联军火烧圆明园，导致"大水法"如今仅存几个大理石石柱。

二、颐和园——皇家园林的辉煌顶点

中国皇家园林的产生和发展要早于私家园林。在留存下来的皇家园林中，清代最后完成的颐和园无疑是保存最完好、最具代表性的。作为皇家园林的集大成之作，颐和园一方面承续往昔，复原了神话中"一池三山"的美好意境；另一方面因地、因时制宜，反映出清朝皇室的审美和气魄。

颐和园距现在北京市市中心约 19 公里，占地约 290 万平方米，包括万寿山和昆明湖两大部分。万寿山系西山山脉，高 59 米；昆明湖包括南湖、西湖、后湖（后山之溪涧），总面积 4350 亩，占全园面积的四分之三。颐和园沿袭了皇家园林前宫后苑的传统，除了游憩之外，兼具起居、观景、理政及狩猎等功能，皇帝一年中有多日停留于此。

颐和园以昆明湖、万寿山为基址，以杭州西湖风景为蓝本，汲取江南园林的设计手法和意境而建成，是一座大型的天然山水园，也是保存最完整的皇家园林。

若从前身"金山行宫"算起，颐和园至今已有近千年的历史。公元 1153 年，金代皇帝在万寿山修建了行宫。由于万寿山属于西山山系，万寿山及所在水域在 1190 年被称作是西山八水院之一——金水院。元朝称万寿山为瓮山。1506 年至 1521 年，明武宗筑别墅于湖滨，名"好山园"。公元 750 年，乾隆皇帝为庆祝母亲寿辰，在园静寺原址改建成大报恩延寿寺，瓮山更名为万寿山，改金海为昆明湖，环以围墙，称清漪园。1860 年，清漪园被英法联军烧毁。1888 年，以慈禧太后为首的清廷挪用海军经费等款项重建，改名为颐和园。1900 年，又遭八国联军破坏。1902 年，再次修复。从其短暂而又复杂的历史不难发现，颐和园在近代饱

十七孔桥是颐和园内最大的石桥，由 17 个孔券组成，长 150 米，飞跨于东堤和南湖岛，远远望去像一道长虹飞跨在碧波之上。桥上石雕极其精美，每个桥栏的望柱上都雕有神态各异的狮子，两桥头还有石雕异兽，十分生动和谐。

受蹂躏，它毁损和重修的过程生动地揭示了封建末期王朝的腐败无能以及外来侵略的频繁。

与故宫一样，颐和园的布局也是严谨的中轴对称式布局，显示出皇家的权威。颐和园中轴线上最引人注目的建筑是佛香阁。佛香阁位于万寿山山顶，巍峨高耸，俯瞰芸芸众生。从昆明湖的码头起，中轴线上的建筑依次为"云辉玉宇"牌楼、"排云门"、"二宫门"、"排云殿"、"德辉殿"、"佛香阁"、"众香界"以及"智慧海"。这组建筑群采用的布局比较近似于佛寺而非一般的园林。

颐和园北山南水，山有万寿山，水有昆明湖。水域的主体部分——昆明湖仿照杭州西湖围筑，湖上有岛，岛间有桥，由此将湖泊和周围的建筑关联为一个整体。颐和园的桥梁以汉白玉石拱桥为主，其中十七孔桥和玉带桥为人称道，它们如长虹卧波，增强了颐和园的建筑立体感和多样性。昆明湖的四周有彩绘长廊围绕，廊上的画幅共 8000 有余，人们可以一边观赏实景一边品味画意，尽享人在画中游的乐趣。

除了中轴对称、山水壮丽之外，建筑样式的多元化也是颐和园的一大特色，由此显示出多民族国家兼收并蓄的文化包容性。如果将万寿山分为前后两面，那么可以说前山为汉式建筑，而后山为藏式建筑，藏式建筑主要与佛教有关。另外，由于乾隆皇帝偏爱江南景色，颐和园中开凿有多条河道，营造出某种程度的水乡风情。除了昆明湖之外，另外一处明显仿照江南建筑样式筑造的景观便是苏州街，苏州街上的民宅建得较有生活气息，能够满足北方皇室对于南方以及南方民间生活的想象。西洋建筑也在颐和园留下了自己的痕迹，万寿山西侧有一只像船但不能游动的石舫——清晏舫。船体用巨石雕造而成，上建有两层舱楼，窗上镶嵌五色玻璃。这艘清晏舫的船身，特别是船身两侧的石轮便是仿照西洋轮船筑造的。如此南北中西熔于一炉的宏伟设计，在当时也只有皇家能够付诸实践。

颐和园以丰富多彩的文化艺术宝藏和雄伟壮阔的古建筑艺术闻名，吸引着无数中外游人，人们为其瑰丽秀美而倾倒。作为我国古典园林中皇家园林建筑的高峰，颐和园成为我国第一批全国重点文物保护单位。联合国教科文组织于 1998 年批准其为"世界文化遗产"。

三、苏州园林——私家园林的审美呈现

苏州古典园林的历史可上溯至公元前 6 世纪先秦的苑囿，最早见于记载的私家园林是东晋（4 世纪）的辟疆园。历代造园兴盛，名园日众。明清时期，苏州成为中国最繁华的地区之一，私家园林遍布古城内外。16～18 世纪的苏州园林全盛时期，有园林 200 余处。其中，最有代表性的狮子林、沧浪亭、拙政园、留园，合称"苏州四大园林"。

狮子林

沧浪亭

拙政园

留园

苏州园林历来以空间布局的精巧和意境的优雅为人称道，它含而不露、欲扬先抑的布景方式谱写着古代文人墨客的心曲，成为我国古典私家园林的经典。大到空间组织、建筑布局，小到山石、花木，苏州园林都有其考究之处。

空间组织对于苏州园林而言十分重要，苏州园林艺术从根本上说是一种空间艺术。私家园林本身能够利用的空间有限，这同皇家园林在筑造条件方面有较大区别。为了使人在有限的空间内产生更多的主观联想，"似露非露，或隐或现，知其然而又不易知其所以然"成为苏州园林空间组织的主导策略。游览苏州园林，只有在体验了整个空间历程后，方能得出其感受，悟出其真谛。这种极高超的空间艺术，使苏州园林达到了"虽由人作，宛自天开"的艺术境界，在咫尺之地造就出千岩万壑、曲折回环的野趣和文趣。

为了克服私家园林空间与内容以及内容内部的矛盾，苏州园林在建筑布局上一般以厅堂作为全园的活动中心，面对厅堂设置山池、花木等对景，厅堂周围和山池之间缀以亭榭楼阁，并环以庭院或用花木分隔，形成互相独立又互相依赖的小景区，用蹊径和回廊联系起来，使得不大的空间经过艺术化的组合，组成一个可居、可观、可游的整体。在造景过程中，则用对比、衬托、尺度、层次、对景、借景等方法，使园景达到小中见大、以少胜多的效果。苏州园林的空间延伸一般依赖虚实结合的借景，借的方法各种各样：有邻借；有远借；有仰借；有俯借；有镜借；等等。无论采用何种方法，都是为了能够灵活、随意地利用空间。

由于没有条件将实景划入园林内部，苏州园林的山水景观都是大自然的微缩版本，如此反倒拓展出另外一种意趣。以山石为例，苏州园林内的太湖石和"冠云峰"都比较有名。"冠云峰"并不是真的山峰，而是人工凿刻出来的如美女云鬟一般的石头。"冠云峰"是石中绝品，位居江南古典园林四大名石之首。这些山石都是以苏州园林为代表的江南私家园林着力打磨细节的表现。庭院中水体的营构也是同理。大多数苏州园林都凿小池引水，水不在多，只要能给园林景观带去一丝灵动便算是物尽其用了。园中花木的配置则贵在同山水协调，如怡园藕香榭之南，花坛的构成极佳：四周以湖石叠成高低错落、凹凸相间的坛砌，叠石形象多变，层次丰富，而庭院中的几个花坛结成群组，起着围合曲径的作用。这样，窈窕的香径就形成了，人们徘徊其间，可以多方位、多角度地品赏花坛幽景的个体细部或组群构成之美。

苏州园林的整体意境一方面与以上提及的空间布局和造景方式有关；另一方面也与园主人的身份与品位有关。苏州园林一般被认作是文人园，园中有各种题名、匾额、楹联。这些文字往往是经过反复推敲，低吟浅唱，务必与周围的环境相贴，从形式到内容都能传达一定的意境。

寸山多致，片石生情。苏州园林以小见大，以细节取胜，缔造出独特而美好的园林艺术世界。

体验课堂

活动设计

主题：介绍当地建筑景观

形式：模拟导游

内容：选取当地最著名的建筑景观，由学生扮演导游，讲解该建筑的历史沿革、建筑特色及其所体现的文化内涵。

互动交流

1. 各抒己见

尽管国家已经采取了一定的手段来遏制地产开发热潮，但是房地产开发依然在全国上下如火如荼地进行着。一幢幢拔地而起的高楼固然增加了城市的现代气息，也在某种程度上解决了居住用地的紧张问题。然而，部分盲目的地产开发对于城市规划和古建筑保护而言，却不啻为一场灾难。我国历史悠久、幅员辽阔，古建筑虽在历史几经沧桑但残留的数量甚众，在民间亦有不少亟待发现和保护的遗存。

仔细回想一下，同学们是否曾在生活中见到过古建筑由于开发需要被毁或待拆呢？大家怎样看待那些铭刻着祖先智慧和童年记忆的古老建筑？

2. 阅读思考

阅读梁思成的《中国建筑史》，思考当代中国建筑对传统建筑做了哪些方面的继承和变革。

3. 网上冲浪

在网上收集一些中国传统建筑的图片和视频，建立一个中国古代建筑的讨论组，进行资源共享。

第十二章

惊世的匠心：中国器皿、雕刻

　　器物与雕刻是凝聚的历史。中国古代的器物及雕刻不仅仅是实用工具，更是精神文化的体现与固化。与世界其他地方的器物文化有所相似，更有所不同。中国独特的地理条件与文化传统孕育了伟大的中华文明，其中的器物及雕刻文化博大精深，不仅品种丰富，造型各异，而且纹饰精美，寓意深奥，是中国古代人民思想与智慧的结晶。

本章知识目标

了解中国古代器皿、雕刻的基本知识，认识不同时期器皿、雕刻的特点和历史。

本章能力目标

能基本辨认出不同时代比较有代表性的器皿、雕刻，了解其使用价值和观赏价值。

本章素质目标

提高对中国古代器皿、雕刻的鉴赏能力，提升自己的艺术素养。

情境导入

2005 年 7 月 12 日，一个元代生产的瓷罐拍卖出了 2.3 亿元人民币的高价，这个瓷罐叫"青花鬼谷子下山图罐"。为什么这样一个罐子能卖出如此高价？有人说它有历史价值，元代至今已有六七百年历史；

还有人说它有收藏价值，瓷器是永恒的，它会在岁月的氧化中越来越水灵，越来越完美。无论哪种说法，都指出了中国瓷器是独一无二的。岂止是瓷器，中国还有很多器物都是独一无二的。现在就让我们走近中国器皿和雕刻，看一看其中所凝结的中国古人的惊世匠心。

鬼谷子下山图罐中的人物刻画流畅自然，神韵十足，山石皴染酣畅淋漓，笔笔精到，十分完美，是元代青花瓷精品中的精品。

第一节　从石器到青铜器

从石器时代开始，中国的器物文化就开始具备独特特点。随之而来的青铜时代把这一文化推向高峰，青铜礼器文化是这一时期中国区别于其他国家的一个显著特点。中国古人在创造美丽器物的同时，也不忘记从大自然中发现美丽的器物，这个器物就是石头，发现它和雕琢它的过程被称为赏石文化。

一、开天辟地：作为工具的石器

毋庸置疑，人类劳动是从制作工具开始的，即使最简单的工具也可以增加人的能力，人们利用这些工具逐步改造了自然和人类本身。石器时代是人类历史分期的第一个时代，大约始于距今两三百万年，止于距今六千至四千年左右。按照石器制作方法的不同，石器时代可分为旧石器时代、中石器时代和新石器时代。

旧石器时代人类主要依靠渔猎和采集获得生活资料，典型标志是使用借由敲打石头制成的石质工具。旧石器晚期已经出现最早的具有审美价值的工具（有艺术性的实用品），主要有砍斫器和刮削器，是用锤砸方法打制而成。由此可见，当时的人类已经对"形"有了概念。这一时期的山顶洞人已经会用骨针。它是我国最早发现的旧石器时代的缝纫、编织工具，表明五万年以前我们的祖先已能够自己缝缀简单的衣着。此外，穿孔技术的出现令人类将爱美的追求进一步发挥，比如穿孔石珠、穿孔兽牙、穿孔贝壳、鸟骨管等饰物，令人称赞。

旧石器时代晚期，人类已掌握穿孔技术。图中的穿孔贝壳，不仅仅是工具，更像是精心打磨的工艺品。

中石器时代的石器以石片和细石器工具为代表，逐渐趋于小型。细石器均采用硬度较高、有光泽、有色彩、半透明的特殊石料制成，如黑色的黑曜石、白色的石英、绛色的玛瑙、红色或黄色的玉石髓等。中石器时代的工具造型规整对称、质地精细坚硬、形制多样、外表美观，最常见的有作为箭头使用的石镞，镶嵌在古木把柄上的石刃，以及其他雕刻器、尖状器、刮削器等。

新石器时代的标志是农业的产生。所谓"新石器"，就是适应农业生产而出现的磨制石器及其他工具。石斧、石锛、石凿、石刀、石镰、石磨盘、石磨棒等各种石器农具，成为早期农业生产的重要标志。这时的人们在制造石器时，已经从单纯打制进步到磨光和成熟的钻孔，并能熟练地把握对称、均衡等形式要素。

无论是旧石器时代还是新石器时代，都是人类历史进程的启蒙阶段，在器物的表现上也十分简单、稚拙。器物纯粹是作为工具出现的，不过那些用砾石打制的简单石器，却蕴含着人类创作的思维和想象，同时也体现着人类创作的技巧和能力。

二、青铜时代：作为礼器、兵器的青铜

青铜时代是指夏、商、西周、春秋时代，因为在这一时期，青铜器物的使用步入巅峰。

中国青铜器制作精美，在世界青铜器中享有极高的声誉和艺术价值，代表着中国先秦时期高超的技术与文化。

青铜是铜和锡的合金，在红铜中加入适量锡，可以降低熔点、提高硬度、增加美感。早期的青铜器主要用作炊器，如食器、水器、酒器等。后来更多用作乐器、兵器、礼器。在中国，传说最早制造铜兵器的是蚩尤，因此它也被后代奉为"兵主"（即战神）。

青铜时代产生了许多青铜器精品，比如目前世界上发现的最大的青铜后母戊

大方鼎。后母戊大方鼎原称司母戊大方鼎（司、后为通假字），因鼎腹内壁上铸有"后母戊"三个字而得名，享有"镇国之宝"的美誉。该鼎通体高133厘米、口长112厘米、口宽79.2厘米，重达832.84公斤，据考证在当时制造这样规格的鼎至少需要一千公斤以上的原料，并由两三百名工匠的密切配合才能完成。此外，还有四羊方尊以及"海内青铜器三宝"大盂鼎、大克鼎、毛公鼎等。这些都是我国青铜时代文化的集大成者。

后母戊大方鼎工艺精巧复杂，纹饰美观庄重，充分显示出商代青铜铸造业的生产规模与技术成就。

青铜乐器也是青铜器的重要器型之一，按用途可大致分为祭祀和军队两类。当时乐队组合形式多样，规模庞大。其中的乐器可分铙、钲、句镯、铎、铃、钟和鼓七类。我们在第六章谈到的编钟就是青铜器物作为礼器的象征物之一。

青铜时代是中国礼乐教化高速发展的时期，青铜礼器在当时肩负重担。仅以青铜鼎为例，它原本是炊器，不知什么时候成了最重要的礼器。传说中，大禹铸造了九个鼎，象征着当时中国的九个州，当然也象征了天下。商汤灭夏，迁九鼎于商邑；周武王灭商，又把九鼎迁去洛邑。秦始皇灭东周后没有把九鼎迁到咸阳，因为九鼎被东周最后一位国王熔化卖掉了。

相关链接

《周礼》规定，簋的使用，少的两器，通常四器，多的十二器。诸侯请下大夫吃饭用45只菜馔，请上大夫要用51只菜馔。并且"礼非乐不履"，乐器也是名分和等级的重要标志。《周礼》规定，钟的悬挂数目是：天子挂四面，诸侯挂三面，大夫挂两面，士只能挂一面，规定严格，不得僭越。

青铜时代，铜兵器是主流，尤其是周代，战场上几乎所有的兵器都是铜制造的。青铜兵器诞生之日起，就不仅仅是兵器，它还用于仪仗、装饰之需，并作为军权的象征。比如"钺"本是中国古代武器及礼器的一种，为一大型长柄斧头，是王者贵族用于劈砍的兵器，后来成为象征权力的刑器和礼器。青铜时代的奴隶主贵族用青铜器作为祭祀、宴飨、朝聘、征伐及丧葬等礼仪活动的用器，用以代表使用者的身份等级和权力，是立国传家的宝器。这一整套的礼制是以青铜器作为物质载体的中国文化的体现。

三、"无才补天"：千年不衰的赏石文化

中国的赏石文化由来已久，可追溯到石器时代。人类对石头从此有了特殊的情感，也加以利用和欣赏。中国历史上最古老的奇石莫过于女娲用来"补天"的五彩石了。这颗奇石不仅在天崩地裂之时弥补天日，挽救人类；更在后来变成通灵宝玉，来到人间，上演了一场"红楼之梦"（《石头记》）。最初的赏石文化从赏玉文化发展衍生而来；先秦时代，对奇石的记载是零星的；隋唐时代，形成收藏奇石的潮流，赏石文化成熟；宋代以后，大行其道，出现了收藏的繁荣期。中国的石文化中比较发达的是赏玉文化，将在本章第二节中详细介绍。

观赏石是大自然的杰作与缩影，对石头的选择则是文化的具体体现。石之美是独特的，不可复制的，同时每块石都富于变幻，小中见大，可以充分调动观赏者的审美情趣和想象力。此外，奇石不仅有审美价值，还有历史意味。它本身的存毁显隐，以及拥有者的交替，就是一段动人的历史，也是时代命运的凝缩。

中国的赏石文化到宋代发展成熟。著名书画家米芾提出"皱、瘦、漏、透"四字作为赏石美学，奠定了标准框架，直至今日依然是赏石文化的精髓。"皱"是说石肌表面起皱，象征苍茫岁月；"瘦"是指石形避免臃肿，以挺拔坚劲为上；"漏"指石有洞穴，凹凸起伏为上；"透"点出石要空灵剔透，洞里能观天象。

米芾"皱、瘦、漏、透"的赏石审美标准可归结为一个"丑"字。丑得出奇反为美，这就是物极必反在美字上的表现。诚如郑板桥所言，"丑而雄，丑而秀"。观石之形，感石之境，品石之韵，悟石之德是赏石的四大要素。如果说"皱、瘦、漏、透"的古代赏石标准主要是从外形特征

冠云峰位于苏州留园东部，是苏州园林中著名的庭院置石之一，充分体现了太湖石"皱、瘦、漏、透"的特点。

来鉴赏石头的话，那么现代赏石家提出的"形、质、色、纹"的赏石标准，则是给赏石审美又注入了新的内涵——"韵"。

历史上的文人墨客对于奇石情有独钟，认为它是中国精神文化与物质结合的典范。自唐代起，文人雅士取代帝王贵族成为赏石界的主流人群。奇石不仅被拉下神坛，被普通百姓欣赏、把玩，并且成为文人笔下的主角。唐代宰相李勉藏有两块奇石，放置在书房文案之上，朝夕相共，细细品赏，并命名为"罗浮山"和"海门山"。这种小中见大，浓缩自然山水的艺术手法，成为供石的鉴赏特色。另外，诗人杜甫也曾得石一方，石不大而奇峰突兀，意境深远，以南岳的祝融山而名之，取名曰"小祝融"，意蕴深远，具有诗情画意。苏东坡将其住所提名为"雪浪斋"，皆因"雪浪石"得名。他还创造了以竹、石为书题的画体，并以竹石作为绘画和诗文吟诵的对象，以竹石象征人品的高尚情操。中国传统文化多以石性比附人的品性，比如坚韧、勇敢的品质。其中又以最易欣赏的玉的比附最为常见、典型，孔子说"君子如玉"，就是用玉器的质感比喻君子的德行。

东坡肉形石为中国四大奇石之一，现藏于中国台北故宫博物院，为"镇馆三宝"之一。此奇石是一块天然的石头，色泽纹理全是天然形成，看上去像是一块连皮带肉、肥瘦相间的东坡肉。

相关链接

历史上也有因喜爱奇石而祸国殃民的反例，宋徽宗就是典型。创立"瘦金体"的宋徽宗赵佶，对收集珍奇石木钟情至极。起初，只是有些人投其所好为宋徽宗运送花石纲，只要他看中了，就会下令给进贡的人高官厚禄。一次，宋徽宗看中了一块巨石，赏赐参与运输的劳工每人一只金碗，加封朱勔节度使衔，并且封这块石头为盘固侯。这样滥施封赏，从官员至百姓都怨气满满。由于宋徽宗的喜爱，引发了举国上下为其运送花石纲的风潮。皇帝喜好变成国家行为，劳民伤财，后人将其看作亡宋之始。

人类依石而生，且永远与石相伴。但过犹不及，切不可玩物丧志。我们要发扬赏石文化中的精华，取其精髓，去其糟粕，将这份宝贵的精神财富永远继承下去。

第二节 巧夺天工的玉器和陶瓷

中国素有"玉石之国"的美誉，提到"玉"，人们马上就会想到中国。此外，瓷器也是中国的象征，"china"这个英文词语就是"瓷器"的意思。玉器和瓷器是中国器物文化乃至是世界器物文化中的奇葩，独一无二，不可复制。

一、玉器：石中君子

玉，色泽美丽，质地温润光泽，早在原始社会的新石器时代，它已被用来做成生活用具及各种形式的配饰和原始信仰活动的用品。

我国是用玉和产玉最多的国家。据《山海经》记载，中国产玉的地点有两百余处。中国最著名的产玉地是新疆和田。和田玉蕴量丰富，色泽鲜艳，极其名贵。古代的丝绸之路也被称作"玉石之路"。

中国人制作玉器的时间可以追溯到旧石器时代晚期。在很长一段时间内，玉器与石器共存，史前人类已懂得使用抛光工艺以获得较明显的反光效果。到新石器时代，玉器基本与石器分离，独立发展。最初的先民们在原始美感的驱使下，将玉石雕琢制成简单的装饰品，佩戴在身上，一方面作为装饰美的表征；另一方面也是财富的体现。进入阶级社会后，玉器为统治者所占有，制成礼用器物，作为统治权力的象征和信物，逐渐被赋予了除美学之外的其他含义，开始与原始宗教信仰、祭祀、社会等级及观念相联系，从而具备了生产、装饰、信仰、区分等级、供人玩赏的社会功能。

玉器的装饰功能自河姆渡人时代就出现了，作为佩饰的玉，不仅具有装饰美，更是一种人格化内在修养的表征。孔子根据当时社会的实际情形，将玉的特性归纳为"仁、知、义、礼、乐、忠、信、天、地、德、道"十一德性，总结其与道德规范的关系，提出了"君子比德与玉"和"瑕不掩瑜，瑜不掩瑕"等论点。《礼记》中说"君子无故，玉不去身"，表明佩玉已经人格化，成为君子为人处世、洁身自爱的标准。古代君子佩玉，要求时刻用玉的品性要求自己，规范道德，用鸣玉之声限制自己的行为动作。"守身如玉"、"宁为玉碎，不为瓦全"，这种道德内涵和审美时尚，对日后玉器的发展具有深远意义，同时也成为中国人爱玉、贵玉的精神所在。

玉器如此之美，制器时便要减少其磨损。《礼记》中说"玉不琢，不成器"，玉器的制作工艺为雕琢或琢磨。最初，琢玉工艺与冶石工艺相似，工具也相仿。夏朝以后，二者逐渐剥离。"他山之石，可以攻玉"，治玉离不开石或砂，雕琢的本意也就是以石或砂刮磨治玉的方法。后来出现的碾玉工艺是用旋转性工具甚至青铜砣具治玉，使得玉器的线条刚健流畅。战国时代，钢铁砣具的出现，进一步提高了琢玉工艺技术，玉器也愈加精美。

在古代，玉器还是祭祀用品。玉器具有纯净、美丽、坚硬、温润等特质，可以通神灵，因此人们常常用玉来礼神祭祀。天子或者皇族在出行之时，也会用玉对祖先进行祷告。祭祀天地的玉器一定要非常方正，其他的祭祀活动也有其特有的祭祀玉器。

玉琥为虎形玉器，古代文献把它与璧、琮、璜、圭、璋一起，列为"六瑞"之一。

《周礼》记载"以玉作六瑞，以等邦国"，在古代指的是天瑞之气，是一种吉祥、祥瑞的象征，另外也表示天命所归的意思。在《礼记·礼器疏》中就有详细记载："天子得天之物谓之瑞。"瑞玉的重要，不仅体现在材质和形式上，也取决于获得的途径。此外还规定，各等级的统治者按照规定拥有玉器，不得僭越："王执镇圭，公执桓圭，侯执信圭，伯执躬圭，子执谷璧，男执蒲璧"。秦以后，最为典型的权力玉器——"玉玺"成为最高权力代表，其材质为"和氏璧"，历代相传，俗称"传国玉玺"。

总之，在中国传统文化中，玉一直被认为是内在美与外在美的完美统一，不仅具有装饰、审美价值，更是品德、权力的体现。

二、陶器：回归朴素

中国的陶器自新石器时代开始，历经几千年文明智慧，在世界历史上可谓首屈一指。每一个时期都曾留下丰富的陶器工艺与物质遗产，如7000多年前仰韶文化的彩陶、6000多年前大汶口的黑陶、4000多年前的商代白陶、3000多年前的西周硬陶，还有秦代的兵马俑、汉代的釉陶、唐代的唐三彩等。

陶器依其种类可分为彩陶、黑陶、白陶等。

古代半坡人在许多陶盆上都画有鱼纹和网纹图案，这应与当时的图腾崇拜和经济生活有关。

1. 彩陶

彩陶是新石器时代中晚期出现的一种绘有红色或黑色的陶器。在原始社会的彩陶文化中，典型的纹饰有"人面纹"、"舞蹈纹"等。当时的人们运用对比、分割、开发、双关和多效等装饰形式、法则，表现出丰富的原始纹样和强烈的色彩对比。它充满了中华民族陶瓷艺术在形式美感方面的特有智慧和创造力，表现出了中华原始社会劳动人民劳动之余载歌载舞、热爱生活、崇拜天神的情景。

　　彩陶中最有名气的就是唐三彩。唐三彩是一种低温釉陶器，在色釉中加入不同的金属氧化物，经过焙烧，便形成浅黄、赭黄、浅绿、深绿、天蓝、褐红、茄紫等多种色彩，但多以黄、褐、绿三色为主，故称"三彩"。唐三彩的品种包括各种器皿、人物、动物等，其中器皿种类繁多，造型新颖别致，设计巧妙，并且色彩绚烂，使得唐三彩成为中国陶器工艺中的一枝奇葩，受到人们的喜爱，直到现在仍有仿唐三彩的生产。

　　唐三彩骆驼载乐俑，釉色鲜明亮丽，协调自然，堪称唐三彩中的极品，现收藏于陕西历史博物馆。

2. 黑陶

　　黑陶是新石器时代晚期龙山文化的主要标志，龙山文化也因此称为"黑陶文化"。此种陶器是在器物烧成的最后一个阶段，从窑顶徐徐加水，使木炭熄灭，产生浓烟，有意将器物熏黑而形成的黑色陶器。典型的黑陶呈黑、薄、光、亮的特点，而黑色的外表也无须再加纹饰，因此它主要以造型为艺术手段，是一种质量很高的陶器。

3. 白陶

白陶是指表里和胎质都呈白色的一种素胎陶器。商代晚期是白陶器高度发展时期，制作精致，胎质纯净、洁白而细腻，器表多刻有饕餮纹、夔纹、云雷纹和曲折纹等精美图案，是仿制同期青铜礼器的一种极珍贵的工艺品。到了西周，由于印纹硬陶器和原始瓷器的较多烧制与使用，白陶器即不再烧造了。

宋代以后，瓷器的生产迅猛发展，制陶业趋于没落，但是有些特殊的陶器品种仍然具有独特的魅力，如宋辽时代的三彩器，明清至今的紫砂壶、琉璃、法花器以及广东石湾的陶塑等，都是别具一格，备受赞赏。

三、瓷器：走向多彩

瓷器脱胎于陶器，它的发明是中国古代先民在烧制白陶器和印纹硬陶器的经验中，逐步探索出来的。烧制瓷器必须同时具备三个条件：一是制瓷原料必须是富含石英和绢云母等矿物质的瓷石、瓷土或高岭土；二是烧成温度须在 1200℃ 以上；三是在器表施有高温下烧成的釉面。

中国是瓷器故乡，最早的瓷器出现于商代中晚期，东汉时期发展出较为成熟的青瓷制法。魏晋南北朝时期，南方青瓷的生产，如浙江越窑等一直处于领先地位。在绍兴、余杭、吴兴等地也都设有窑场，形成独自的窑系。

中国的瓷器工艺在宋代达到全盛，无论造型、装饰及釉色都取得了很大成就，可谓古代陶瓷工艺中的高峰。随着瓷器产量大增，名窑辈出，还形成了多种窑系，如著名的钧窑、汝窑、官窑、定窑、哥窑，被称为"五大名窑"。

元代是中国瓷器生产承前启后的转折时期，在很多方面都有创新和发展。元帝国在江西景德镇设立了"浮梁瓷局"，为景德镇瓷业生产的发展创造了有利条件，并为其在明清两代成为全国制瓷业中心和饮誉世界的"瓷都"打下了坚实的基础。元代景德镇在制瓷工艺上有了新的突破，最为突出的就是青花和釉里红的烧制。青花瓷釉质透明如水，胎体质薄轻巧，洁白的瓷体上敷以蓝色纹饰，素雅清新，充满生机。青花瓷一经出现便风靡一时，成为景德镇的传统名瓷之冠。

相关链接

青瓷与青花瓷

青瓷与青花瓷，两者虽只有一字之差，却相去甚远。青瓷属于素瓷，而青花瓷属于彩瓷。

青瓷是在坯体上施以青釉（以铁为着色剂的青绿色釉），在还原焰中烧制而成。唐代越窑和宋代龙泉窑、官窑、汝窑、耀州窑等，都属于青瓷系统。青瓷色调的形成，主要是胎釉中含有一定量的氧化铁，在还原焰气氛中焙烧所致。但有些青瓷因含铁不纯，还原焰气氛不充足，色调便呈现黄色或黄褐色。

青花瓷全称白地青花瓷器，是用含氧化钴的钴矿为原料，在陶瓷坯体上描绘纹饰，再罩上一层透明釉，经高温还原焰一次烧成。钴料烧成后呈蓝色，具有着色力强、发色鲜艳、烧成率高、呈色稳定的特点。目前发现最早的青花瓷标本是唐代的；成熟的青花瓷器出现在元代；明代青花成为瓷器的主流；清康熙时发展到顶峰。明清时期，还创烧了青花红彩、孔雀绿釉青花、豆青釉青花、黄地青花、哥釉青花等品种。

云龙纹兽耳盖罐

明清两代是中国瓷器生产最鼎盛时期，瓷器生产的数量和质量都达到顶峰。景德镇作为"瓷都"的确立，使景德镇窑统治明清两代瓷坛长达数百年，直至今日。当时，各种颜色的釉瓷和彩绘瓷是景德镇制瓷水平的突出代表。

作为中国特产的奢侈品之一，千百年来瓷器通过各种贸易渠道传至世界各地，成为代表中国文化的最著名名片。

第三节 气韵生动的雕刻文化

中国雕刻艺术源远流长，种类繁多。历代民间工匠用精湛的技艺、巧妙的构思和令人叹服的创造力，留下了无数雕刻精品。金石文化中的石鼓文和甲骨文的发现，是金石学重要的里程碑。金文作为先秦最重要的文字资料，为青铜器又增加了许多价值。古代造像文化以佛造像为主，佛寺彩塑、铜铸、陶瓷、石刻、石雕、石窟、木雕、画像等都是凝固的历史，多具有写实意义。此外，骨角工艺、竹雕、木雕、砖雕、漆器等，也都是我国传统文化的重要载体和体现。

一、金石文化

金石文化主要是指中国古代传统文化中前朝的铜器和碑石，特别是其上的文字铭刻及拓片，广义上也包括竹简、甲骨、玉器、砖瓦、封泥、兵符、明器等一般文物。金石学在汉朝就已经出现，在宋朝和清朝最为发达。

石鼓文的出土和甲骨文的发现，是金石学发展的重要里程碑。石鼓文是先秦的刻石文字，世称"石刻之祖"，因其刻石外形似鼓而得名。石鼓文集大篆之成，开小篆之先河，在书法史上起着承前启后的作用，是由大篆向小篆衍变而又尚未定型的过渡性字体。石鼓文刻石发现于唐初，共十面，径约三尺。十面石鼓现收藏在北京故宫博物院，是中国早期文字和书法研究极为珍贵的实物资料。

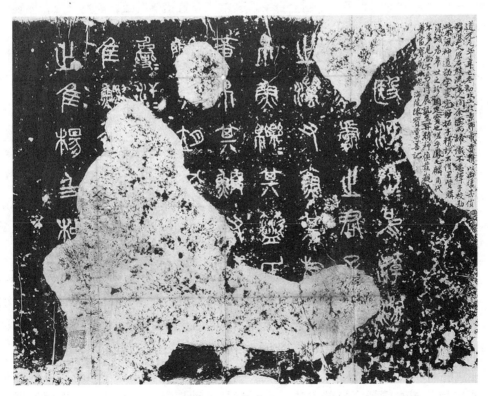

石鼓文

甲骨文是中国商朝后期至西周早期王室用于占卜记事而在龟甲或兽骨上锲刻的文字。甲骨文上承原始刻绘，下启青铜铭文，是中国已知最早的成体系的文字形式，也是汉字发展的关键形态。

相关链接

"人吞商史"

　　最初的甲骨作为廉价中药药材流通。由于药铺老板拒收上面有刻画痕迹的龙骨，因此人们就用小刀将上面的痕迹刮掉再卖。于是，众多的商代史料被研磨成粉，被吃掉用掉。这就是所谓的"人吞商史"。

现在已经从十余万片有字甲骨中识别出近三千字，其中形声字约占27%，还有大量指事字、象形字、会意字等。这些文字虽然与我们如今使用的文字在外形上有很大区别，但是从构字方法来看，二者基本一致，可见甲骨文已经是相当成熟的文字系统。以今天书法发展的眼光来看，甲骨文已初具"用笔、结体、章法"等要旨。一片甲骨上少则数字，多则上百字，其章法布置错落有致，浑然天成，体现了商朝贞人（为商王占卜的官吏）高度的艺术审美和技巧。

"金石"中的"金"，指的是金文，也就是铸刻在青铜器上的铭文。这些铭文由于字体、布局、内容不同，成为判断青铜器时代的标志，并且本身的内容也是重要的史料。先秦文字资料不限于金文，但金文是其中最重要的参考资料，反映出秦朝"书同文"之前一千多年间的历史情况。

当甲骨文随着殷亡而消逝，金文逐渐发展并成为周代书体的主流。据考察，商代铜器上便刻有类似于图画的金文。至商末，金文又与甲骨文一致。此种金文至周代鼎盛，周代是金文主流时期。金文上承甲骨文，下启秦代小篆。由于载体为青铜器，因此较甲骨文更能保存书写原迹。并且，金文的线条比甲骨文更加严谨、规范，更有力度，也更加丰富。

西周时期的金文是一种很成熟的书法艺术，金文的书体一般称为大篆或籀书。金文从运笔、结构、章法中都显示了比较自觉的审美追求。有人曾将金文书法归纳为两种风格：一种是笔势雄健，形体丰腴，笔画起止多露锋芒，间有肥笔；另一种则是运笔有力，形体瘦筋，笔画多挺直，不露或少露锋芒。

在照相术出现之前，为了便于更多的人欣赏不便移动的青铜器，古代人发明了以墨传拓青铜器全形的方法。全形拓是一种把器物原貌转移到平面拓纸上的特殊技艺，始于清末，止于民国。青铜器全形拓是选择最能代表该器物特征的最佳角度，用铅笔在棉连纸上画出器物原大的线描图，之后分别把棉连纸覆在器物上，用蘸有白芨水的毛笔刷湿，上纸，用棕刷刷实，用墨拓黑后揭下完成。用该技法手拓之器物全形，器形准确与实物不二，纹饰清晰，铭文规范，效果逼真。

金石文化作为古代文物与文字的原始遗存，在反映社会生活和文字发展轨迹方面有着无可比拟的真实性，因此是不可或缺的信实资证。

二、造像文化

造像是用泥塑或用石头、木头、金属等材料雕刻而成的形象，包括石像、泥像、泥塑、石雕等。

泥塑是中国古老而常见的民间艺术。它以泥土为原料，用手工捏制成型，或素或彩，以人物、动物为主。中国泥塑艺术可上溯到新石器时期。在明清以后，民间彩塑赢得了老百姓的青睐，其中最著名的是天津的"泥人张"和无锡的惠山泥人。他们用天然的或廉价的材料，能够做出精美小巧的工艺品，博得民众的喜爱。泥塑起初为陪葬品，以兵马俑为代表。后来，随着道教的兴起和佛教的传入，以及多神化的奉祀活动，更促进了泥塑偶像的发展。唐代泥塑艺术达到顶峰，被誉为雕塑圣手的杨惠之就是杰出的代表。宋代以后，许多人专门从事泥人制作与售卖，还发展了小型泥塑玩具，泥塑艺术品广泛流传。

石雕是造型艺术的一种，是用各种可塑材料（如石膏、树脂、黏土等）或可雕刻的硬质材料（如木材、石头、金属、玉块、玛瑙等）创造艺术形象。根据雕刻设计手法，石雕可分为浮雕、圆雕、沉雕、影雕、镂雕、透雕。在中国，石雕艺术一直为人们所喜爱，虽然石雕在类型和样式风格上都有很大变迁，但都是社会与时代发展的体现。因此，石雕的历史是艺术的历史，也是形象生动而又实在的人类历史。

红山文化的玉龙是罕见的杰作。它是由一块碧玉料精心雕琢而成，其圆雕技法精确，细部运用浮雕手法，是石雕技法应用于玉石雕刻创作的证明。

商代社会中盛行万物有灵的原始宗教观，动物也是时人崇拜的神灵，因而石雕艺术家尤其善于表现形形色色的动物世界。

汉代讲究厚葬，汉代的石刻画像就是厚葬之风的表现。石刻画像盛行于东汉，是装饰墓室及享堂，为墓主人歌功颂德的一种壁画。汉代石刻画像的内容多表现贵族阶级的享乐生活，反映迷信思想及历史故事、孝子烈女等，既是墓主人享乐生活的影射，也有社会教育意义。汉代的石刻画像取得了巨大的艺术成就，是汉以前中国古典美术发展的巅峰，而且对后来的美术发展产生了巨大而深远的影响。

唐代的石雕主要是佛教雕塑和陵墓雕塑，是中国雕塑史的巅峰。唐代佛教雕塑以石窟造像为主，此外也有佛寺彩塑和小型佛像。唐代的佛教造像雄伟壮观，丰满圆润，充分体现了唐代佛教艺术世俗化的特征。唐代陵墓雕塑分为墓前雕像和墓内小陶俑两类，艺术水平都很高。

相关链接

佛教造像艺术的典范——云冈石窟

佛造像是随着佛教传入中国的艺术形式，中国的佛造像不断吸收、融会中国古代艺术精华，逐渐形成了具有中国文化内涵的汉传佛教造像艺术。佛教造像有泥塑、石雕、木雕、铜铸、陶瓷之分。以南北朝为界，汉传佛教造像之前多受古印度及中亚佛教造像风格的影响；之后便有了北魏的"秀骨清像"、唐代的"雍容华贵"、宋代的"典雅秀美"等中式佛教造像。

位于山西大同境内的云冈石窟，可谓是中国佛造像艺术的典范。留存至今的石窟东西长约1公里，编号洞窟45个，附洞207个，大小造像51000余尊，其中最大的佛像高17米，最小的仅2厘米，总雕刻面积约2万平方米。

云冈石窟中，菩萨、力士、飞天形象生动活泼，塔柱上的雕刻精致细腻，上承秦汉现实主义艺术的精华，下开隋唐浪漫主义色彩之先河，与甘肃敦煌莫高窟、河南龙门石窟并称"中国三大石窟群"。

明清两代的雕塑虽仍沿着古代传统发展，但作品大多面貌单一，式样多模仿前人或用固定模式，缺乏创造性和内在生命力。雕塑创作不复有汉唐时期的雄伟气势，而呈现衰微之势。与之相比，作为案头摆设的小型装饰性石雕更为常见，题材以观音菩萨、罗汉、达摩、寿星、八仙之类为主，已经从神坛走向了千家万户，成为人们喜闻乐见的民间艺术形象。明清两代，石刻艺术达到顶峰，广泛应用在各式建筑上。典型代表就是明代天安门的白石华表。华表柱身的主体龙纹，以压地隐起的浅浮雕刻画出盘曲而上的龙形，间夹以云纹华饰，使得华表瑰丽而庄严，其柱头上满饰异彩纷呈的透雕云朵，莲瓣石盘上饰以圆雕的雄狮。其下还有华丽的八角座，围以雕刻精致的龙纹栏板和雕刻有狮子的望柱。

三、杂项刻镂

除了以上介绍的各种主要的雕刻形式与材料外，我国古代聪慧的劳动人民还利用多种材料（如骨角、竹、木、砖、漆等）进行雕刻。

骨角工艺泛指用动物的骨、角、牙以及贝壳等为材料制作工艺品。迄今发现的人类最早的骨角工艺品是北京山顶洞人制作的，其中有钻孔的小砾石、钻孔的石珠、刻沟的骨管、穿孔的海蚶壳和钻孔的青鱼眼上骨等，都相当精致。此后，这类技艺迅速发展。骨角工艺还用于制作工具和生活日用品，如骨锥、骨凿、骨楔、骨匕首、骨梳等。

明代朱松邻所作的松鹤笔筒是一件十分难得的艺术珍品，现藏南京博物院。作品中，松枝、仙鹤的雕刻手法细腻、逼真，技法中运用了圆雕、透雕和高浮雕诸法，技艺十分娴熟。

竹雕是在竹制的器物上雕刻多种装饰图案和文字，活用竹根雕刻成各种陈设摆件。中国是世界上最早使用竹制品的国家，考古界一致认为，远在纸墨笔砚发明之前，汉族先民们已经学会用刀在柱子上刻字（仅仅是一种符号）记事。由于难以保存，现在已经很难见到早期的竹雕作品了，现存的作品大多属于明清时代。

明清两代，文人士大夫写竹、画竹、种竹、刻竹蔚然成风，竹雕的文化含量也迅速攀升。这时，文化画的勃兴，促使了竹雕与书画、雕塑艺术的结合，导致竹雕艺术空前发展。

木雕是从木工中分离出来的一种艺术。木雕一般选用质地细密坚韧、不易变形的树种，如楠木、紫檀、樟木、柏木、银杏、沉香、红木、龙眼等。中国的木雕艺术起源于新石器时期，在河姆渡文化时已出现木雕鱼。秦汉两代，木雕工艺趋于成熟，绘画、雕刻技术精致完美。施彩木雕的出现，标志着古代木雕工艺已达到相当高的水平。唐代木雕工艺日趋完美，尤其是木雕佛像，造型凝练，刀法熟练流畅。明清时代，木雕题材广泛，如生活风俗、神话故事等，诸如吉庆有余、五谷丰登、龙凤呈祥、平安如意、松鹤延年等木雕作品，深受当时社会欢迎。

砖雕是在青砖上雕刻出人物、山水、花卉等图案，主要用于装饰寺塔、墓室、房屋等建筑物的构件和墙面。由于青砖在选料、成型、烧成等工序上，质量要求较严，所以坚实而细腻，适宜雕刻。艺术上，砖雕远近均可观赏，具有完整的效果；

题材上，砖雕以龙凤呈祥、和合二仙、刘海戏金蟾、三阳开泰、郭子仪做寿、麒麟送子、狮子滚绣球、松柏、兰花、竹、山茶、菊花、荷花、鲤鱼等寓意吉祥和人们所喜闻乐见的内容为主。民间砖雕从实用和观赏的角度出发，形象简练，风格浑厚，不盲目追求精巧和纤细，以保持建筑构件的坚固，能经受日晒和雨淋。

　　漆器是表面涂漆的手工艺品。据古文献记载，我国古代有漆国之称，最早的发现在浙江河姆渡新石器遗址中，在一些陶器和木器的痕迹处残留着发亮的漆皮，这使我国成为最早使用漆的国家。夏代的木胎漆器大多用于祭祀，漆具有耐酸防腐等特点，自西周和春秋后得到广泛使用。唐代经济发达，文化繁荣，种种因素使工艺美术也随之发达，在艺术、技术以及生产上，皆远超过前期。唐朝漆器大放异彩，呈现出华丽的风格，漆器制作技术也往富丽方向发展，金银平脱、螺钿、雕漆等制作费时、价格昂贵的技法在当时极为盛行。宋代漆器的制胎和髹涂技艺已经十分成熟，当时不仅官方设有专门生产机构，民间制作漆器也很普遍。宋代漆器以素色静谧为主。明代漆器发展到达高峰，除了官设的漆器厂管理有方，民间的生产也是异常繁荣。

　　我国漆器工艺自新石器时代以来，不断发展，达到了相当高的水平，炝金、描金等工艺对日本等地都有深远影响。脱胎漆器是清朝福州艺术家首创，但其核心技术与隋唐时期"夹纻"佛像的做法相同。福州脱胎漆器与北京的景泰蓝、江西的景德镇瓷器，并称为中国传统工艺的"三宝"，享誉国内外。

体验课堂

活动设计

主题：器皿和雕刻鉴赏

形式：参观博物馆

内容：参观当地博物馆，对其中陈列的器皿和雕刻等进行鉴别，了解其产生的时期及所代表的文化内涵。

互动交流

1.各抒己见

改革开放以来，中国经济高速发展，物质财富增长较快，催生了艺术品市场的繁荣和相伴随的"收藏热"。"收藏热"的兴起，直接导致各类艺术品特别是古董价格飙升。请从文化角度，对当今中国出现的"收藏热"进行研讨。

2.阅读思考

阅读梁思成的《中国雕塑史》（百花文艺出版社，2006 年版），梳理中国雕塑的发展历程。选取其中的雕刻精品，思考其背后所体现的人文精神。

3.网上冲浪

在网上搜索集中展示中国器皿、雕刻的网站，深刻感受中国传统器皿和雕刻的魅力。

后　记

　　本书是在教育部职业教育和成人教育司直接组织下，编写的"十二五"职业教育国家规划教材，读者对象是我国高等职业院校的大学生。

　　近年来，人们对我国的传统文化表现出越来越大的兴趣，介绍中国传统文化的书也越来越多。但是，如何编写一本适合高职学生的中国传统文化教材，还需要进行新的探索和尝试。中国传统文化源远流长、博大精深，对高职学生不可能全讲。讲哪些，如何讲，都是需要研究的问题。本书力图从高职学生成长、发展的需要出发，从立德树人的根本任务出发，从提高高职学生文化素质出发，尽可能通俗易懂、深入浅出地对中国传统文化做一介绍。一旦动起笔来，才发现这是一个不好完成的任务，几易其稿，才成为现在的样子，肯定还存在许多问题。我们想通过这本教材来开展文化育人，提高学生的文化素质和道德涵养，这需要授课老师、同学们和我们共同合作、努力。我们期待着在这门课的教学探索中，进一步使本教材不断得到完善。

　　本书由王霁担任主编，许鹏、何怡男担任副主编。参加本书写作的人员除主编、副主编外，还有孙海芳、肖红春、杨立群、谭小溪、何超、温婧、齐忠玉、孙科柳、孙科炎、谭海燕、孙丽、潘长青、沈方楠、蒋业财、冯彬、吴发明等。何怡男协助主编参与了全书的统稿工作。本教材的编写得到了清华大学出版社的大力支持，在此表示衷心感谢。本书存在的缺憾和不足，希望得到广大教师、学生及各方人士的批评指正。

王霁

2014 年 5 月于北京西郊